KB274180

왕의 나라 신하의 나라

인물로 읽는 한국사 1
왕의 나라 신하의 나라

저자_ 이이화

1판 1쇄 인쇄_ 2008. 1. 15.
1판 3쇄 발행_ 2009. 3. 25.

발행처_ 김영사
발행인_ 박은주

등록번호_ 제406-2003-036호
등록일자_ 1979. 5. 17.

경기도 파주시 교하읍 문발리 출판단지 515-1 우편번호 413-756
마케팅부 031)955-3100 편집부 031)955-3250 팩시밀리 031)955-3111

글·사진 저작권자 ⓒ2008 이이화·권태균
이 책의 글과 사진의 저작권은 각 저자에게 있습니다.
서면에 의한 저자와 출판사의 허락없이 내용의 일부를 인용하거나 발췌하는 것을 금합니다.

Copyright ⓒ2008 Lee ehwa · Kwon tae-gyun
All rights reserved including the rights of reproduction
in whole or in part in any form, Printed in Korea

값은 뒤표지에 있습니다.
ISBN 978-89-349-2960-4 04900
      978-89-349-2814-0 (세트)

독자의견 전화_ 031)955-3200
홈페이지_ http://www.gimmyoung.com
이메일_ bestbook@gimmyoung.com

좋은 독자가 좋은 책을 만듭니다.
김영사는 독자 여러분의 의견에 항상 귀 기울이고 있습니다.

누가 왕이고 누가 신하인가

왕의 나라 신하의 나라

이이화 지음

김영사

역사의 주역은 과연 누구인가

　역사인물의 발자취를 따라가는 일은 흥미롭고 재미있다. 그들을 통해 한 시대사의 흐름을 알 수 있고, 여러 유형의 인간이 어우러져 사는 모습도 들여다볼 수 있다. 그래서 인물로 읽는 역사책이 사건으로 이어진 역사책보다 더 흥미를 유발하는 것이다.

　흔히 인물이 역사를 만들고 시대가 영웅을 낳는다고 한다. 어김없는 사실이다. 하지만 근대역사학에서는 이러한 생각을 비판적으로 본다. 역사의 주역을 어느 계층으로 보는가에 따라 평가가 달라지기도 하고, 누구를 위한 영웅인가에 따라 바라보는 눈이 달라질 수도 있다는 것이다. 또 시대 상황에 따라 객관적 평가의 잣대가 얼마든지 다를 수 있다.

　필자는 한국사를 공부하면서 역사인물에 대한 탐구를 멈추지 않고 그들의 역할과 업적을 여러모로 따져 보았다. 그리하여 역사 속 인물에 대한 평가에 절대적인 기준이 있는 것이 아니라는 점을 곱씹었다. 정말로 진실은 어디에도 없다. 어느 시대에는 아주 막돼먹은 인물로 치부되었더라도 시대적인 안목에 따라 평가 기준이 달라지기도 한다.

　우리 역사의 경우에도 예외는 아니다. 왕조시대에는 체제에 순응하여 충신으로 추앙받았던 인물이 오늘날에 와서는 그 이면이 재조명되고 있는가 하면, 왕조시대에 역적으로 몰려 죽었으나 그런 인물의 저항이나 개혁의지가 오늘날에는 시대정신을 구현했다는 높은 평가를 받기도 한다. 충신으로 추앙받았던 성삼문, 역적으로 몰려 죽은 허균이 이 시대에도 여전히 충신, 역적일 수만은 없다는 뜻이다.

필자는 역사인물을 기술하면서 예전의 어떤 기준을 맹목적으로 따르지 않았다. 필자 나름의 가치판단에 따라 기술한 것이다. 그에 따라 김방경, 정여립, 광해군, 강홍립, 정인홍, 허균, 장혼, 이필제, 전봉준 등 재조명 작업이 필요한 인물과 이름이 별로 알려져 있지 않은 인물들의 이야기를 열심히 써왔다. 물론 그 중에는 긍정적인 인물도 있고, 부정적인 인물도 있다.

그러나 한편으로는 아무리 그 인물의 의식과 행동을 높이 평가하더라도 자료가 부족하거나 제한적이어서 약전略傳조차 제대로 쓰기가 어려운 인물도 많았다. 수나라에 맞서 나라를 지킨 을지문덕, 지도 제작에 일생을 바친 김정호가 그러하며, 신분사회 속에서 그 한계를 극복하고 의학, 과학, 예술 등 한 분야에서 뛰어난 업적을 남긴 허다한 인물들의 사례가 그러하다.

이렇게 모은 약전 형식의 역사인물 전기가 어느덧 한국사 전 시대를 통틀어 260여 명을 헤아리게 되었다. 이 글들을 다시 수정하기도 하고 보충하기도 하여 집대성해보니 원고지 1만 매가

넘는 방대한 분량이 되었다. 원고를 주제별로 분류해보니 제왕, 위정자, 변혁을 꿈꾼 혁명가, 의학·과학자, 종교가, 사상가, 실학자, 개화기 지식인, 동학농민전쟁 지도자, 국내외 독립운동가, 한국사의 명장면을 연출한 라이벌과 동반자, 광복 이후 해방공간의 정치가와 현대사의 주역들 등 자연스럽게 '인물로 읽는 한국사'가 되었다. 필자가 이미 펴낸 『한국사이야기』와 더불어 짝을 이룬 셈이다.

이 시리즈 첫권으로 펴내는 『왕의 나라 신하의 나라』에는 왕조와 운명을 함께한 제왕과 위정자들의 이야기를 담았다. 역사 이해의 중심축이라 할 수 있는 위정자의 통치방식과 철학, 그리고 치자治者의 행적을 알아보려는 것이다.

크게 나누면 세 부류인데, 하나는 최고 통치자 및 통치자가 되려고 활동한 인물들이고, 또 하나는 최고 통치자 곁에서 지배계층의 한 세력으로 활동한 인물들이다. 끝으로, 여성으로서 유일하게 정치 참여의 기회를 잡을 수 있었던 왕비들의 약전을 담았다.

어느 시대를 따질 것 없이 가장 치열하게 살아야 했던 정치가야말로 삶의 영욕이 극명하게 교차되게 마련이다. 이들은 때로는 주역 노릇을 하기도 했고, 때로는 정쟁에 희생되기도 했다.

또 외침에 맞서 자기 역할을 충실히 해내기도 했고, 현실개혁을 위해 한 몸을 바치기도 했다.

오늘날 왕의 독살사건이나 지배세력의 정치음모를 늘어놓은 역사책과 역사소설이 나와 풍미하고 있다. 이 책들 가운데는 지나치게 대중적 인기와 흥미를 끌려는 의도로 출간된 것도 더러 있다. 여기에는 역사를 지나치게 희화화하거나 진실을 왜곡할 위험성이 내포되어 있다. 역사 속 인물에 대한 평가는 시대적 상황과 객관적 사실을 두루 살펴서 엄정하게 해야 한다. 올바른 역사 이해를 위해 지나친 포퓰리즘식 접근은 바람직하지 않은 것이다.

역사인물 이야기는 언제나 흥미롭다. 그들은 현실을 살아가는 우리에게 삶의 지혜를 가르쳐 준다. 이 책을 읽는 독자들이 재미와 교훈을 함께 얻기를 기대하며 앞으로도 부족한 내용은 보충하고 새로 발굴도 계속할 것을 약속한다.

2008년 새해 아침에
임진강 가의 서실에서
이이화 쓰다

4부 정치가의 고민, 명분인가 실리인가

5부 구중궁궐 여인의 눈물

1부

한국 고대사의 지도를 그리다

광개토대왕 / 　김춘추 / 　무왕 / 　허황옥 / 　대조영 /
궁예 / 　진훤 / 　왕건 /

나라를 잃고 망명해 떠돌던 역사학자 신채호는 어렵게 찾은 광개토대왕비석 앞에
서서 눈물을 철철 흘렸다고 한다. 그는 그 내용을 옮겨 적어서 위대한 고구려 역사
를 쓰는 자료로 삼았다……. 비문에는, "문의 정치로 다스리고 무로 공업을 이룩했
으며, 동쪽을 정벌하고 서쪽을 토벌했다"고 찬양했다. 정벌만 일삼은 것이 아니라
나라 안으로는 제도를 정비하고 문화의 기틀을 세웠다는 뜻이다.

광개토대왕
위대한 정복자 중흥의 제왕

신채호, 광개토대왕비문을 읽으며 울다

백두산에서 발원한 압록강은 황해로 흘러들어간다. 그 물줄기가 백두산과 황해 중간쯤 이르는 곳에 험준한 산악지대를 등지고 국내성이 자리잡고 있다. 국내성은 고구려의 두 번째 수도로, 지금 중국의 만주 땅 지안시輯安市이다.

이곳에 지금도 광개토대왕廣開土大王(비문에는 호태왕)의 사적을 적은 거대한 돌비가 온갖 비바람을 맞으며 여기저기 상처난 모습으로 서 있다. 한동안 사람들은 이 돌비의 의미를 잘 모르고 있었다. 중국 사람들은 그저 글씨체가 멋지다며 함부로 먹칠을 해서 탁본을 떴다. 주민들은 이 탁본을 글씨 쓰는 사람들에게 팔아먹었다.

만주 침략을 위해 파견된 일본인 장교가 비문의 내용이 일본의 고대역사에 불리하다고 생각해 돌로 쪼아 글씨를 바꾸어 버리는 사건이 있었다. 그 장교는 이 변조한 탁본을 일본 학계에 돌렸다고 한다. 오늘날에도 그 내용의 변조문제가 많은 시빗거리를 낳고 있다.

나라를 잃고 망명해 떠돌던 역사학자 신채호는 어렵게 찾은 이 비석 앞에 서서 눈물을 철철 흘렸다. 그는 그 내용을 옮겨 적어서 위대한 고구려 역사를 쓰는 자료로 삼았다. 그러니까 신채호가 그 가치를 처음으로 알아보았다고 할 수 있을 것이다.

1990년대 들어 대한민국과 중화인민공화국이 교류를 트면서 많은 한국인들이 이 돌비를 찾았다. 학자와 문인을 비롯해 일반 사람들까지 이 돌비를 보기 위해 몰려들었다. 필자도 그런 사람 가운데 하나였다. 이에 중국인들도 덩달아 관심을 보이기 시작했다.

10대 시절부터 전쟁을 지휘한 황태자

이 비석의 주인공인 광개토대왕은 누구인가? 고구려 역사에서 가장 위대한 제왕으로 우러름을 받는 광개토대왕의 업적은 어느 정도였는가?

고구려는 나라를 세운 뒤 환도성에 근거지를 두고 차츰 영역을 넓혀 나갔다. 어느 정도 국력이 강해지자 압록강 지대로 진출했으며, 서기 3년 압록강 언저리인 국내성을 수도로 삼았다. 국내성은 육지로는 남쪽으로 진출할 수 있고 물길로는 황해로 나갈 수 있는 지리적 조건이 좋은 곳이다.

초기 단계의 고구려의 지경은 위로는 거란족 등 북방민족과 경계를 이루고, 서쪽 옆으로는 요동을 중심으로 중국과 어깨를 맞대고 있었다. 남쪽으로는 백제와 신라가 다리처럼 가로놓여 있었다. 11대 임금인 동천왕 재위시 중국의 위나라는 군사를 이끌고 와서 환도성을 공격하여 주민 5만여 명을 포로로 잡아갔다. 이때 동천왕은 위험을 피해 도망을 갔다. 고구려가 최초로 외부 침략자에게 겪은 치욕이자 시련이었다.

371년에는 백제군이 평양성을 공격해 왔다. 이때 몸소 전쟁에 나선 고국원왕이 전쟁터에서 백제군이 날린 화살에 맞아 죽은 일이 벌어졌다. 고구려가 국내성에서 평양으로 수도를 옮긴 연대는 427년이니 고국원왕이 죽고 난 56년 뒤에 수도를 옮긴 것이다. 임금이 전쟁터에서 죽었으니 나라의 커다란 비극이기도 했지만 한편으로 온 나라가 복수심에 불타 그 뒤 더욱 힘을 길러 영역을 넓혀 나갔다.

광개토대왕은 고구려 중기에 해당하는 375년 고국양왕의 아들로 태어났다. 그는 태어날 때부터 기골이 장대하고 용맹스러웠으며 자라면서는 큰 뜻을 품었다. 이름은 담덕談德이라 했다. 큰아버지 소수림왕과 아버지 고국양왕이 나라의 기초를 닦아 놓은 시기였다.

385년(고국양왕 2) 고구려의 4만 병력이 요동을 공격해 후연後燕

땅인 요동성과 현도성을 함락시키고 남녀 1만 명을 포로로 잡아왔다. 일대 승리를 기록했으나 승리한 기쁨이 채 가시기도 전인 5개월 뒤에 후연의 모용농이 고구려 군사를 몰아내고 두 군을 회복했다. 고구려는 다시 요동지방을 빼앗긴 것이다.

고국양왕은 임금 노릇을 하면서 많은 어려움을 겪었는데 아들이 태어나자 큰 기대를 걸었다. 담덕은 386년 태자로 책봉되어 5년 동안 정치수업을 받았으며, 10대 중반기부터 전쟁터에 나가 군사를 지휘했다. 일테면 전쟁을 익히는 수련과정이었다고 할 수 있다.

391년 5월, 만으로 쳐서 열일곱 살의 나이로 담덕은 고구려의 19대 임금 자리에 올랐다. 그는 임금이 되자 처음으로 고구려 연호를 영락 永樂이라고 제정했다. 새로 자주적인 나라를 열겠다는 의지였다. 물론 어린 임금 혼자만의 의지라기보다는 당시 고구려 지도자들이 이런 의식을 가졌을 것이다. 영락은 "길이 안락을 누린다"는 뜻이다.

그는 413년 죽을 때까지 22년 동안

광개토대왕 대왕이 다스리던 시기에 고구려가 주변 나라를 공격한 횟수는 12차례였으며, 몸소 군사를 이끌고 나간 경우는 7차례였다. 그가 친정을 할 때에는 군사들의 사기가 더욱 높아 한번도 실패한 적이 없었다.

임금 자리에 있으면서 빛나는 정복 활동을 벌였다. 그의 정복 활동이 성공할 수 있었던 조건을 다음 세 가지로 요약할 수 있다.

첫째, 무엇보다 외교를 통해 동조하는 세력을 만들어 놓았다는 점이다. 처음에는 강력한 힘을 가진 중국의 나라들과 우호를 맺고 나서 신라를 위협 회유하는 방법을 통해 동맹을 맺거나 복속시켰다. 그런 뒤에 정복하고 싶은 나라들을 골라서 공격했다. 등뒤의 걱정거리를 없애고 오히려 지원세력을 만들어 도움을 받은 것이다.

둘째, 남쪽으로 진출하면서 수군과 군함을 이용했다. 그 전에는 기병과 보병을 중심으로 육지를 휩쓸었는데 새로 수군부대를 창설하고 군함을 만들어 바닷길을 이용한 것이다. 압록강 하류와 그 입구의 황해는 백두산과 압록강 중류의 풍부한 목재를 뗏목으로 실어와 조선소를 만들 수 있는 좋은 입지조건을 갖추고 있었다. 그는 바다와 강을 군사 진출로로 개척한 것이다.

셋째, 전쟁을 벌이면서 뛰어난 전략과 전술을 구사했다. 적절히 전진과 후퇴를 반복하면서 전쟁을 벌였고 시기도 잘 잡았다. 대왕이 가는 곳이나 고구려 군사들이 전진하는 곳에는 실패가 없었다. 싸우면 이기는 일만이 존재했다.

한편으로는 고구려가 중기로 접어들면서 불교와 유교를 받아들이고 여러 제도를 새로 만들어 내부를 정비한 점도 통치에 힘을 실어 주었다. 정치와 사상을 통합한 통치의 힘으로 나라가 힘차게 도약할 수 있는 발판을 마련한 것이다.

요하를 건너 중원 땅 정벌을 꿈꾸다

이제 비문의 내용을 중심으로 광개토대왕의 중요한 정복 활동을 살펴본다.

대왕은 임금 자리에 오른 지 두 달 뒤인 391년 7월에 4만 명의 군사를 이끌고 남쪽으로 내려와 한강 이북의 백제 땅을 휩쓸었다. 10월에 들어서는 고구려 군사들이 백제의 관미성을 점령했다. 고구려 수군은 일곱 길로 나누어 공격을 퍼부은 끝에 20일 만에 성을 함락시켰다.

이 관미성 전투를 두고 후세에 이런저런 논란이 있었다.

조선 초기의 유학자인 권근은 이렇게 비평했다.

부왕이 죽은 지 석 달도 못 되어 친히 백제를 친 것은 아버지 죽음의 애통함을 잊고 거리낌없이 행동한 것이다. 백제에서 먼저 전쟁을 일으키지 않았는데 갑작스레 군사를 동원한 것은 옳지 않다.

『동국사략』

권근은 유학자답게 아버지의 상중에는 근신해야 한다는 점을 들어 나무란 것이다. 그런데 광개토대왕 비문에는 이때 친정親征(직접 정벌에 나섬)하지 않은 것으로 나타난다.

조선 후기의 실학자인 안정복의 의견은 다르다.

적이 침공해 와서 임금과 어버이를 살해하면 그의 신하와 아들

된 자로서는 창을 베고 아침을 기다렸다가 피를 뿌리며 싸움에 나가서 오직 원수 갚을 것을 마음 먹어야 한다. 비록 자신이 못하면 아비는 이런 마음을 아들에게 전하고 아들은 이런 마음을 손자에게 전해서 백대까지 가더라도 원수를 갚아야지 이를 잊어서는 안 된다.

『동사강목』

안정복은 대왕의 행동을 정당하게 본 것이다. 이처럼 조선시대 학자들도 대왕의 업적과 활동에 많은 관심을 기울였다. 오늘날 관미성의 위치를 두고 강화도 북쪽 또는 파주 오두산성이라고 하는 등 여러 설이 있다. 하지만 "사면이 깎아지른 듯한 절벽으로 되어 있고 성 둘레를 바다가 둘러싸서 천연의 요새였다"(『삼국사기』「고구려본기」)고 했으니 현재의 오두성과는 지형 설명이 조금 어긋난다. 오두성은 임진강 입구에 있으니 바다에 면하지 않았고 또 섬이 아니다. 그래서 강화도 옆에 붙어 있는 교동도였을 것으로 추정하기도 한다.

광개토대왕비 서기 414년, 호태왕의 업적을 기리는 비석이 완성되었다. 화강암으로 된 비의 높이는 6.39미터, 밑면 넓이는 1.43미터, 각 면의 넓이는 약간 들쭉날쭉 차이가 난다. 비에 새겨진 문자의 행수는 44행, 모두 1,775자가 새겨져 있다.

대왕은 392년 북쪽에 있는 거란이 명령을 잘 따르지 않자 몸소 군사를 이끌고 나가 정벌했다. 그는 이르는 곳마다 승리를 거두고 헤아릴 수 없이 많은 가축을 전리품으로 얻었다. 그는 동쪽으로 내려오면서 자신의 영역을 돌아보며 느긋하게 사냥을 즐겼다.

절치부심하던 백제의 아신왕은 다시 힘을 모았다. 아신왕은 393년 장수 진무眞武를 시켜 고구려 공격을 지시했다.

관미성은 우리가 북쪽 변방을 대비하는 데 가장 중요한 요충지이다. 지금 고구려가 차지하고 있어서 과인이 통석하게 여기는 바이다. 경이 마땅히 마음을 굳게 가지고 치욕을 씻어 주기 바란다.

『삼국사기』

아신왕의 말대로 관미성은 고구려와 백제 두 나라의 교두보였다. 진무는 군사 1만 명을 이끌고 관미성을 공격했으나 실패하고 말았다.

395년 백제는 다시 고구려 공격에 나서 패수(대동강)를 사이에 두고 한바탕 전투를 치렀다. 백제군은 8천여 명의 포로를 빼앗기고 8천여 명의 주검을 남기고 돌아왔다. 또 연달아 보낸 백제 군사들이 개성 송악산에 이르렀을 때 큰 눈이 내려 많은 군사들이 얼어 죽어 또다시 실패했다.

이번에는 대왕이 남쪽 정벌을 개시했다. 백제와 신라는 그동안 고구려의 힘에 눌려 복종하는 체해 왔으나 어디까지나 면종복배面從腹背였다. 그런데다가 대왕이 즉위하던 해부터 왜가 바다를 건너와서 백제-신라와 손을 잡고 고구려를 건드렸다. 게다가 백제는 신라와 달리 틈새만 보이면 언제든지 도전해 왔다.

대왕은 396년 몸소 수군을 이끌고 황해의 해안을 따라 내려왔다. 대왕이 거느린 수군은 황해도와 경기도 일대를 휩쓸고 내려와 관미성을 거쳐 한강에 이르렀다. 고구려 수군은 물길을 타고 쉽게 전진하여 한강 중류 북쪽에 있는 아차성阿且城(또는 蛾嵯城이라고도 함)을 점령했다. 이곳 마루에서 바라보면 위례성이 있던 풍납토성·몽촌토성 등 한강 남쪽이 환하게 들어온다. 얼마 전 아차산의 고구려 보루성이 발견되어 활발하게 발굴작업을 하고 있다.

고구려군은 아리수阿利水(한강의 고구려 호칭)를 건너 한강 남쪽의 위례성에 있는 백제의 아신왕을 굴복시켰다. 여기서 한 가지 짚어둘 것은 아차성과 아리수의 아阿자가 동일하다는 점이다. 두 곳이 지명으로도 연계되었음을 짐작할 수 있다.

고구려 군사들은 계속 남쪽으로 내려갔다. 이때 고구려 군사들은 백제 영역의 58개 성과 700개의 촌락을 얻었다. 점령지역이 오늘날로 치면 황해도와 경기도와 충청도 황해 해안 지역에 해당한다. 아신왕이 복종한다는 의미로 남녀 1천 명과 가는 베 1천 필을 바치자 대왕은 백제왕의 동생과 대신 10인을 인질로 잡아 돌아왔다. 이때 아신왕은 "이제부터 영원한 종이 되겠나이다"라고 맹세했다. 고구려의 완전한 승리였다.

하지만 백제와 왜는 은밀히 복수의 칼날을 갈았다. 아신왕은 이듬해 왕자 전지를 백제의 속국인 일본 북쪽 규슈에 있는 왜국에 파견해 왜군을 끌어모아 복수전을 계획했다.

대왕은 남쪽 진출의 기지인 평양 등지를 돌아보면서 앞날을 대비했고, 군사를 경상도 상주 등지로 보내 조공을 독려하는 한편, 군사를 보내 동쪽 숙신의 땅을 정벌(398)하여 300명의 포로를 잡아오고 속국으로 만들었다.

마침내 399년 백제가 맹세를 깨고 다시 조공을 거부하고서 맞서왔다. 백제는 왜와 손을 잡고 군사력을 강화한 뒤 다시 맞서볼 자신감이 생긴 것이다. 또 신하 노릇을 충실히 하던 신라에서 사신을 보내 도움을 요청했다.

"왜인들이 나라의 경계에 가득히 몰려와 파괴와 약탈을 일삼고 있으니 이를 몰아내 주십시오."

다음해인 400년 대왕은 신라에 보병과 기병 5만 명을 보냈다. 이번에는 몸소 군사를 이끌고 가지는 않았다. 고구려 군사들은 동쪽 길을 따라 경주로 진군해 왜군을 쫓아내고 이어 오늘날 고령 지역에 있는 임라가라를 정벌했으며, 낙동강 입구의 임나任那도 석권했다. 일본 역사학자들은 이 무렵 왜국에서 이 언저리에 임나일본부를 두고 한반도 남쪽을 다스렸다고 주장하고 있다.

404년, 왜가 이번에는 황해로 들어와 황해도 일대의 옛 대방 땅으로 올라오자 대왕이 직접 군사를 거느리고 나아가 깡그리 섬멸했다. 이때 전리품으로 갑옷과 투구 1만 벌을 거둬들였다.

대왕은 남쪽을 평정한 뒤 발길을 다시 북서쪽으로 돌렸다. 407년에 요동 땅에 있는 후연을 공격해 승리를 거두고 무수한 물자를 노획했으며, 성의 방비를 굳건히 했다. 410년에는 동해 가에 있는 동부여가 예전과 달리 조공을 피하며 배반하자 대왕이 몸소 군사를 이끌고 나가 정벌했다.

대왕의 활동은 거기까지가 끝이었다. 그는 요하와 황하를 넘어 중원 땅 정벌을 준비하던 중 갑자기 사망했다. 그의 나이 젊으나 젊은 39세였다. 중원 정벌의 원대한 꿈을 아들 장수왕에게 넘겨준 채 그는 역사의 뒤안길로 사라졌다.

장수왕, 블라디보스토크와 베이징 주변까지 진출

대왕이 다스리던 시기에 고구려가 주변 나라를 공격한 횟수는 12차례였으며, 몸소 군사를 이끌고 나간 경우는 7차례였다. 그가 친정을 할 때에는 군사들의 사기가 더욱 높아 한번도 실패한 적이 없었다. 그만큼 군사들은 그의 전략 전술을 믿고 가는 곳마다 용맹을 떨쳤다. 그 결과 64성과 1,400촌을 빼앗아 조공을 받거나 굴복을 시켜 고구려의 신하로 만들었다. 전쟁을 통해 거둬들인 물자는 그 양을 헤아리기 어려울 정도였다.

비문에 그의 업적이 기록되어 있다.

은혜와 덕택이 하늘에 미쳤고 위엄과 무력武力(무로 닦인 힘)이 사해四海(온 천하)를 덮었다. 못된 무리를 쓸어내고 왕업을 편안케 했다. 나라는 풍부했고 백성은 풍요로웠으며 오곡이 풍성했다.

여기에서 확실하게 밝혀 둘 것은, 비문에 쓰인 정식 왕의 호칭이 '국강상광개토경평안호태왕國岡上廣開土境平安好太王'이라는 것이다. 이를 글자 그대로 풀어보면 "나라의 마루 위에 모신 땅의 지경을 널리 개척하여 편안케 한 호태왕"이라는 뜻이다. 여기의 "국강상"은 장사 지낸 곳을 표시한 것이라고 한다. 『삼국사기』에는 여느 경우와 같이 광개토왕이라 했지만 여기에서는 '호태왕'이란 특별한 호칭을 사용했다. 이 비문에 따라 '광개토호태왕'이 정식 호칭이라는 주장도 있다. '대왕'이 아니라 '호태왕'으로 불러야 한다는 것이다.

또 비문에는 "문의 정치로 다스리고 무로 공업을 이룩했으며, 동쪽을 정벌하고 서쪽을 토벌하였다"고 찬양했다. 정벌만 일삼은 것이 아니라 나라 안으로는 제도를 정비하고 문화의 기틀을 세웠다는 뜻이다. 그의 업적을 잘 요약한 구절이다.

호태왕의 사후, 그의 아들 장수왕은 곧 산릉조성 작업에 착수했다. 서기 414년, 드디어 그의 업적을 기리는 비석이 완성되었다. 화강암으로 된 비의 높이는 6.39미터, 밑면 넓이는 1.43미터, 각 면의 넓이는 약간 들쭉날쭉 차이가 난다. 비에 새겨진 문자의 행수는 44행, 모두 1,775자가 새겨져 있다.

고구려에서 그 전에는 왕의 무덤에 비석을 세우지 않았는데 이 비석을 시발로 하여 뒤의 왕들도 비석을 세웠다고 한다. 따라서 이 비석은 동아시아에서 가장 오래된 비석으로 꼽히지만 오랜 기간을 지내는 동안 비바람에 씻긴데다가 관리를 잘하지 못해 글자가 떨어져나가기도 하여 보이지 않는 글자가 많다. 안타까운 일이다.

장수왕은 아버지의 뜻을 이어 땅을 더욱 넓혀 나갔다. 먼저 남쪽 방면을 보면 동쪽으로는 죽령과 조령, 서쪽으로는 황해의 남양만을 경계로 삼았고 나아가 정남쪽으로는 충주 금강 일대까지 진출했다. 지금까지 보존되어 있는 충주의 '중원고구려비'의 비문에 이런 내용이 일부 들어 있다.

북쪽으로는 부채살 모양으로 뻗어나갔다. 북쪽 방면은 서쪽으로는 요동반도를 포함한 요하의 동쪽, 서북쪽으로는 선양을 넘어 시라무렌 강에서 몽골 땅을 바라보았고, 정면의 북쪽으로는 쑹화강 평야를 중심으로 하르빈 지역과 얼굴을 맞대고, 동북쪽으로는 두만강 입구와 블라디보스토크의 언저리와 그 아래 지역을 차지했다. 북경 언저리에 있는 유주까지 진출했다는 설도 있다.

이 시기 고구려의 영토를 두고 남한 학계에서는 40~56만 제곱킬로미터, 북한 학계에서는 56만 제곱킬로미터 정도였다고 주장한다. 양쪽의 주장이 얼마나 정확한지 모르겠지만 오늘날 한국의 영토에 속하는 한반도의 넓이는 22만 제곱킬로미터쯤 된다.

광개토호태왕은 우리 민족이 낳은 영웅이며, 광개토대왕비는 여러모로 소중한 역사적 가치가 있다. 고대사에서는 정복자를 영웅으로 받들지 결코 침략자로 규정하지 않는다. 정복은 개척의 의미를 담고 있기 때문이다. 광개토호태왕과 그의 아들인 장수왕은 위대한 정복군주요 개척자였다.

중국의 동북공정 등으로 올바른 민족사 인식이 더욱 요청되는 때인 만큼 이 글을 통해 대왕의 업적과 그것이 갖는 의의에 대해 깊이 새겨볼 필요가 있다.

김춘추
삼국통일의 기초를 다진 영걸

최초의 진골 출신 신라왕

김춘추金春秋(604~661)는 왕이었지만 흔히 왕호인 태종무열왕太宗武烈王이라 불리지 않고 일반사람의 이름인 김춘추라 불린다. 왜 그럴까? 그 이유는 두 가지다. 김춘추는 왕손이었으나 왕자가 아니면서 왕위에 올랐다. 또 성골만 왕위에 오를 수 있다는 제도를 뛰어넘어 진골로서 왕위에 오른 최초의 신라왕이다.

김춘추의 할아버지는 진지왕이다. 진지왕은 왕위에 오른 지 3년 만에 정치를 그르쳤다는 죄목으로 쫓겨난 뒤 곧바로 죽었다. 그 뒤를 이은 진평왕은 그의 외할아버지이자 종백부가 된다. 김춘추는 이처럼 왕손의 혈통을 받았지만 할아버지의 죗값 때문에 그저 귀족의 대우를 받는 처지였다. 그러나 김춘추는 신성하다는 평을 들을 정도로 용모가 뛰어나고 행동거지가 신중했으며, 왕족의 풍도가 있었다.

그는 성장하면서 왕실과 귀족 사회에서 두루 인정을 받기 시작했다. 그는 어릴 적부터 큰 뜻을 품고 내심 왕위를 넘보는 한편 삼국통일을 이룩할 야망을 키워나갔다. 진골의 신분으로 이렇듯 당찬 꿈을 키우게 된 데는 당시의 시대적 배경이 동기부여를 했을 것이다.

신라는 반도의 후미진 동남쪽에 자리잡은 나라로서 고구려, 백제, 일본의 압박을 끊임없이 받아오다가 6세기 중엽 국력을 기울여 가야를 통합했다. 이 여세를 몰아 강역疆域을 한강 언저리까지 넓히자 고구려, 백제, 일본의 큰 반감을 사게 되었다. 당시 중국에는 수나라와 당나라가 연달아 통일을 이룩하고 있었는데 신라는 수로로 당과 통하고 있었다.

김춘추의 소년시절 고구려와 백제는 끊임없이 신라를 위협했고 신라는 내정을 다지면서 이에 맞서야 했다. 이런 환경에서 김춘추는 웅지雄志를 품게 되었는데 그 혼자의 역량만으로는 어림없는 일이었다. 동지가 필요했다. 이때 경주에 그와 뜻을 같이할 젊은이가 있었다.

처남 매부 사이인 김춘추와 김유신

김유신은 가야의 왕손이지만 폐쇄적인 신라의 귀족사회에서 그의 출세는 한정되어 있었다. 김유신은 용화향도龍華香徒(김유신이 이끄는 낭도집단의 이름)를 이끌며 심신을 수양하고 젊은이들을 훈련시켜 세력을 키워나갔다. 김유신 쪽에서 먼저 김춘추를 주의 깊게 보았다.

정월 어느 날, 김유신은 김춘추를 자기 집에 초대했다. 두 사람은 집 앞마당에서 제기차기를 하며 즐겁게 놀았다. 그렇게 한참을 놀던 중 김유신이 놀이에 열중한 김춘추 옆으로 다가가 일부러 옷고름을 밟아 떨어뜨렸다. 김유신은 그에게 집안으로 들이기 옷고름을 달자고 했다. 김유신은 첫째 여동생 아해에게 이 일을 시켰다. 그런데 아해가 부끄러워하며 사양하자 둘째 여동생 아기阿只(문희)가 스스로 나서서 옷고름을 달아 주었다.

이 일을 계기로 두 남녀 사이에 사랑이 싹터 아기가 덜컥 임신을 했다. 이 사실을 알게 된 김유신은 "부모의 허락도 없이 임신했다"며 크게 꾸짖고 온 서울에 아기를 불태워 죽인다는 소문을 퍼뜨렸다. 그는 선덕왕(정사인『삼국사기』에는 정식 호칭을 '선덕왕'이라 하였고 '여왕'이라 기록하지 않았다. '여왕'이라는 호칭은 뒷사람들이 붙인 것이다.)이 남산에 놀러가는 날을 택해 마당에 불을 지펴 연기를 크게 냈다(『삼국유사』에는 선덕왕이라 했지만 이들의 나이와 사위 품석 등의 관계로 보아 선덕왕이 아니라 진평왕이 맞는 듯하다). 선덕왕은 이 연기의 사연을 옆에 있던 김춘추에게 듣고는 그에게 구해주도록 했다. 두 사람은 왕의 허락을 얻어 정식 혼인을 했다.

사실 이 일화에는 몇 가지 문제가 있다. 첫째, 김유신은 여덟 살 아래인 김춘추를 꾀어 매부로 삼으면서 신분상 도저히 혼인할 수 없는 관계를 합법적으로 해결했다. 둘째, 꿈에 첫 여동생이 산에 올라가 온 서울에 가득 차게 오줌을 누었는데 이 꿈을 동생에게 팔아 결국 왕후가 되었다는 이야기를 조작해서 이 혼인에 정당성을 주어 세상의 비난을 피했다. 이런 이야기는 뒷날 그들이 권모술수나 부렸더라면 잔꾀로 치부되었을 것이다.

이렇게 김춘추와 김유신은 혼맥이라는 끊을 수 없는 관계를 맺었고, 이 관계는 신라 역사를 크게 바꿔놓은 하나의 사건이 되었다. 그들은 힘을 합쳐 줄기차게 두 가지 목표를 향해 나아갔다.

김유신은 무장으로서 고구려군과 백제군의 침입을 막느라 하루도 쉴 새 없이 동분서주했다. 그는 동쪽과 북쪽에서 하루도 편안한 날이 없을 정도로 이어지는 적군의 침입에 맞서 대항하고 때로는 그쪽 땅으로 쳐들어가기도 했다. 진덕왕 재위시에는 반역을 꾀하는 세력을 토벌하기도 했다. 그의 신임과 명망은 날이 갈수록 치솟아 전 군대를 통솔하는 대총관大摠管이라는 중임을 맡게 되었다. 그는 20여 년 동안 실패를 모르는 장수였다.

이에 반해 김춘추는 외교 전문가였다. 그의 발길은 이웃 나라로 바쁘게 움직였다. 백제의 침입을 저지하기 위해 고구려로 들어가서 원병을 요청했고 그것이 뜻대로 되지 않자 일본으로 건너가서 원조를 청했다. 백제에는 밀정을 보내 정보를 빼내고, 그곳 지배층에 이간을 붙였다. 그는 마침내 배를 타고 멀리 당나라 수도 장안으로 들어갔다.

아들 김법민金法敏을 데리고 당나라에 들어간 김춘추는 당나라 조정으로부터 백제정벌군을 보내겠다는 약속을 받아냈다. 마침내 백제 정벌을 위한 나당연합군 결성을 실현시킨 것이다. 나당연합군의 결실은 두 나라의 이해가 맞아떨어진 것이기는 하나 김춘추의 외교가 빚어낸 작품이다. 그는 이 정도 합의에 만족하지 않고 계속 당나라에 희귀한 선물을 싸든 조공의 사신을 보내게 했고 또 아들 김인문金仁問을 그 곳에 머물게 하여 사후의 일을 다지게 했다. 이런 활동으로 그의 명망은 신라의 왕실을 떵떵 울렸다. 김춘추와 김유신은 표리表裏가 된 것이다.

마침내 새로운 전기가 왔다. 654년 여왕인 진덕왕이 후사 없이 죽었다. 이때 국왕을 추대하거나 폐위시키는 권한을 쥔 화백회의는 무력해 있었다. 국왕의 직속인 상대등이 화백회의를 좌우했다. 처음 왕손 알천閼川에게 섭정을 맡겼으나 김유신과 알천은 뜻을 맞추어 김춘추를 왕으로 추대했다. 그가 진골로 왕이 될 수 있었던 것은 물론 그의 명망과 능력 때문이겠으나 김유신의 힘을 과소평가해서는 안 될 것이다.

삼국통일의 기틀을 다지다

왕위에 오른 김춘추는 몇 가지 획기적인 조치를 취했다.

첫째, 당의 문물제도를 전면적으로 받아들여 율령律令국가의 체제를 다졌다. 이에 따라 권력 집중의 중앙집권의 성격을 띤 통치가 원활하게 이루어졌고 국가 관료체제의 확립이 단행되었다.

둘째, 군사제도를 정비하여 통일전쟁에 대비했다. 그리고 김유신을 정점으로 군사 지휘체계를 확실하게 했다.

이렇게 왕권이 강화된 조건에서 김춘추는 먼저 백제정벌을 단행한 것이다. 당군은 13만 명의 군사력으로 바다를 건너 사비성을 쳤고 신라군은 5만 명의 정병으로 육지로 쳐들어가 사비성을 공략했다. 끝내 백제는 나당연합군에 의해 멸망하고 말았다.

당은 백제의 땅에 다섯 도독부를 두어 다스리며 신라를 견제했다. 김춘추는 새로운 시련을 맞이했다. 더욱이 고구려군은 북한산 언저리까지 공격해오고 일본군은 금강 하류까지 쳐들어왔으며 백제의 부흥군이 곳곳에서 일어나고 있었다. 이런 마당에서 김춘추는 새로운 전략을 구사하고 있었다.

당군은 백제부흥군의 완강한 저항에 부딪쳐 본국에 증원군을 요청하기도 하고 신라에 구원을 요구하기도 했다. 김춘추는 당군의 침략의도를 간파하고 있었기 때문에 그들의 요구를 일정한 정도로 들어주고 있었다. 그러면서 이제는 거꾸로 백제부흥군의 항전을 유도하여 당군의 약화를 노렸다. 신라군은 백제부흥군과 전투를 벌일 때에 소극적 태도를 취했고 더러 신라군이 패전하는 경우에도 인명의 손실을 적게 내고 무기를 빼앗기는 전략으로 대응했다.

이런 양면전술은 백제의 유민을 포섭하는 과정에서도 나타났다. 백제의 벼슬아치들에게 지난날의 자리를 인정해 주고 또 생활도 안정시켜 주었다. 이런 전술은 물론 김춘추가 죽고 난 뒤에도 계속되었고 고구려를 멸망시킨 뒤에도 무마수단으로 써먹었다. 그러나 김춘추는 백제를 멸망시킨 지 꼭 1년 만에 죽어 그의 손으로 완전한 통일을 이룩하지 못했다.

그의 나이 59세. 그가 죽고 난 뒤 신라는 진골이 왕위에 오르는 세습군주제로 바뀌었다. 따라서 그는 후대 신라왕의 중조中祖가 되었다. 그리고 그는 통일의 기초를 다진 영걸로 추앙을 받았다.

삼국통일의 역사적 의의

삼국통일은 그의 아들 문무왕文武王과 김유신의 손에서 이루어 졌다. 그러나 이 통일에는 역사적 평가가 따른다. 그것은 외세를 끌어들여 통일을 이룩했으나 반토막 통일을 했다는 것이요, 따라서 고구려의 옛 영역을 모두 확보하지 못했다는 것이며, 고구려의 뒤를 이은 발해와 우호관계를 유지하지 못하고 갈등관계를 빚었다는 것이다.

이런 평가는 틀림없는 사실이다. 그러나 이것은 결과론이다. 역사적 결과야 그러했지만 김춘추의 섣부른 통일의지 때문에 빚어진 것은 아닐 것이다. 뒷날 신라는 당의 세력을 몰아내기 위해 처절한 투쟁을 벌였다. 그런 과정에서 고구려와 백제의 유민은 동일 혈연의식을 가지고 서로 협력했고 신라는 이를 주도하면서 끝내 당의 세력을 요동 땅으로 몰아냈다.

그러나 그 후대들은 한반도의 39도선에서 안존했고 당의 이이 제이以夷制夷 정책에 놀아나 북쪽의 발해와 경쟁했다. 이것이 죽은 김춘추의 뜻이겠는가? 김춘추는 분명히 통일의 기초를 다진 영걸이었고 따라서 통일의 화신이었다. 오늘날 민족의 분단을 겪으면서 김춘추의 웅지를 다시 새겨봄직하다.

무왕
백제의 중흥을 꿈꾼 서동설화의 주인공

백제 중흥의 꿈

백제의 무왕(?~641)은 어려운 시기에 왕 노릇을 하면서 많은 업적을 이룩하는 한편 갖가지 화제를 뿌리기도 했다. 그는 백제 30대 왕으로 41년 동안 재위했으나 아들 의자왕 시기에 이르러 그토록 애써 지켜내려던 백제는 끝내 멸망하고 말았다. 그는 백제 마지막 시기에 꺼져가는 나라를 중흥시키려 안간힘을 쓰다가 뜻을 이루지 못하고 죽은 것이다. 그런 탓으로 백제의 왕들 가운데 가장 많은 이야깃거리를 남겼다.

그 당시 백제는 한강 언저리에 있던 도성에서 남쪽으로 쫓겨나 웅진과 사비성에 도읍지를 정해 새로운 각오로 나라를 일으키려 했으나 연달아 고구려와 신라의 압박을 받았다. 그리하여 영역을 야금야금 침식당해 동쪽으로는 청주 등지를 신라에 내주었고 북쪽으로는 한강 아래에서 훨씬 내려와 금강 언저리까지 밀리는 지경에 이르렀다.

그런데도 '대성팔족大姓八族'이라 일컫는 귀족들은 정치권력을 나누어 쥐고 나약한 임금들을 쥐고 흔들었다. 무왕의 할아버지 혜왕과 아버지 법왕은 즉위한 뒤 2년을 넘기지 못하고 죽었는데 그들 죽음에는 무슨 사정이 있는 듯하다.

웅진과 사비성에서 웅크리고 있던 백제는 옛 영광을 돌이키고자 먼 수나라에 자주 사람을 보내 고구려를 정벌해달라고 요청했다(요하 근처에 백제의 근거지가 있었다는 설도 있다). 백제의 꼬득임에 솔깃한 수나라가 고구려 정벌에 나섰으나 거듭 실패하고 말았다. 이렇게 고구려에 대한 백제의 복수심은 공염불로 끝나고 말았다.

법왕은 꺼져가는 나라를 구하려 나름대로 힘을 쏟았다. 법왕은 살생을 금지하면서 민가에서 기르는 매를 놓아주게 하고 고기잡이와 사냥 도구도 불태우게 했다. 자비를 베풀어 민심을 모으려는 조치였으나 급작스럽게 서거하는 바람에 뜻을 이루지 못했다. 그 뒤 백제 중흥의 짐은 고스란히 무왕에게 지워졌던 것이다.

서동 설화의 주인공

무왕은 호걸의 기상을 지니고 의지도 강했거니와 정략에도 능란한 인물이었던 것으로 보인다. 무엇보다 서동薯童(맛동) 설화를 통해 이를 엿볼 수 있다. 서동 설화는 사랑 이야기 같지만 그 속에는 복잡한 정치적 술수가 깔려 있다. 서동은 마를 캐는 맛동을 말한다. 예전에 감자·고구마가 없었던 시대에 마는 칡뿌리와 함께 중요한 구황 식품救荒食品이었다. 그래서 마를 캐서 파는 소년들이 있었다.

사비성(부여)에 한 맛동이 있었다. 그 소년은 과부의 아들로 백제의 서울 남쪽의 연못가에서 살았다. 그의 어머니는 용과 잠자리를 하여 아들을 낳았다 한다. 이 아이가 마를 캐서 팔아 살림을 꾸렸으므로 사람들이 맛동이라 불렀다. 맛동은 신라 진평왕의 셋째 딸인 선화공주가 매우 아리땁다는 소문을 들었다. 그는 경주로 달려가 아이들에게 마를 나누어 주면서 동요를 지어 부르게 했다.

> 선화공주님은 남몰래 시집가서
> 맛동의 방을 찾아 밤마다 무얼 안고 뒹군다네

국문학에서 가장 오래된 향가로 꼽는 「서동요」라 부르는 이 노래가 경주 도성 안에 쫙 퍼졌다. 이 소문이 마침내 구중궁궐에 파묻혀 있는 진평왕의 귀에도 들어갔다. 진평왕은 이를 수치스럽게 여겼고 신하들은 왕실의 권위를 타락시켰다고 해 선화공주를 먼 곳으로 유배 보내라고 권고했다. 공주가 유배의 길을 떠날 때 왕비는 황금 한 말을 주었다. 서동은 공주를 호위하면서 길을

따라왔다. 공주는 처음에 서동이 누구인 줄 몰랐으나 믿음직스
러워 사랑을 나누게 되었다. 공주는 얼마 지난 뒤 사랑하는 남자
가 서동임을 알았다. 공주가 황금을 내놓으면서 우리가 1백 년
동안 살 수 있는 재산이라고 말하니 서동이 이게 무슨 물건이냐
고 물었다. 사연을 듣고는 껄껄 웃고 나서 이렇게 말했다.

"내가 어릴 적에 마를 캐면서 이런 물건을 진흙처럼 쌓아놓았
소."

공주가 깜짝 놀라며 "황금은 귀중한 보배이니 우리 부모가 있
는 궁전에 보내는 것이 어떻겠느냐"고 제의했다. 서동은 황금을
모아 금오산 미륵사 옆에 언덕처럼 쌓아 놓았다. 서동은 용화산
사자사로 가서 지명법사를 만났다. 서동이 지명법사에게 황금을
신라 궁전으로 실어 나르는 방법을 묻자 지명법사는 신통력을
써서 하룻밤 사이에 황금을 신라 궁전으로 보냈다. 진평왕이 이
황금을 보고 놀라 서동에게 감사의 편지를 보냈다. 이에 서동은
명성을 얻어 백제의 임금이 되었다.(『삼국유사』의 내용 요약)

한편 서동의 어머니가 익산 금마에 살았고 이곳 마룡지에서
서동이 태어났다는 전설이 있어서 지금도 마룡지를 보존하고 있
다. 또 법왕이 미륵사터가 있는 금마로 순수를 나갔을 때 사통私
通해 사생아를 낳았다는 설도 전한다.

무왕이 도성의 연못 언저리든 마룡지든 어디에서 태어났든 간
에 용의 정령精靈이 과부의 몸을 빌려서 세상에 나왔다고 하여,
가난한 과부의 아들인 서동이라는 상징 조작을 설정했다. 이렇
듯 서동은 용의 정령으로 태어났기에 범상한 인물이 아니었고

탁월한 지략으로 진평왕의 사위가 되었으며 마침내 백제의 임금이 되었다고 했다.

따라서 무왕은 민중 출신으로 백제 귀족을 누를 수 있는 조건을 갖춘 임금으로 상징 조작되었으며 장인과 사위의 관계인 백제와 신라가 동맹을 맺어 고구려와 맞서 고토를 회복할 수 있는 정치적 환경을 조성할 인물로 부각되는 것이다. 「서동요」는 물론 진평왕 시기에 유행한 향가로 그 내용으로 보아 학자들은 서동을 백제의 동성왕이나 무령왕 또는 원효라 보기도 하나 일단 『삼국유사』의 기록대로 무왕으로 볼 수밖에 없겠다.

미륵사를 세워 민심을 추스리다

한편 『삼국유사』에는 무왕에 얽힌 미륵사 창건설화도 전한다. 어느 날 무왕과 왕비가 용화산 사자사를 찾아가던 길에 산 아래의 큰 연못에 이르렀다. 발길을 잠시 멈춘 사이 홀연히 연못에서 미륵삼존불이 나타나 이들은 치성을 드리면서 연못을 메워 절을 짓기로 했다. 무왕이 지명법사에게 연못 메울 일을 물어보자 지명법사가 신통력을 발휘해 하룻밤 사이에 연못을 평지로 만들었다. 이윽고 이곳에 미륵사를 창건하고 미륵불을 모셨다. 이때 진평왕이 많은 목수와 석공을 보내 공사를 도와 주었다 한다.

용화산은 미륵불이 있는 용화회상龍華會上을 의미한다. 무왕은 미륵사를 창건하고 미륵신앙을 통해 자신은 전륜성왕轉輪聖王(위

미륵사 석탑　백제 미륵신앙의 본산인 익산 미륵사지 내 석탑의 모습. 미륵사는 창건 당시 동양 최대의 가람이었다.

엄으로 천하를 다스린다는 성제)의 이미지를, 민중에게는 미륵세상의 출현을 기대케 하는 희망을 주려 한 것이 아닐까? 이대로라면 삼국시기 무왕은 최초로 미륵신앙을 이용한 군주가 될 것이다.

현재 미륵사터는 일연의 기록대로 익산 용화산 아래 자리 잡고 있다. 처음 창건했을 때에는 동양 최대의 가람이었지만 지금은 석탑과 당간지주 등만이 남아 있다.

1990년대 발굴 조사 때 그 규모를 알아냈으며 그릇과 연장 등 2만여 점의 유물을 발굴했다. 이를 통해 미륵사가 백제 미륵신앙의 중심 사찰임을 추정할 수 있었다. 무왕은 미륵신앙을 통해 일체감을 다지고 나라의 중흥을 도모하려 했던 것이다.

수나라·당나라에 지원 요청

이제부터는 무왕의 활동과 업적을 알아보기로 한다. 그는 나라를 중흥시키려 안간힘을 썼다. 서동 설화의 이미지와는 달리 신라와 연달아 전쟁을 벌였다. 하지만 예전처럼 결말이 쉽게 나지 않았다. 서로 힘만 빼는 겨루기에 지나지 않았다. 당시 백제는 남쪽에 치우쳐 있었기에 국력이 쇠퇴해 있었다. 그런 탓으로 오히려 신라의 반격전 또는 침략전에 밀리기 일쑤였다.

또 북쪽에서 압박해 오는 고구려를 막는 일도 만만치 않았다. 당시 고구려는 내분이 격화되어 예전처럼 백제를 공격하지 않았고 신라의 침략에도 제대로 반격전을 펼치지 못했다. 하지만 598년 백제의 위덕왕이 수나라에 사신을 보내, 수나라가 요동을 공격할 때 백제가 그 길잡이가 되어 주겠다고 자청했다. 이를 고구려에서 염탐하고 군사를 국경지대에 보내 복수전을 펼친 적이 있다. 그러니 언제 닥칠지 모르는 사태를 대비해야 했다.

무왕은 그 대처 방법으로 황해를 건너 수나라와 당나라의 군사력을 빌리려 끊임없이 수·당에 접근했다. 607년, 백제의 사신이 많은 선물을 싸들고 수나라 수도로 찾아가 고구려의 무도함을 늘어놓으며 고구려 정벌에 나서달라고 요청했다. 양제는 고구려 정벌을 계획하고 있으면서도 짐짓 이를 받아들이는 척하며 "고구려의 동정을 엿보아 일러 달라"고 당부했다. 그래서인지 이해 5월 고구려 군사가 백제 변경지대를 습격해 남녀 포로 3천여 명을 잡아갔다.

수나라는 마침내 두 차례에 걸쳐 고구려를 공격했다. 이때 백제 군사도 참여한 것으로 드러난다. 이 공격이 실패를 거듭해 무왕의 의도와는 엉뚱한 방향으로 내달았다. 수나라가 망한 뒤 무왕은 다시 당나라에 접근해 고구려 공격의 뜻을 실현시키려 했으나 오히려 당나라의 만류를 받았다.

다른 쪽으로는 옛 영역을 찾기 위해 627년에 대규모 군사를 동원해 신라 공격을 서둘렀다. 신라의 진평왕이 이 사실을 당나라에 급박하게 알리자 무왕이 공격을 일시 중지했다. 그리고 이해 8월 무왕은 조카인 복신福信을 당나라에 사신으로 보냈다. 이때 당 태종은 신라와 평화롭게 지내라는 당부의 글을 보냈다. 무왕은 겉으로는 이 당부를 받아들이는 체했지만 내심으로는 결코 따르지 않았다.

백제, 역사의 뒤안길로 스러지다

무왕은 왕조의 위기를 타개하고 왕권을 강화하기 위해 사비성의 궁궐을 대대적으로 중수하고 옛 도성인 웅진성과 이궁이 있는 금마를 자주 왕래하면서 여러모로 대비책을 강구했다. 또 왕흥사를 장려하게 짓고 틈나는 대로 불공을 드렸다. 이어 궁남지를 파서 물을 끌어대고 주변 20여 리에 걸쳐 버드나무를 심었다. 연못 안에는 인공의 섬을 만들어 방장산方丈山(도교에서 말하는 신선이 사는 곳)이라 불렀다. 무왕은 만년에 늙은 탓인지 많은 비빈과 신하를 데리고 주변 경치 좋은 곳을 찾아다니면서 질펀한 잔치를 벌였다.

무왕은 41년 동안 임금 노릇을 하면서 백제 중흥을 꾀했으나 뜻을 이루지 못하고 죽었다. 그의 아들 의자왕이 왕위를 이어 해동 증자曾子(공자의 수제자)라는 칭송을 들으면서 부왕의 웅지를 실현시키려 힘을 쏟았다. 의자왕은 아버지의 유지를 받들어 신라를 공격하기도 하고 묵은 원수인 고구려와 늘 견제를 일삼는 당나라에 접근하기도 하면서 양면전술을 펼쳤다. 그러나 그도 만년에는 아버지처럼 사치와 놀이에 빠져들었다. 그러다가 끝내 신라의 꾀에 휘말려 나라를 잃은 비운의 군주로 전락하고 말았다.

무왕의 무덤은 1971년 공주 송산리 고분군(지금 공주시 금성동)에서 발견되어 그 안에서 많은 유물들이 나왔다. 무왕의 무덤은 무령왕릉과 함께 백제의 신비를 알려주는 무덤이다.

허황옥
신비에 싸인 가락국의 왕비

가락국 수로왕, 알에서 태어나다

허황후(33~189)는 신비의 여성이다. 그녀가 어디에서 태어나 어디를 통해 흘러들어와서 가락국의 황후가 됐는지 아직도 정확한 실체가 밝혀지지 않았기 때문이다. 오늘날 그녀의 후손으로 일컬어지는 김해 김씨와 김해 허씨는 5백만 명을 헤아린다. 이런 많은 수의 자손을 두고도 그녀의 내력이 확실하지 않은 것은 막연한 기록 탓이다.

김수로왕은 고구려, 백제, 신라의 세 나라가 일어난 뒤 맨 나중에 김해 일대를 중심으로 가락국을 세웠다. 가락국이 신라에 병합된 탓으로 역사기록이 부실하게 되었다. 다행히 가락국의 건국설화가 『삼국유사』에 기록되어 있는데 여기에 허황후의 이야기가 포함되어 있다.

먼저 김수로왕이 나라를 세운 과정을 알아보자.

이 땅에는 천지가 개벽한 이래로 나라의 호칭이 없었고 군신의 칭호도 없었다. 이윽고 아도간·여도간·피도간·오도간·유수간·유천간·신천간·오천간·신귀간 등 아홉 간干이 추장이 되었다. 백성 1만 호, 7만 5천 명을 거느리고 산과 들에 모여서 우물을 파서 마시고 밭을 갈아먹었다.

이 줄거리는 원시 공동체 부족국가의 모습인데 농사를 지었음을 나타내고 있다.

어느 날 그들이 살고 있는 구지봉에서 소리가 들려왔다.

"황천皇天이 나에게 이곳에 가서 유신해 임금이 되라고 명하셔서 강림하였다. 너희들은 봉우리 정상의 흙을 파면서 이런 노래를 불러라. 거북아, 거북아, 머리를 내밀어라 내밀지 아니하면 구워서 먹으리. 그러면서 땅을 다지며 춤을 추면 이것이 대왕을 맞이하면서 기뻐 뛰는 것이 되느니라."

그 말대로 하자 하늘에서 붉은 보자기가 내려와서 펴보니 황금알 여섯 개가 있었다. 그 알을 상자에 담았다가 12일 지난 뒤 열어보니 모두 동자로 변해 있었다.

이들 중 한 동자는 10여 일이 지나 어른으로 자랐는데 아주 잘생겼다. 그 달 보름날에 즉위했는데 처음 나타났다고 하여 수로首露라 했고 나라 이름을 대가락大駕洛 또는 가야국伽倻國이라고도 일컬었다. 이 나라는 곧 여섯 가야 중의 하나이다. 나머지 다섯 동자도 각기 다섯 가야의 임금이 되었다. 수로왕은 도읍지를 정하고 궁궐을 만들었다.

이 이야기에 나타나는 하늘, 알, 구간 등의 설정을 보면 신라의 건국설화와도 상통하는 부분이 많은 것 같다.

이 설화의 상징을 추정해 보면, 수로왕은 먼 곳에서 와서 토착 세력의 추대로 첫 임금이 되었을 것이다. 그가 뒤에 남쪽 바다에서 온 석탈해와 지혜를 겨룬 끝에 이겨서 임금 노릇을 했다는 이야기도 있다. 석탈해는 그 뒤 신라로 가서 임금이 되었다고 한다. 이 얘기도 그가 먼 곳에서 흘러온 인물임을 드러낸 것이다.

바다 건너 아유타국에서 온 공주

수로왕은 나라를 세우고 난 뒤에도 왕비를 들이지 않고 있었다. 대신들이 양가의 규수 가운데서 왕비를 간택하라고 재촉했지만 수로왕은 번번이 거절하면서 때를 기다린다고 했다.

어느 날 이국의 한 처녀가 많은 신하와 비단 등 보물을 싣고 남쪽의 뱃길을 따라 가락국에 이르렀다. 그녀는 스스로 아유타국의 공주로 성은 허가요, 이름은 황옥인데 부왕의 지시에 따라 동해 천도골에 있는 나라의 왕비가 되고자 왔다고 했다. 수로왕은 그녀를 왕비로 삼고 나라를 안정되게 다스렸다.

그러면 이 설화의 진실 여부는 일단 접어두고, 설화의 줄거리를 통해 실제적 사실에 접근해 보기로 하자.

공주가 처음 바다에 나타났을 때나 수로왕을 만나 대화를 나눌 때 통역이 끼어들지 않고 의사소통을 한다. 그들의 대화 내용은 상당한 교양과 지식이 어우러져 있다. 왕은 신랑으로서 궁궐에서 나가 신부를 맞이했고 신부는 대등한 관계 속에서 혼례를 치른다. 유교식 혼례절차를 밟고 있다. 또 공주 신분에 걸맞은 혼수품을 가져온 것도 혼례의 의례에 맞는다. 신부가 데리고 온 종자從者들에 대한 후한 대우도 유교식 신행의 절차에서 보여 주는 관행이다.

공주가 타고 온 배의 돛과 깃발의 색깔은 붉은색과 주황색이었다. 인도의 종파들은 자기 집단을 알리기 위해 깃발을 내거는데, 주로 붉은색과 주황색을 쓴다고 한다. 이런 색깔을 쓴 것은 자신들을 가락국 사람들에게 알리는 신호였을 것이다.

공주 일행이 예물로 가져온 물건은 비단이나 능라 같은 옷감과 금은보옥과 같은 보배였다. 초기 철기문화가 시작되고 후진적 농경사회가 열리고 있던 가락국에서는 생산되지 않는 물건들이다. 이는 그 무렵 중국이나 인도 그리고 실크로드를 거쳐 들어오던 사라센 지방의 산물이다.

공주는 스스로 아유타국에서 왔다고 했다. 이 나라가 어디에 있을까? 그 실체를 두고 많은 추측과 논란을 빚었다. 아유타국은 인도 갠지스 강 중류에 있는 아요디아라는 고을로 추정되기도 한다. 아요디아는 인도 태양왕조의 옛 도읍지로서 서기전 5세기쯤에 그 나라 왕자가 태양신의 화신으로 숭배됐다고 한다. 이들 왕가는 다른 왕조에 점령당해 도읍지를 잃고 어디론지 떠나갔다는 인도 쪽의 기록이 전한다. 이 시기는 공주가 김해로 오기 28년 전에 해당한다.

태국에도 아유티아라는 고도가 있다. 이 나라는 메남 강 언저리에 있었는데 아요디아가 건설한 식민지였다는 것이다. 아요디아가 망할 때에 이곳으로 망명했을 것이라는 그럴듯한 추정도 있다.

『삼국유사』에 따르면, 공주는 파사婆娑 석탑을 배에 싣고 왔다. 이 돌은 김해 지방만이 아니라 우리나라에서는 볼 수 없는 약돌이다. 이 약돌은 인도와 중국의 남해 연안에서 산출된다. 이 탑은 지금도 구지봉의 허황후릉 옆에 보존되어 있다. 또 '가락' 또는 '가야'라는 이름도 고대 인도어의 '물고기'라는 말과 음이 유사하다.

1792년 처음 세워진 수로왕릉의 정문에는 물고기 두 마리가 마주보는 모양과 연꽃 봉우리 등이 그려진 도형이 있다. 이런 문양은 지금도 아요디아 고을에서 큰 건축물에 쓰이는 조각과 장식이라고 한다. 그러니 허황후와 관련된 이야기는 인도와 관련이 깊다. 다만 그녀가 올 때에 아요디아가 망했으며, 또 6월의 풍향과 물흐름은 역풍과 역류여서 두 달 만에 김해에 닿을 수 없다고 보기도 한다. 그러므로 인도가 아닌 태국의 아유티아에서 출발했을 것이라고 추정하기도 한다.

한편 이와 사뭇 다른 추정도 있다. 허황후가 죽고 난 뒤에 올린 시호가 보주普州태후인데, 보주는 중국 사천성 가릉 강 유역에 있었다. 허황후는 바로 이곳에 살던 소수민족인 파족巴族 출신일 것이라는 견해이다. 허황옥을 파족의 중심 세력인 허씨 가

문의 딸로 보는 것이다. 허씨들이 한나라 조정에 반기를 들다가 실패하여 강제로 이곳으로 추방됐다는 것이다. 이 허씨들의 뿌리가 인도였고 허황옥 일행은 양자강을 따라 상하이 지방에 이르렀으며 이어 해류를 타고 김해에 도달했다고 보는 것이다.

여러 정황으로 보아 그럴듯한 해석이다.

한편 아주 색다른 주장도 있다. 인도의 어떤 상인 세력이 가야와 무역을 활발히 벌이기 위해 어떤 여자를 아요디아의 공주로 위장해 수로왕에게 바쳤다고 보는 것이다. 수로首露도 인도 산스크리트어의 '수라'에서 따온 말로 본다. 수라는 초인간적인 권력을 지닌 사람이나 통치자, 영웅이라는 뜻이다.

어머니의 성을 따르는 허씨의 후손들

다시 한번 따져보면 실마리가 풀릴 법도 하다. 가락국 설화를 중심으로 보면 수로왕과 그 추종자들은 유교와 불교에 소양이 풍부함을 알 수 있다. 수로왕의 자질을 말할 적에도 중국 고대에서 신성시하는 인물을 끌어대고 있다. 수로왕의 통치방식도 유교적 도덕관이 물씬 풍긴다.

허황옥은 한 달 보름 정도 걸려서 김해에 도착했다. 그녀는 도교에서 이상의 나라에 있다는 천도복숭아를 가져왔다. 불교의 탑을 들여와서 부처의 가르침을 전파하려 했다. 그녀가 가져온 물건들은 중국 제품이고, 혼인의식도 중국식이었다. 아마도 허황옥은 인도의 전통을 익힌 가정에서 성장해 보주 지방에서 왔으며, 수로왕도 허황옥과 같은 지방에서 자랐을 것이다.

이런 배경 탓인지 가락국은 삼국과는 개성이 전혀 다른 고대국가로 출발했다. 이 나라는 남방불교를 이어오고 들판이 적은 환경을 딛고 바다로 진출해 활발하게 무역활동을 했다. 그 결과 후기에 와서 가락국은 철기문화를 고급 수준으로 끌어올렸고 백제, 신라, 왜국을 잇는 바닷길의 통로가 되었다. 오늘날의 김해평야는 조선시대와 일제시기에 만에 제방을 쌓고 개간을 해 넓은 평야로 만든 것이다. 그 당시는 구지봉 앞까지 바닷물이 들어왔을 것이다.

허황후의 능은 김해 구지봉 아래에 자리를 잡고 2천 여 년의 신비를 안고 있다. 특히 그녀의 자식들은 어머니의 성을 따라 허씨가 되었다. 우리나라 성씨 중에 허씨들은 어머니의 성을 이어받은 유일한 성바지가 되었다. 이런 이야기들은 허황후를 신비에 묻어두지 않고 역사인물로 부각시키는 하나의 시도가 될 것이다.

대조영
고구려 유민으로 새 나라 건설

고구려 유민 대걸걸중상과 대조영

대조영大祚榮(?~719)은 누구인가? 이 의문을 제일 먼저 던진 사람은 조선 후기의 실학자 유득공柳得恭이었다. 유득공은 대조영을 우리 역사의 영웅으로 부각시킨 학자이다. 오늘날에는 의심 없이 그를 남북국시대 발해의 창업군주로 받들고 있다.

당나라의 국경도시 영주營州에는 여러 종족의 주민들이 어우러져 살았다. 이들은 각각 자기네 고유의 옷을 입고 자기네 말로 떠들면서 살았으나 늘 중국 사람들의 눈치를 살펴야 했다.

그곳의 북쪽으로는 만리장성이 뱀처럼 길게 뻗어 있고 동북쪽으로는 요동과 요서의 경계인 요하遼河가 흐르고 있으며 남쪽으로는 발해만의 북쪽 끝자락이 비죽이 나와 있다. 또 요동에서 유주(북경)로 들어가는 통로가 길게 뻗어 있었다. 고구려 사신들은 육로로 당나라에 들어갈 때 이곳을 거쳤다.

영주는 넓은 지역이라 치안 상태가 늘 불안했다. 군대를 주둔시키고 주민을 관리 감시하는 역할을 맡은 도독부都督府는 안전한 지대인 유성현(오늘날의 조양)에 두었다. 영주의 성곽은 위압감을 줄 정도로 견고하고 장대하게 조성되어 있었다. 이곳을 드나드는 북쪽사람들에게 겁부터 먼저 주려는 의도로 조성되었을 것이다. 사실이 그랬다. 그 입구라 할 만리장성 끝자락에 있는 산해관으로 들어갈 때부터 사람들은 위압감을 느꼈다.

영주성 언저리에는 원래 북쪽에 근거지를 둔 거란족이 많이 살았으며 다른 종족들도 섞여 있었다. 고구려 주민을 비롯해 북쪽의 돌궐족과 거란족, 동쪽의 말갈족이 어우러져 살았던 것이다. 이들은 전쟁을 벌이지 않을 때에도 서로 경쟁심을 가지고 으르렁거리면서 쌍심지를 켜기 일쑤였다.

당나라는 고구려가 멸망한 뒤, '얽어매 두려는 정책'을 써서 고구려의 유민과 말갈족·거란족을 영주로 강제 이주시켜 살게 했다. 강제로 이주해 온 사람들은 대개 귀족이나 벼슬아치 등 유력자들이었다. 또 중국 내지로 끌려가던 고구려 포로 가운데 일부도 이곳에 처져 살았다. 이들은 각기 집단으로 마을을 이루고 살았다. 당나라는 이들을 이곳에 살게 하면서 회유하여 복종시키거나 채찍을 휘두르면서 호되게 강제 노역으로 내몰기도 했다. 포로가 아닌데도 포로와 같이 학대했으며 노예가 아닌데도 노예처럼 부려먹었다.

고구려 유민들 가운데 대걸걸중상大乞乞仲象과 대조영大祚榮 부자가 끼어 있었다. 이들 부자에 대해 당나라 사람들은 말갈족의 한 갈래인 속말부粟末部의 추장이라거나 고구려의 별종別種이라거나 고구려에서 장수노릇을 했다고도 했다.

이러한 기록들을 종합해보면 대걸걸중상 부자는 고구려의 귀족 또는 무사계급에 속했을 것이다. 두 사람은 거란 땅으로 옮겨가서 벼슬을 했다. 대걸걸중상이 거란의 대사리大舍利 벼슬을 했는데 '대사리'의 '대'자를 따서 성으로 삼았다 한다. 대사리는 장수에게 붙이는 호칭이었다. 그의 자녀도 성을 대大로 삼았으니 걸걸중상은 대씨의 시조인 셈이다.

이들 부자는 신분에 걸맞게 가족과 함께 종들을 데리고 와서, 고구려 유민들이 모여 사는 마을에서 자연스레 지도자로 군림했다. 이들은 영주에 거주하는 고구려 유민들 속에서 10여 년 동안 어우러져 지내면서 유력한 지도자로 추대되었다. 대걸걸중상과 대조영은 거란족이나 말갈족과 마찰을 일으키지 않으려고 조심하면서 고구려 유민들을 단속하고 때를 기다렸다. 또 이들 부자는 말갈족의 유력한 추장인 걸사비우와 친분을 나누며 동지애를 키웠다.

당나라 사람들은 고구려를 멸망시키고 나서도 고구려 주민을 어느 종족보다 미워했다. 유민들이 끈질기게 저항했기 때문이다. 당나라 사람들은, 고구려 주민을 '거즈우리 팡즈高句麗幇子'(고구려 치들)라거나 '거즈우리 노高句麗奴'(고구려 종놈)라 부르면서 얕보았다.

당나라 지배자들은 고구려 주민들과 말갈족을 이간질시켰다. 고구려가 대제국을 건설하는 과정에서 두 민족은 여러모로 서로 협조했고 정복전쟁에도 힘을 합해 싸워왔다. 당나라 지배자들은 이들이 다시 단결하면 변경정책에 방해가 될 것이라고 여겼던 것이다.

마침내 반란의 때가 왔다. 영주도독으로 부임해 온 조문홰는 영내의 주민을 오랑캐라고 얕보면서 모질게 다루었다. 그는 다른 도독들보다 더욱 심하게 이들 민족을 야만인으로 다루었고 때로는 채찍을 휘두르면서 노예로 부려먹었다. 조문홰는 전형적인 당나라 지배세력의 한 사람으로, 변경의 종족들을 채찍으로 다스려야 한다는 생각을 가진 벼슬아치였다. 게다가 조문홰는 늘 술에 취해 여자를 끼고서 나날을 지새웠다. 또 흉년으로 주민들이 굶어 죽고 있는데도 창고의 양식을 풀어 구호할 생각을 전혀 하지 않고 남의 일인 양 손발을 놓은 채 바라보기만 했다.

이곳에 거란 추장 출신인 이진충李盡忠과 손만영孫萬榮도 거주하고 있었다. 두 사람은 지략과 용기를 두루 갖춘 지도자였다. 그들은 거란족의 단결을 고취해 하나의 세력으로 키웠다. 두 지도자는 고구려 유민과 말갈족에게도 손을 뻗쳐, 영주도독을 죽이고 당나라 군사를 몰아내 영주를 차지하기로 뜻을 맞추었다.

이진충은 반란군의 총지휘자가 되어 자신을 '위가 없는 칸無上可汗'(칸은 임금의 뜻)이라고 표방하고 거란인의 완전 독립을 선포했다. 당나라 황제를 인정하지 않겠다는 것이다. 손만영은 총대장이 되어 주변의 작은 성들을 함락시키고 초기 단계부터 추종자를 수만 명으로 키웠다. 그런데 이진충은 처음부터 너무 성급하게 자신을 임금이라고 표방함으로써 다른 종족들을 주저하게 만들었다. 반역이 성공을 해도 그의 신하가 되어야 했기 때문이다.

696년 5월, 연합부대는 영주성과 유성현으로 쳐들어가서 조문화를 단숨에 죽여버리고 성을 차지했다. 이들 연합부대는 각기 목적이 따로 있었다. 고구려 유민은 조국의 부흥을 도모하려는 계획이었고 말갈족은 고향으로 돌아가 살려는 속셈이었으며 거란족은 당나라 세력이 다시는 자기네 영역을 침략하지 못하게 변방의 힘을 약화시키려는 의도였다.

당나라 조정에서는 즉시 토벌사령부를 설치하고 수만 명의 군사를 파견했다. 그러나 당시 당나라는 서남쪽의 토번(티베트) 정벌에 힘을 쏟느라 전력을 기울일 수가 없었다. 토번은 당나라 영역을 야금야금 먹어들어오고 있었다. 연합부대는 이런 정세를 타고 유주(오늘날 북경) 근처까지 진출하여 연달아 승리를 구가했다.

당나라 조정에서는 당황하여 토벌군을 대거 투입하고 이진충을 '이진멸李盡滅'(깡그리 없애버린다는 뜻), 손만영을 '손만참孫萬斬'(만 번 목을 벤다는 뜻)이라고 지목하며 소탕 의지를 다졌으나 1년이 넘어도 뜻을 이루지 못했다. 두 지도자는 마침내 유주까지 점령하는 등 기세를 올리면서 완강하게 버텼다.

청년 대조영의 눈부신 활약

반란의 시기, 서부전선이 일선이라면 동부전선은 후방에 해당했다. 동부전선은 당나라로부터 가장 먼 변경지대였고 그 바깥에 있는 요동은 고구려의 옛 영토였다. 대걸걸중상과 대조영은 말갈족의 추장 걸사비우와 힘을 합해 동부지역 평정에 나섰다. 이들 연합부대는 당나라에 복속하던 여러 성들을 손쉽게 차지했다. 더욱이 이해 9월에는 평양에서부터 고구려 유민에게 쫓겨요서 고성에 옮겨와 있던 안동도호부를 공격해 심각한 타격을 입혔다.

안동도호부는 "동쪽을 편안하게 하는 임무를 띠고 군사와 벼슬아치를 두어 보호한다"는 뜻을 따서 지은 관부의 이름인데 이때에 와서는 전혀 제 구실을 못하고 이름만 유지하는 정도였다.

그동안 중국에서는 압록강 건너편에 있는 국경도시를 '안동安東'이라고 했다. "동쪽 오랑캐를 편안케 한다"는 뜻이다. 중국 사람들은 이와 같은 뜻으로 서쪽에는 안서安西를 두고 남쪽에는 안남安南을 두었다. 그러다가 중화인민공화국이 성립된 뒤에는 안동을 '단동丹東'(동쪽을 붉게 물들인다는 뜻)이라 고쳐 부르고 있다. 이처럼 안동이란 지명은 고구려와 당나라의 긴장 관계 속에서 붙여진 이름이다.

대조영은 요동 일대의 안동 관할지역이자 옛 고구려 땅을 하나씩 차지하며 전과를 올리고 있었다. 당나라 중앙군은 이진충의 반란군에 가로막혀 동쪽 전선으로는 전혀 진출할 수가 없었다. 대조영이 요동을 근거지로 삼자, 당나라로서는 '코붙임'과 같은 형국이 되었다. 바둑을 둘 때 돌 한 점이 진로를 가로막게 되면 떼어버리기도 어렵고 그대로 두고 비켜갈 수도 없는 난처한 형국을 말한다. 이렇게 되자 안동도호부 관할의 작은 성들은 연합군에게 목숨을 구걸하는 처지로 내몰렸다. 고구려 유민은 대조영이 거느린 군사 대열에 호응해 속속 합류했다.

이럴 때 정세의 변화가 왔다. 북쪽에 도사리고 있던 돌궐의 우두머리 묵철이 당나라와 연합하여 거란족 공격에 나선 것이다. 묵철은 이 기회를 이용하여 거란족의 힘을 약화시키고 돌궐족의 영역을 넓혀 돌궐 왕국을 확고히 하고자 꾀했다. 또 당나라에서 빼앗아간 북쪽의 넓은 영토와 수천 호의 주민, 그동안 약탈해간 식량·무기·농기구·철·옷감 따위의 물자를 돌려달라고 요구했다. 게다가 그는 두 나라 왕실이 혼인을 맺자고 떼를 썼다.

당나라로서는 자존심이 무척 상했지만 함부로 거절할 수 없는 처지였다. 더욱이 당의 측천무후는 조정을 마음대로 주물러, 당의 이름을 지우고 새 나라 주周(685~704)를 세웠다. 측천무후는 새 왕조를 여는 과정에서 반대파를 제압해야 하는 내부의 버거운 과제를 안고 있었다.

측천무후와 손을 잡은 돌궐족은 영주의 후방을 공격했다. 이진충은 양쪽의 적을 막느라고 군사를 분산시킨 탓으로 역량이 많이 소모되었다. 마침내 총사령관인 손만영이 후퇴하는 도중 당나라 군사에게 살해되었다. 이 사건을 계기로 영주를 중심으로 한 거란족의 반란은 1년 여 만에 당나라에 심각한 타격을 주고 마무리되었다.

거란족이 서부전선에서 치열한 전투를 벌이는 동안 대조영은 동부에서 점령지를 확대시키고 군사 규모를 늘렸다. 호랑이와 사자가 싸우는 틈을 적절하게 이용하여 세력을 키우는 기회로 삼았으니 커다란 행운이었다고 할 수 있을 것이다. 거란족이 주도한 영주 반란은 고구려 유민과 말갈족 연합부대에게 새 나라 건설의 여명을 열어주었다.

측천무후는 계속 분열정책을 써서, 당나라를 반대하는 대오를 여러 갈래로 쪼개서 반란군을 와해시키려 했다. 한편으로는 이진충과 전쟁을 벌이고, 한편으로는 고구려 유민과 말갈족을 이끄는 두 지도자를 회유하려 들었다. 그럴듯한 미끼를 던지는 수법을 쓴 것이다.

그리하여 걸사비우에게는 허국공許國公, 걸걸중상에게는 진국공震國公을 책봉하여 각기 확보한 영역을 승인해 주었다. 예전부터 써먹던 수법이지만 두 지도자를 회유하는 미끼로 이만한 이득은 주어야 한다고 판단했던 것이다. 이 책봉은 정식 국호를 주기 이전의 단계에 해당된다. '국공'은 황제의 나라에서는 3등급에 해당하는 작위다. 높다고 보면 높게 보일 수도 있다. 하지만 두 지도자는 이 제의를 감지덕지하기는커녕 보기 좋게 거부했다.

두 장수는 각기 자기 휘하의 부하를 거느리고 영주 영역에서 벗어나 계속 동쪽으로 진출했다. 두 세력은 요동 일대에서 일정한 영역을 차지하고 세력을 떨쳤으니 왕국이라 불러도 크게 어긋나는 일은 아닐 것이다.

그러면 두 지도자는 왜 중국의 황제가 내려 주는 화려한 관복과 함께 봉작封爵(작위를 봉해 주는 것)을 거부했을까? 그동안 쌓인 당나라에 대한 반감 때문이었을까? 결코 그게 아니었다. 거기에는 특별히 숨은 뜻이 있었다. 두 장수는 요동을 중심으로 고구려의 옛 땅을 나누어 임금 노릇을 하기로 뜻을 모았던 것으로 보인다. 두 지도자가 서로 싸움질을 벌이지 않고 따로 왕국을 세우려는 계획을 세운 것은 다행스런 일이었다.

그때 요양 일대의 고구려 유민은 거의 독립 상태를 유지하고 있었는데 당나라와 가까운 세력도 있고 당나라를 철저하게 반대하는 세력도 있었다. 이들의 저항 때문에 안동도호부 또는 안동도독부가 이동을 거듭했던 것이다. 당나라 벼슬아치들은 이곳이 "다시 계륵鷄肋이 되었다"며 골치를 썩였다. 계륵이란 삼킬 수도 없고 뱉을 수도 없는 난처한 처지에 놓여 있다는 뜻이다. 두 지도자는 차근차근 영역을 넓혀나갔다.

걸사비우가 거느린 말갈 군사는 이해고가 거느린 당나라 군사들과 맞서 싸웠다. 그런데 어찌된 영문인지 말갈 군사는 당나라 군사에게 쉽게 패배했고, 걸사비우도 전사했다. 걸사비우의 패배는 대조영에게 세 번째로 행운을 안겨준 셈이다. 걸사비우가 죽은 뒤 말갈 군사 대부분이 대조영 휘하로 들어왔다. 이 무렵 대걸걸중상도 병들어 죽었다. 새 나라 건설의 과업은 이제 고스란히 아들 대조영에게 넘어왔다.

모든 군사 지휘권이 대걸걸중상에게서 젊은 대조영에게로 넘어갔다. 자연스럽게 이후의 모든 전투에서 대조영이 총지휘자로 전면에 나섰다. 이해고 군사들은 거리낌 없이 진격해 들어오고 대조영의 군사들은 한발씩 물러가는 형국이었다. 중국의 역사학자들은 대조영이 도망쳤다고 했지만 유인전술이라 해도 좋을 것이다.

뒤로 물러가던 대조영군은 커다란 애로에 봉착했다. 요동에서 후퇴할 때 사람이 먹을 양식과 말이 먹을 꼴을 제대로 확보하지 못한 것이다. 후방에서 공급하는 통로도 없었다. 당시 요동 들판은 오랜 전쟁터여서 양식과 꼴을 구하기가 매우 힘들었다. 더욱이 추운 겨울에 행군을 한 탓으로 추위와 피로가 겹쳤다. 사람과 말이 굶고 있으니 지연전술을 펼칠 수 없었다. 당군도 추위 속에서 연일 추격을 하느라 사기가 떨어지고 대오가 지리멸렬했다.

천문령대첩으로 새 나라의 초석을 놓다

대조영군이 천문령에 이르렀을 때 당군이 급박하게 산을 포위했다. 마침 대조영군은 휴식을 취하여 피로를 푼 뒤끝이었고 군사들은 승리를 해야 실컷 먹고 마실 기회가 온다고 여겼다. 대조영은 이런 분위기를 파악하고 배수전背水戰(강물을 등지고 싸우는 전술)을 벌이기로 하고 군사를 강물 앞으로 배치했다.

당군이 무모하게 진격해 오자 대조영군은 맞받아 공격전을 펼쳤다. 대조영은 당군의 진격 통로를 정찰한 뒤 기습작전을 감행했다. 당군이 전투준비를 채 갖추지 못하고 있을 때였다. 양쪽이 치열한 공방전을 벌인 지 한 식경 만에 당군은 수많은 시체를 남기고 패주했다. 당군의 사령관 이해고는 겨우 몸을 빼서 숲 속으로 도망쳤다. 대조영군은 이로부터 추격하는 적군을 염려하지 않고 편안한 마음으로 앞길을 개척할 수 있게 되었다.

이 전투를 '천문령대첩'이라 한다. 698년 초봄의 일이다. 이 전투의 승리는 대조영의 위신과 지위를 한껏 올려주었고 군사와 백성을 단결시켜 새 나라를 건설하는 결정적인 초석이 되었다. 고구려 유민들은 그전보다 더 대조영의 지도력을 믿고 따랐으며 말갈족도 더욱 심복하게 되었다.

천문령은 오늘날 어느 곳일까? 천문령은 휘발하 유역인 길림성 합달령으로 보는 견해가 많다. 합달령에는 뒤에 강물이 있고, 첫 발해의 수도로 정했던 동모산과도 가깝다. 이 지역이 바로 대조영이 살던 옛 땅이다.

대조영은 송화강을 건너고 목단강 상류를 지나 계속 동쪽으로 진출했는데 고구려 유민과 말갈족이 몰려들어 세력이 하루가 다르게 커졌다. 대조영은 자신의 휘하에 군사 수만 명을 거느리게 되자 새 나라 건설의 시기가 왔다고 판단했다.

대조영은 산을 넘고 물을 건너 눈앞에 드넓게 펼쳐진 분지에 이르렀다. 바로 동모산(지금의 돈화시) 언저리였다. 동모산의 높이는 600미터 가량 된다. 백두산에서 3백리(150킬로미터, 중국에서는 1백리를 50킬로미터로 잡는다) 가량 떨어져 있다. 동모산은 낮은 산이었으나 그 주위는 아주 험준한 산줄기가 에워싸고, 그 중간에 분지가 있다.

이 분지는 산줄기가 겹겹이 장벽을 이루고 밀림이 들판에 빽빽이 들어찼으며 토지는 걸고 물산이 넉넉했다. 즉 도읍지로서 외부의 침입을 방어하고 주민의 생활환경이 좋은 조건을 두루 갖춘 것이다. 이곳의 동북쪽으로는 백두산에서 발원한 송화강이 북쪽으로 흐르는데 그 지류인 홀한하忽汗河(지금의 목단강) 상류가 뱀처럼 구불구불 뻗어 있고 그 언저리에는 너른 들판이 펼쳐져 있다. 이곳은 영주와 2천여 리 떨어져 있으며 그 중간에 거란이 길을 막고 있어서 당나라의 침공 범위에서 멀리 벗어나 있었다. 즉 사정거리에서 벗어나 있는 셈이다.

대조영은 동모산 언저리에 머물면서 고구려 유민과 말갈족을 모았다. 사람들이 대조영의 명성을 듣고 앞 다투어 몰려들었다.

대조영은 군사와 말을 거두어 성채를 쌓았다. 동모산과 그 언저리의 산과 들에는 새로운 집들이 즐비하게 들어서고 궁궐도 이룩되어 어느덧 새 수도의 면모를 갖추게 되었다.

대조영은 698년 여름, 정식으로 나라를 선포하고 나라이름을 진국震國(또는 振國)이라 명명했다. 대걸걸중상이 진국공으로 봉해졌으니 아버지의 뜻을 따른 것으로도 볼 수 있겠다. 대조영은 고구려의 유민과 말갈족의 추대로 새 나라의 첫 임금으로 즉위했다. 고구려가 멸망한 지 꼭 30년이 지난 뒤였다. 그동안 이 일대의 고구려 영역은 당나라의 통치력이 흔들려 무정부 상태였다. 공한지空閑地인 채로 버려진 곳도 많았다. 그러한 곳에 고구려를 계승한 당당한 왕국이 들어선 것이다.

대조영은 영주를 떠날 때 1천여 명의 무리를 데리고 나왔다. 이들 무리가 동북쪽으로 오면서 고구려 유민과 말갈족이 합류해 계속 불어났다. 대조영이 나라를 세울 무렵 그 무리는 얼마나 되었을까? 40여 만 명에서부터 80여 만 명에 이르기까지 기록이 들쭉날쭉하다. 그러니 발해는 1천여 명을 기초로 하여 기하급수적으로 늘어난 유민을 중심으로 새로운 왕국을 연 것이다.

대조영이 나라를 세울 때 몇 살이었을까? 그가 고구려에서 장수 노릇을 했고 고구려가 망한 지 28년 뒤에 반란에 가담하여 그로부터 2년 만에 새 나라를 열었으니 추산이 가능하다. 그가 즉위한 연대는 698년이다. 고구려는 668년에 망했다. 그가 20대 중반의 나이에 장수를 지냈다고 보면 임금이 될 때의 나이는 50대 중반쯤이었을 것이다.

나라이름인 '진국'은 무슨 의미를 지니고 있을까? '진'은 『주역』의 진괘에 따르면 첫째 아들을 나타내기도 하고 동방을 상징하기도 한다. 또 천둥 번개가 치는 하늘의 변화를 뜻하기도 한다. 그러니 '첫째가는 나라' '동방의 나라' 또는 '진동하는 나라'라는 뜻이다. 근대에 들어서도 중국 사람들은 우리나라에 대한 별칭으로 이 이름을 붙여 부르기도 했다.

동모산에 도읍을 세우다

모든 고대 국가는 나름의 건국설화를 가지고 있다. 하지만 발해는 건국설화라고 할 만한 내용이 거의 없다.

대조영의 사람됨을 두고 중국의 역사책에는 "사람됨이 호방하고 명쾌했으며 문과 무를 고루 갖추었고 생김새가 당당하여 하나같이 영웅의 기개에 부응했다"고 기록했다. 또 "동쪽으로 들어올 때 대조영의 일 처리가 공평했으며 우연히 어려운 일을 만나도 처리를 잘했고 어그러지는 일이 있어도 잘 풀어나갔다"고 기록했다.

『신당서』에는 "제1대 왕인 대조영은 첫째가는 걸출한 통치자로 대표적인 인물이었다. 그는 중국의 정치와 문화의 영향을 받았고 소수민족 중에서 가장 용맹스럽고 전투를 잘 했으며 지모가 그들 무리들 속에서 뛰어난 군왕郡王(작은 고을을 다스리는 임금)이었다"고 칭송했다.

또 같은 책에는 "발해는 2대 왕 40여 년 동안 마음을 다해 다스려서 동북지구의 일대 지배세력으로 발전했다. 발해는 전란 시기에 분산되어 있던 말갈인과 요동 일대의 고구려 등 여러 민족의 유민을 널리 불러모아 신민臣民으로 만들었다. 특히 무력을 써서 정복하여 자기의 세력범위를 확대했다."고도 했다.

이들 기록에는 대조영의 영웅적 활동과 정복전쟁을 기술하면서 신비한 요소를 배제하고 있다. 여기에는 고대국가에서 흔히 볼 수 있는 신비스럽고 이적이 담긴 건국설화가 기술되지 않았다. 곧 조상이나 본인이 하늘에서 내려왔다든지, 알에서 태어났다든지 하는 이적이 전혀 없는 것이다.

다만 대조영의 아버지가 평범하지 않은 장수였으며 대조영이 문무를 두루 갖추고 용맹과 판단력을 지닌 영웅적인 인물로 부각되고 있을 뿐이다. 즉 대조영 개인의 자질이 뛰어나 새 나라를 건국한 것이지 하늘이나 신인의 도움을 받아 나라를 열었다는 따위의 탄생설화는 없는 것이다.

이는 대조영보다 앞서서 나라를 연 부여나 고구려, 신라의 건국설화와는 사뭇 다른 모습이다. 역사시대에 들어 신비와 초능력을 배제한 진전된 역사 기록이다. 중세국가의 단계에서 보이는 사실 중심으로 이루어진 것이다.

다만 대조영이 전쟁터에서 어려운 일을 겪을 때 경박호의 호수왕이 도움을 주었다는 민간 전설이 전해지는 정도이다. 이 전설을 요약해 설명하면 다음과 같다.

그가 영주에서 동쪽으로 진출할 때, 이해고가 바짝 추격해 왔다. 그때 식량이 바닥 나서 군사들의 불만이 높았다. 비록 지모가 많은 대조영이지만 험한 지역으로 들어와서 변통할 도리가 없었다. 바로 이때 속말粟末(말갈족의 한 갈래로 대조영의 조상이라고도 함)의 한 노인이 나타나서 "수령께서는 걱정할 필요가 없소. 지금 시급한 것은 양식과 꿀을 확보하는 것입니다"라고 말했다. 대조영이 공손하게 노인에게 가르침을 청했다. 노인이 그 방법을 일러주었다.

저 위에 경박호가 있다. 우리 말갈의 한 선인들이 여러 대에 걸쳐 여기에 살면서 경박호 왕과 돈독한 우의를 나눈 이야기가 세상에 전해진다. 지금 조상의 정의로 경박호 왕에게 구원을 요청함이 좋을 것이다. 물고기를 보내달라고 요청해서 주린 사람들을 먹인 뒤 기회를 엿보아 당나라 군사들을 치는 것이 좋을 것이다.

대조영이 급하게 경박호 왕에게 편지를 써서 노인과 함께 경박호 호반에 이르러 분향을 하고 무릎을 꿇고 편지를 던져넣었다. 경박호 왕이 새우 졸개들과 게 장수들을 불러놓고 "숙신肅愼(고대 종족)은 본디 우리의 이웃이었다. 지금 그 후예인 대조영이 나에게 구원을 요청해 왔으니 응당 들어주어야 할 것이다. 너희들이 속히 홍미어(꼬리가 붉은 고기)를 잡아와서 남쪽 언덕으로 보내 다른 사람들의 주린 배를 채워주게 하여 속말의 여러 사람들의 위급함을 풀어주라"고 분부했다.

대조영이 호반 위에서 조용히 회답을 기다리고 있었는데 홀연히 가까운 곳에서 떠드는 소리가 들리며 물고기 떼가 몰려왔다. 모든 사람들이 미친 듯이 기뻐 날뛰며 감격에 겨워 눈물을 줄줄 흘렸다. 그들은 일제히 "대조영은 신인이다"라고 외쳤다. 군사들은 너나없이 배불리 먹고 당나라 군사들과 천문령에서 싸워 승리를 거두었다.

이 전설은 속말부의 말갈인이 꾸며낸 이야기이다(황빈의 『발해국 사화』). 천문령과 경박호는 먼 거리에 떨어져 있다. 경박호는 말갈족의 생활 터전이었는데 발해가 뒷날 그 근처에 상경 용천부를 두어 도읍지로 삼았다. 이 이야기는 사실에 근거해서 일종의 이미지 조작으로 이루어진 것이다. 대조영이 경박호 왕의 도움을 받았다고 꾸며 신비스럽게 보이게 하려는 수준에 지나지 않는다.

대조영은 동모산 도읍지에서 건국의 기초를 하나씩 다져 나갔다. 동모산은 외딴 산이다. 이 산 위에서 사방을 바라보면 전망이 탁 트인다. 오늘날 돈화시에서 서남쪽으로 22킬로미터 가량 떨어진 대석하大石河 가의 남쪽에 있다. 대석하는 목단강 상류의 한 지류이다. 산성의 동남쪽에는 목단강이 뱀처럼 구불구불 흐르고 있다.

여기에 산성을 타원형으로 둘러쌓았다. 성벽의 길이는 2킬로미터이며 흙에 돌을 섞어 쌓았다. 산성의 규모와 축성기술을 보면 아직은 완전한 돌성을 쌓을 수 없었던 것 같다. 동모산을 중심으로 분지처럼 들이 펼쳐져 있다. 이 산성을 오늘날 '성산자산성'이라 부른다. 산성은 대석하를 끼고 있어 자연 해자를 이루어서 방어하기가 쉬우며 적이 공격해 들어올 때 맞받아치기에도 효율적이다. 게다가 교통 요충지여서 생산물을 거두어들이기에도 편리하다.

이어 동모산 주변에 오동성을 쌓았다. 동모산과 오동성의 거리는 15킬로미터이다. 오동성은 오늘날 돈화 시내에 있는데 바로 목단강 옆에 자리를 잡았다. 여기도 분지의 중간에 자리하고 있어서 농사짓기에 알맞은 조건을 갖추고 있다.

군사지리로 보면 서북쪽은 거란과 돌궐이 차지하여 당나라와 중간 차단의 장벽이 되어 주었으며, 남쪽은 장백산(백두산)의 긴 산줄기가 뻗어 있어서 천험의 보호막이 되어 주었다. 요동에서 멀리 떨어져 있었고 그 가운데에는 준령이 통로를 가로막고 있었다.

이를 두고 당나라 사람들은 "먼 곳을 믿고 나라를 세웠다"고 했고 신라의 최치원은 "사마귀만한 마을에서 나라가 생겨났다"고 했다. 당나라 사람들의 평가는 당시의 사정으로 보아 온당한 것 같다. 하지만 최치원의 말은 어찌 보면 좁은 곳이라 말할 수 있지만 어디까지나 이죽거림에 지나지 않는 것이다.

당나라는 이해고가 패전한 뒤 다시는 발해에 군사를 보내지 않았다. 동모산성이 영주에서 2천 리(약 1,000킬로미터)나 떨어져 있었으니 중국 사람들이 보기에는 머나먼 오지였다. 동모산과 오동성은 초기 나라를 세우는 고난의 시절에 정한 수도로서 적당한 도읍지라고 볼 수 있다.

역사에 발해의 이름이 오르다

대조영은 즉위 후 2년 동안 영역을 넓히는 정복활동을 세차게 벌였다. 대조영은 동모산성과 오동성을 근거지로 하여 주변 세력들을 하나씩 모아들였다. 때로는 전쟁을 통해서 숨통을 조이고, 때로는 회유의 수법을 써서 심복시켜 강역을 넓혀 나갔다.

대조영은 주변 지역을 중심으로 차츰 부채살 모양으로 영역을 넓혀나갔다. 북쪽에 도사리고 있는 흑수말갈과는 아직 전쟁을 벌이지 않았으나 그 대비를 소홀히 하지는 않았다. 그는 임금 노릇을 하는 동안 독자의 연호를 사용하면서 당나라에 복속을 표시하지 않았다. 또 새 나라를 연 사실을 먼저 이웃 나라인 돌궐에 통고하여 인정을 받았다. 진국은 돌궐과 선린 관계를 맺고 당나라의 침략에 공동대처하려는 의도를 보였다.

또 남쪽의 신라에도 사신을 보내 우호를 표시했다. 신라에서는 대조영에게 낮은 등급인 5품의 관등을 내리고 새 나라를 인정해 주었다. 최치원의 말대로 '사마귀만한 나라'라고 여겼으니 아주 얕보는 태도를 보일 수도 있었다.

잔꾀가 많고 자부심이 강한 측천무후는 진국이 새 나라를 세우고 자신에게 조공朝貢(복속하여 공물을 바치는 의식)을 하지 않으면서 나날이 뻗어나가는 꼴을 보고 넘어갈 여자가 아니었다. 무슨 수단을 써서라도 굴복을 받아내려 했다.

돌궐은 당시 거란을 대신해 요동에서 위세를 떨치고 있었다. 돌궐의 지도자 묵철은, 이진충이 제거된 뒤 이 일대의 실권을 잡았다. 북쪽에서 정세를 살피고 있던 묵철은 요동과 영주 주변이 혼란한 틈을 타서 손을 뻗었다.

측천무후는 대조영이 나라를 세운 지 1년 뒤인 699년 보장왕의 손자 고덕무를 안동도호부의 후신인 안동도독부의 도독으로 삼아 고구려 유민을 관리하게 했다. 연이어 측천무후는 요동에 새로운 나라 '소고구려국'을 세우고 고덕무를 왕으로 삼았다. '소고구려국'이야말로 측천무후의 사기극에서 배태된 작품이었다. 그러나 요동 일대의 고구려 유민들이 예전과 다름없이 이를 받아들일 리가 없었다.

측천무후는 진국이 책봉을 요청해 오지도 않고 조공도 바치지 않았으니 이럴 경우 관례대로 무력을 사용해 굴복시켜야 했지만 뾰족한 방법이 없었다. 마음을 바꾸어 먹고 진국에 사신을 보내 진국을 인정해주려 했으나 요동길이 막혀 이마저도 뜻을 이루지 못했다.

705년 그 말썽 많던 여걸 측천무후가 죽었다. 새 황제 중종은 측천무후가 저지른 짓거리를 모조리 원상 회복시켰다. '주'로 바꾸었던 나라 이름도 다시 당나라로 고쳤다. 중종은 평화적인 방법으로 진국과 외교 관계를 트려고 노력했다.

당나라 조정에서는 남쪽의 티베트가 준동하고 있는 마당에 진국과 돌궐이 손을 잡고 만리장성을 넘어 들어오는 사태를 가장 우려했다. 그렇게 되면 산해관 일대와 영주는 다시 수습할 수 없는 지경으로 빠진다고 보았던 것이다. 그 무렵에도 돌궐과 거란은 해마다 변경을 침입해 와 하루도 싸움 잘 날이 없었다.

당 조정은 진국의 사정을 염탐하고 우호를 보이기 위해 장행급을 진국으로 보냈다. 당나라 사절들은 위세를 보이려 화려한 조복朝服(벼슬아치들의 옷)을 입고 발해 땅으로 들어왔다. 어렵사리 동모산에 이른 장행급은 우호의 방문임을 강조했고 진국에서는 융숭한 환영식을 열어 환대했다.

대조영과 장행급은 서로 모처럼 찾아온 기회를 잘 이용하고자 했다. 장행급은 대조영의 환대를 받고 흡족하게 여겼다. 그는 대조영이 선입관과는 달리 포악하지도 않고 인품도 넉넉하다고 생각했다. 그는 본국으로 돌아가서 대조영을 칭찬했다. 장행급이 귀국할 때 대조영은 둘째 아들인 대문예大門藝를 딸려 보냈다. 대문예는 이름 그대로 학문과 예술에 소양이 깊은 문사의 기질이 있었다. 대조영은 나라를 위해 사랑하는 아들을 먼 나라에 보내는 결단을 내렸다. 이때부터 중종은 대조영을 정식으로 책봉하여 두 나라의 우호를 다졌다.

대문예는 세계도시인 장안(오늘날 시안)에 머물면서 숙위宿衛를 했다. 숙위는 변방의 나라에서 왕자나 왕의 동생을 당나라에 보내 학문을 익히기도 하고 본국에 관계되는 일을 보게 하는 제도였으나 실상은 볼모와 다름이 없었다. 신라의 여러 왕자들도 당나라에 숙위로 들어갔다. 그러나 대문예는 두 나라의 분쟁이나 갈등을 조정하고 풀어주는 외교 임무를 수행하는 한편, 당의 조정이나 왕실에서 일어나는 일을 수집해 고국에 알려주는 첩자 노릇을 했다.

713년, 대조영이 나라를 세운 지 16년째 되던 해에 새로 등극

한 현종은 진국과의 우호를 다지기 위해 최흔을 사자로 보냈다. 최흔은 장안을 떠나 육로로 산동 땅의 등주登州(지금의 봉래)에 도착했고 다시 파도를 헤치고 발해만의 바다를 건너 여순 해안에 있는 도리진에 올랐다. 그는 다시 압록강을 거슬러 올라가서 험로를 뚫고 동모산성에 이르렀다. 북쪽의 영주 길이 막혀 남쪽의 험로를 택한 탓으로 많은 고생을 겪었다. 그는 1년 가까운 세월을 허비하며 바닷길·물길, 맹수가 득실거리는 밀림을 뚫고 들어왔다. 그는 고생고생하며 새 길을 개척한 것이다. 이 길은 뒷날 발해의 조공로가 된다.

대조영은 책봉을 받는 의식을 성대하게 거행했다. 당의 황제는 대조영에게 세 개의 관직을 내려주었다. 첫째는 대장군, 둘째는 발해군왕, 셋째는 홀한주도독이다. 첫째 벼슬은 의례로 주는 헛 감투이다. 직함만 있지 아무런 실속이 없었다. 둘째 벼슬이야말로 진짜 직함이었다. 하지만 국왕이 아니라 국왕보다 한 등급 낮은 군왕이었다. 셋째는 실직이기는 하나 가치가 없었다. 홀한주는 홀한하(목단강 상류)에 있는 지대이다. 그러니까 대조영의 관할 아래 있는 곳이다. 그러니 새삼스럽게 무슨 새 직함이 필요하겠는가?

그동안 중국에서는 변방 나라에 이런 직함을 주고 승인하는 형식을 취하기도 하고 조공을 바치게 하여 복속을 다지기도 하면서 하사품을 내리고 때로는 다른 적대국이 도전하면 보호해주기도 했다.

의식을 통해 대조영은 발해군왕으로 책봉되었으며, 이때 처음으로 발해라는 이름을 사용했다. 대조영은 당나라에서 자신의 나라를 침략하지 않겠다는 약속을 받고 사신을 교환했다. 또 해마다 조공사절을 보내 복속을 표시하면서 신하의 예를 행했다. 이제부터 약속에 따라 평화의 관계가 이루어진 것이다.

그런데 발해라는 국명은 어떻게 나온 것일까? 당나라에서 붙여준 것처럼 기록되었지만 대조영이 먼저 지어서 알려주었을 것이다. 일반적인 관례가 그랬다. 고구려와 고려는 나라이름을 승인해달라고 구걸하지 않았으나 이성계는 새 왕조를 열고 '조선'과 '화령' 두 개의 나라이름을 가지고 명 태조의 승인을 받으려고 사신을 보냈다. 명 태조는 '조선'으로 지정해 주었다.

그러면 왜 발해인가? 발해는 황해의 위쪽, 중국 북쪽의 내륙에 붙어있는 만灣 곧 산동반도와 요동반도에 둘러싸인 황해의 안방 바다이다. 중국의 북쪽을 가르는 황하도 이 발해만으로 흘러든다.

'발해'라는 이름은 "안개가 자욱하게 끼는 바다"라는 유래를 지니고 있다. 실제로 이 바다에는 안개가 자주 낀다. 예전 중국 사람들은 이 바다의 안개 속에 나타나는 신기루를 보고 신선이 사는 삼신산이 있다고 믿었다. 그래서 등주를 삼신산의 하나로 꼽는 봉래蓬萊라 부르기도 한다. 또 발해는 수와 당이 고구려를 침략할 때 늘 이용하던 바다이다. 곧 수와 당의 수군이 출발하여 요동반도의 연안을 따라 압록강이나 평양의 앞바다로 진격하는 해로로 이용되었다.

또 발해의 서쪽 땅에 발해군이란 곳이 있다. 발해군은 한나라

때부터 설치했는데 『한서』에 따르면, 발해의 바닷가에 있는 곳이라 하여 이 이름을 붙였다 한다. 이곳은 작은 시골일 뿐 이름을 떨칠 만한 특징은 별로 없다.

대조영은 이 언저리에 있는 영주에서 처음 일어났다. 따라서 발해는 대조영의 뿌리라고 해도 틀리지 않을 것이다. 발해는 이런 유래를 지니고 있으므로 대조영으로서는 자랑스러운 나라이름으로 여겨 굳이 거부할 이유가 없었을 것이다. '발해군왕'은 발해군을 실제로 다스리라는 직책이 아니라 하나의 명예직이다. 알맹이는 그 앞에 접두사로 붙어 있는 '발해'였던 것이다.

진국은 712년부터 발해국으로 바뀌어 역사에 이름을 올렸다. 당나라에서는 발해를 공식 명칭으로 사용하면서 그 동안 얕보는 투로 쓰던 말갈 또는 속말부 따위의 이름을 지워버렸다. 하지만 민간인들은 곧잘 발해를 말갈이라고 했다.

발해는 고구려의 아들

발해를 구성하는 종족은 고구려 유민을 중심으로 하여 말갈족이 다수를 이루었고 거란족이 섞여 있었다. 하지만 엄밀한 의미에서는 이들이 모두 고구려의 지배를 받았던 유민에 속한다. 발해의 지배세력이 말갈 사람들을 압제하거나 얕잡아 보았다는 기록이 전혀 없으며 갈등이 일어났다는 기록도 없다. 또 오랫동안 서로 뒤섞여 살다보니 언어나 풍속이 비슷하여 종족을 유난스럽게 구별할 필요가 없었을 것이다.

대조영은 스스로 고구려 유민임을 강조했고 고구려의 정통을 계승했음도 밝혔다. 더욱이 발해의 지배세력은 대씨와 함께 고씨가 거의 상층부를 이루었다. 말갈족도 상층부에 전혀 끼어들지 않았다고 할 수는 없으나 주로 하부 구성원을 이루었다고 보아야 한다. 하지만 말갈족은 오랫동안 고구려에 귀속했고 발해에서도 이 전통이 그대로 이어져 별다른 마찰이 일어나지 않았던 것이다.

발해사람들은 일본과 교류를 트면서도 늘 자신들이 고구려의 후예임을 자처하고 고구려를 계승했다고 표방했다. 이웃 나라에도 고구려를 계승했다는 사실을 알렸다.

대조영은 고구려 영토를 상당 부분 회복하면서 나라를 반석 위에 올려놓고 임금 노릇을 한 지 21년 만에 죽었다. 그가 죽은 뒤 뒷사람들은 그의 시호를 고왕高王이라 했다. 보통의 경우는 창업의 시조를 태조라 하는데 대조영에게는 이런 관례를 따르지 않고 유별나게 고왕이라 했다. 고왕은 ‘고구려의 왕’이라는 의미를 담고 있다.

실학자 유득공은 발해에 대해 “그 대大씨는 누구였던가? 그는 고구려 사람이었다. 또 그들이 차지했던 땅은 어디였던가? 그곳은 우리의 고구려였다.”고 쓰면서 지난 역사책에 대해 통탄해 마지않았다. 이우성李佑成 교수는 이를 ‘남북국시대’라고 명명했고 북한에서는 ‘남북조시대’였다고 기술하고 있다.

그런데 지금 중국에서는 발해를 중국의 지방정부라고 하면서 연변 조선족 자치주 역사교과서에도 그런 줄거리로 엮어 가르치고 있다. 이처럼 발해 문제는 고구려 문제보다 더 심각하게 왜곡되어 있다.

이런 왜곡과 오류는 어디에서 온 것인가? 첫째는 김부식 등 썩은 사대사가 탓이다. 김부식은 고구려 역사마저 왜곡 축소했고 그 계통을 이은 발해는 완전히 깔아뭉갰다. 그 후 일제 식민 사학자들은 발해의 상부 구조를 고구려 계통으로 보면서도 그 하부 구성원이 말갈족이라 하여 한국사에서 제외시키려는 의도를 보였다.

다른 외부적 조건으로는 발해가 문화적으로 열등한 거란에 망한 탓으로 그 유적이나 사료가 유실되었기 때문이다. 이에 중국의 사가들이 편승하여 발해사를 축소하거나 왜곡한 것이다. 발해사의 정당한 복원으로 대조영의 참모습을 찾아야 할 때이다.

궁예
구원자로 자처하며 미륵세력 결합

빈손 들고 일어서다

궁예弓裔(?~918)는 복잡한 출생 비밀을 지니고 있다. 『삼국사기』에는 그가 왕자라고 기록했으나 아버지가 누구인지는 분명하게 알 수 없다. 궁예의 후손을 자처하는 순천 김씨의 세보에는 궁예가 신문왕의 아들로, 광산 이씨 세보에는 경문왕의 서자로 기록되어 있다. 조상의 내력을 간단히 적은 가첩은 고려 말기에 많은 사람들이 성을 가지면서 기록되기 시작했으며 조선 초기부터 일부 사족들이 족보를 작성하기 시작하여 16~17세기에 본격적으로 널리 만들어졌다는 역사적 배경을 감안하면 위의 두 세보의 기록은 믿을 것이 못 된다. 더욱이 연대를 맞추어보면 궁예가 가장 뒷시기에 해당하는 신문왕이 죽은 해에 태어났다고 하더라도 왕건에게 쫓겨나 죽을 무렵에는 80세가 된다. 여러 정황으로 보아 결코 이렇게 늙은 나이에 죽지 않았다고 판단된다.

다만 그가 신라 왕실이 연달아 왕위 쟁탈전을 벌이고 귀족과 불교계가 타락하고 이로 인하여 농민전쟁이 유발되는 시대적인 환경에서 태어났다는 점이 주목을 받는다.

그가 왕실의 음모에 휘말려 외가에서 태어나 죽음을 모면하고 절간에서 유모의 손에 자랐다는 설도 있다. 그가 자란 절간은 세달사라고 하는데 여러 정황으로 보아 영주 부석사라고 보는 것이 일반적인 견해이다. 신채호는 궁예의 성을 궁으로 보고 해상왕으로 일컬어지는 장보고의 본디 성명인 궁복弓福과 같은 성이라 보기도 한다. 외가의 성을 받았을 것이라 보는 것이다. 기발한 착상이기는 하나 설화처럼 들린다.

궁예는 10세 무렵 머리를 깎고 세달사에서 살았다. 그의 불명은 선종善宗이었는데 자라면서 도무지 불경 공부에는 관심이 없었고 계율에 얽매이지도 않았으나 담력과 용기가 뛰어났다. 그가 "재를 지내는 행렬에 끼었을 때에 까마귀가 무슨 물건을 바리안에 떨어뜨렸다"(『삼국사기』)는 기록도 있다. 이는 그가 정식 승려가 아니라 절간에 빌붙어 일을 해주고 몸을 기탁한 수원승도隨院僧徒였음을 의미한다. 그러니 수행보다 활쏘기나 권법 등 무예를 익히면서 뜻을 키웠을 것으로 보인다.

그는 전국에 걸쳐 농민전쟁이 일어나자 죽주의 두목 기훤에게 달려갔으나 찬밥 신세를 면치 못하여 기훤의 부하 몇 명을 동지로 삼아 강원도 일대에서 세력을 떨치고 있는 양길에게로 갔다.

양길은 그들 일행을 따듯이 맞이했다. 그로서는 비빌 언덕을 찾은 셈이다. 기훤과 양길은 둘 다 호족인지 농민 출신인지 확인이 되지 않는다. 두 사람이 당시 지방에서 세력을 떨치던 호족이라면 신라 왕실과 귀족에 반기를 들어 왕실·귀족과 결탁한 교종을 배척했을 것이다. 두 사람이 순수한 농민군 출신이었다면 호족이나 호족과 손을 잡은 선종마저 타도의 대상으로 삼았을 것이다. 후자일 가능성이 높다.

궁예는 양길의 휘하에서 장수가 되어 치악산 석남사에 둥지를 틀고 많은 공을 세웠다. 이 무렵 진훤(견훤)은 남쪽에서 후백제를 건설하고 기세를 올리고 있었다. 궁예는 부하들과 고통을 함께 나누면서 명망을 얻어 양길의 휘하를 벗어났다.

그는 부하 100여 명을 이끌고 부석사를 손쉽게 손아귀에 넣었다. 아마 부석사에 있는 옛 동료들이 호응하여 자체 방위력을 무력화시켰을 것이다. 그는 그 절의 벽에 그려진 신라 왕의 화상을 칼로 찢어 신라에 대한 반감을 드러냈다. 부석사는 신라 왕실의 보호를 받는 화엄종의 본산이 아닌가? 부석사 점령은 신라 불교의 심장부를 자신의 영향 아래에 두는 상징적 의미가 있었다.

고구려 계승으로 북방진출 의지 드러내

궁예는 농민군에 투신한 지 불과 5년 만에 철원에 도읍을 정하고 나라를 열었으며, 893년에는 정식으로 후고구려국을 선포했다. 욱일승천의 기세라 할 만하다. 이는 반신라의 기치를 내걸고 농민군의 명망을 얻었으며 석남사·부석사 등 불교세력을 끌어들이고 왕건과 같은 호족세력마저 휘하에 거느린 위세 때문일 것이다. 그런데 그는 왜 고구려를 계승한 나라를 표방했을까? 그가 강원도·경기도 일대 옛 고구려 영역을 확보하고 옛 고구려 유민을 회유하기 위해서 고구려 이미지를 빌리려 한 것만은 아닐 것이다.

고구려를 계승한 발해는 이때도 명맥을 유지하고 있었다. 그가 어느 정도 주변 정세를 살피고 있었는지는 모를 일이나 적어도 고구려를 계승한다는 의지는 역사적으로 보아 큰 의미가 있다. 그는 북방진출 의지를 드러낸 것이다. 신라 사람들이나 백제의 유민들은 상상도 못하는 발상이었다. 왕건이 이런 의지를 계승한 것을 보면 단순한 정서가 아니었을 것이다.

개성으로 도읍을 옮긴 뒤인 898년에는 팔관회八關會를 성대하게 열어 대내외적으로 세력을 과시했다. 이 대규모의 집회는 그가 정치적으로 취약한 부분을 보완하려는 몸짓이었을 것이다.

904년 다시 도읍을 철원으로 옮길 무렵에는 국호를 '마진摩震'이라 고쳤다. '마'는 불교 용어인 '마하'의 약자로 '크다'는 뜻이요 '갈고 닦는다'는 의미도 내포하고 있다. '진'은 『주역』에서 말한 대로 '동방'이라는 뜻이다. 그러니 '큰 동방의 나라' 갈고 닦을 동방의 나라'라고 해석할 수 있다. 또 석가가 도를 깨친 나라인 마타국摩陀國, 또는 석가의 어머니인 마야부인에서 글자를 따왔는지도 모른다. 이어 신라를 멸도滅都(도읍지를 멸망시킨다는 뜻)라

궁예 궁터 철원 일대 비무장지대 안에 있는 궁예 궁터

부르고 신라에서 투항해오는 자들을 모조리 죽여 철저한 반감을 드러냈다.

이때부터 궁예는 새로운 이미지 창출에 나섰다. 그는 스스로 미륵이라고 일컬었으며 큰 아들은 청광靑光 보살, 막내아들은 신광神光 보살이라 불렀다. 그리고 머리에 금빛 수건을 쓰고 몸에 도포를 입었으며 나들이할 때에는 늘 갈기와 꼬리를 비단으로 장식한 백마를 타고 앞에 일산과 향, 꽃을 든 동남 동녀들이 인도하게 했으며 뒤에는 비구 200여 명이 범패를 부르며 따르게 했다.

미륵이 다스리는 민중의 세상

　당시 미륵신앙은 교종과 선종에 등을 돌린 민중 사이에 광범위하게 퍼져 있었다. 신라의 진흥왕은 세상을 위엄으로 굴복시킨다는 전륜성왕으로 자처했고, 진평왕과 왕비는 석가의 부모 이름을 빌려 사용했다. 궁예가 미륵을 자처한 것은 이런 경우와 같다. 그러나 미륵을 표방한 것은 시대 사정의 반영이었다. 또 청광보살은 관음보살의 푸른 색, 신광보살은 아미타불의 광명을 상징하여 관음신앙과 정토신앙을 미륵의 보처補處(주불의 좌우에 모신 보살)로 삼은 것이다. 행차에 방포를 입고 향과 꽃과 범패를 공양 받는 것은 바로 부처나 임금 또는 고승의 장엄한 나들이를 흉내낸 것이다. 더욱이 궁예가 영역으로 차지한 북쪽과 중부 지역은 선종 세력이 약했으니 미륵 세력을 끌어들이는 작업이 더욱 정치적 효과가 컸을 것이다.

　한편 궁예는 경전 20여 권을 자술自述했다고 한다. 이를 흔히 궁예가 경전을 창작한 것으로 해석하지만 공자는 ‘술이부작述而不作’이라고 하여 술과 작을 구분했다. 곧 술은 조술祖述(옛 가르침을 따르는 것)을 의미하고 작은 자신의 견해를 담은 창작을 의미한다. 궁예는 새로운 경전을 만든 것이 아니라 원효처럼 자기 나름대로 경전을 풀이한 책을 만들었을 것이다. 그 내용이 요사스럽고 경도經道에 어긋난다고 했으니 경전 풀이에 독창성이 있었던 것으로 보인다. 그는 가끔 여러 사람을 모아놓고 정좌하여 고승처럼 강설을 했다. 승려 석총이 “모두 사설 괴담이어서 교훈이 될 만한 것이 없다"고 떠들자 철퇴를 쳐서 죽였다고 한다.

궁예는 기성 불교의 경전 풀이를 매도하고 미륵 중심의 신앙 체계를 세웠을 것이다. 그의 불교관은 위의 기록이 전부이니 더 알아볼 수 없다. 하지만 지금도 전해지는 「함흥무가」의 내용은 많은 시사를 준다.

> 지나간 세상에 미륵이 석가와 함께 도를 닦았는데 먼저 도를 이루는 자가 세상에 나가 교를 펴고 다스리기로 했다. 한 방에 같이 자면서 무릎 위에 먼저 모란꽃이 피는 자가 이긴다는 조건으로 내기를 걸었다. 그날 밤 석가가 거짓으로 잠든 체하고 미륵을 바라보니 무릎에서 꽃이 피어오르고 있었다. 이에 석가는 도둑의 마음이 일어나 그 꽃을 꺾어 자기 무릎에 꽂았다. 미륵은 그것을 알고 석가에게 더럽다고 욕하면서 먼저 세상을 다스리라고 했다. 그러므로 석가시대에는 사람들이 도둑의 마음을 가지게 되었으며 지금이야말로 미륵인 나의 시대이다.
>
> 이재범『슬픈 궁예』

이런 이야기를 궁예가 만들어냈다면 교종이고 선종이고 가릴 것 없이 기성교단에서는 용납할 수 없을 것이다. 그는 불교 교의를 교묘하게 빌려 구세주로 민중에 비치려 한 것이다. 그러니 이런 교의를 거부하는 석총을 반역으로 보아 죽였을 것이다. 궁예로서는 석총의 언동이 단순한 문제가 아니었다. 자신의 말을 거역하는 무리는 왕국의 건설을 방해하는 세력이었다.

경기도 일대에 궁예미륵이 몇 군데 조성되어 있다. 안성의 국사암에 돌부처 셋이 있는데 가운데 돌부처를 궁예미륵이라고 하며, 양쪽에 약사여래와 지장보살이 보처補處로 서 있다. 그런데 궁예미륵의 머리에는 배광背光을 만들지 않고 대신 둥글고 편편한 모자를 머리 바깥으로 넓게 나오도록 씌워 놓았다. 이런 형상은 경기도에 많이 보이며 아래 지역에서는 정읍·아산 등지에서 드물게 보인다. 이들 궁예미륵이 궁예의 지배시기에 조성되었는지, 그가 죽은 뒤에 조성되었는지는 확인할 수 없으나 민중이 궁예와 미륵을 일치시켜 본 역사성을 지닌다.

궁예는 미륵신앙을 정치적으로 교묘하게 이용한 지배자였다. 이런 점은 진훤의 경우와 조금 달랐다. 여기저기 널려 있는 궁예미륵을 보면 이를 짐작하고도 남을 것이다. 그는 복수심에 찬 단순한 무장이 아니었다.

궁예는 실패한 군왕이다. 고려 때 이루어진 기록에는 그가 포악하고 지혜가 모자라서 신하들이 쿠데타를 일으켰다고 전한다. 그가 왕건 세력에 쫓겨 달아날 때 백성들이 잡아 죽였다고도 한다. 어디까지가 진실이고 어디까지가 거짓인지 분간하기 어렵다. 혹 궁예는 중부 지역 호족들에게 정치권력 투쟁에서 밀려나 통일의 뜻을 이루지 못했던 것이 아닐까?

궁예의 흔적이 철원 일대에 남아 있으나 너무 오랫동안 방치되어 왔다. 다만 그의 후손이라 일컫는 순천 김씨와 광산 이씨의 세보에 계통이 전할 뿐이다.

진훤
백제의 화신인가 일개 졸부인가

백제부흥의 깃발을 들고 일어서다

진훤甄萱(?~936)의 출신 배경과 성장 과정은 궁예와 사뭇 다르다. 첫 대목에서 먼저 밝혀둘 것은 그의 성을 어떻게 발음해야 하느냐이다. 안정복이 쓴 『동사강목』에는, 견甄이 성으로 쓰일 적에는 '진'으로 발음한다고 부기했다. 한자의 성은 여느 사람들이 쓰는 일상용어의 발음과 구분하는 경우가 많다. 보기를 몇 가지 들면 엽葉은 '섭'으로, 빙憑은 '풍'으로, 거車는 '차'로 발음하는 따위이다.

진훤은 궁예와 같은 시대를 살았으나 그 활동 영역과 지향은 달랐다. 진훤은 상주의 농부 아자개의 아들로 태어났다. 그의 아버지가 장군으로 출세하자 그의 신분도 저절로 상승했다. 진훤

은 경주로 진출하여 무관이 되었고 이어 서남지방의 왜구 방어
를 맡은 중간급 지휘관인 비장裨將으로 출세했다. 그는 순천 언
저리에 주둔하면서 왜구를 막는 데 용맹을 떨쳤으며 늘 부하들
을 아껴 명망을 얻었다. 그도 신라사회가 도둑의 무리로 들끓고
농민전쟁이 곳곳에서 유발되어 무너져 내리는 현실을 보고 다른
마음을 품었다.

아마도 이 무렵 아버지의 성인 '이'를 버리고 성명을 '진훤'으
로 바꾼 것으로 추측된다. 진훤은 '시루와 원추리나물'의 뜻을
지녔으니 흔해 빠진 물건이다. 곧 민초民草를 의미한다. 민중과
생사와 고락을 같이한다는 의지의 표현이었다.

그는 무리를 모아 신라에 반기를 들고 여러 고을을 석권했다.
그가 군사를 이끌고 가는 곳마다 민중이 몰려들었다. 마침내 남
부의 중심부인 무진주(오늘날의 광주 지역)를 점령하고 처음에는 스
스로 전주자사 따위 신라의 직함을 사용하면서 왕을 표방하지
않았다. 진훤은 궁예가 북쪽에서 큰 세력을 떨치고 있는 양길에
귀부했다는 풍문을 듣고 양길을 막하의 비장으로 불러들였다.
하지만 양길과 궁예가 이를 거절했다.

진훤은 호남평야를 석권하고 그 중심부인 완산주(오늘날의 전주)
를 무혈 점령했다. 그는 완산주 사람들에게 백제가 멸망한 역사
를 말하고 백제를 부흥시켜 원수를 갚겠다고 선언했다. 백제가
멸망한 지 240여 년이 지난 뒤 새삼스럽게 그 부흥을 강조한 것
이다. 사실 신라는 귀족제 사회였으므로 골품에 따라 출세가 보
장되었지 백제 지역에 사는 사람들을 특별히 차별한 것은 아니

었다. 그런 논법이라면 한강 북쪽 지대에 사는 사람들이 모두 여기에 해당한다. 설령 그런 묵은 감정이 남아 있다고 치더라도 강렬하지는 못했을 것이다. 오히려 이를 통해 반란의 명분을 축적하고 정체성을 확보하려는 의도였다고 보는 것이 타당하다.

진훤은 900년부터 정식으로 후백제의 왕을 표방했다. 그는 호남평야의 풍부한 농업생산을 기반으로 무력을 키워 영역을 넓혀 나갔으며 백제의 경우처럼 멀리 중국 남쪽의 나라들과도 교류를 텄다. 북쪽의 궁예와 남쪽의 진훤은 팽팽히 대립하여 힘을 겨루었다. 한때는 북쪽을 압박하여 궁예를 궁지에 몰아넣기도 했다.

그의 믹하에는 최치원과 쌍벽을 이루는 신라의 지식인이요 당나라 유학생 출신인 최승우崔承祐가 활동했다. 최승우는 신라 말기의 현실을 보고 새로운 세상을 만들어야 한다고 생각했다. 그는 진훤을 찾아가서 정치의 요체를 일러주고 선언문 또는 외교문서를 써 주었다.

후기에 그의 적수는 궁예가 아니라 궁예를 몰아내고 왕위에 오른 왕건이었다. 왕건은 북쪽의 호족 출신이었다. 진훤은 남쪽의 호족들이 왕건에게 가는 것을 막아야 했다.

진훤은 왕건에 대해 화공和攻 양면작전을 쓰면서 강력한 군사력으로 경주를 점령하여 분탕질을 치기도 했다. 한때는 팔공산에서 왕건을 죽음 일보 직전까지 몰아붙여 승리를 기록했다.

이 무렵 왕건에게 보낸 격문에 "내가 기약하는 바는 활을 평양다락에 걸고 말에게 대동강 물을 마시게 하는 것"이라는 구절을 넣어 통일에 대한 강한 의지를 드러냈다. 물론 최승우의 글이었다.

불교 세력을 얻어야 한다

이렇게 30여 년을 보내면서 진훤은 정치적 술수를 능란하게 구사했다. 그는 확고한 왕국의 기반을 다지기 위해 호족세력을 끌어들여 단속하고 호족세력과 연결된 선종 승려의 협력을 이끌어내고자 노력했다.

진훤은 921년 선종 승려인 당나라 유학승 경보慶甫를 만나 포부를 나누고 전주에 선원을 세워 선승들을 머물게 했다. 이처럼 진훤은 왕건에 밀리는 힘의 논리 앞에서 호족과 선승을 지원세력으로 끌어들이기 위해 많은 노력을 기울였다.

신라 말기의 화엄종은 부석사를 중심으로 한 북악파와 화엄사를 중심으로 한 남악파가 대립 갈등을 보였다. 궁예는 부석사, 진훤은 화엄사를 영역 안에 두어 더욱 대립 갈등을 부채질했다. 또 9산 선문은 고려 영역 안에 세 곳, 신라 영역 안에 두 곳, 백제 영역 안에 실상사·태안사·성주사·보림사 등 네 곳이 자리잡고 있었다. 그 가운데 백제 영역 안에 있는 선문들의 영향력이 가장 컸다.

백제와 신라 미륵신앙의 중심지인 미륵사와 금산사와 법주사도 후백제 영역 안에 있었다. 궁예가 미륵을 표방한 모습을 보고 진훤 역시 미륵불을 통해 후백제 민중들에게 접근했다. 진훤은 아들들의 반란으로 한때 금산사에 갇혀 있었는데 거기에는 지금도 진훤이 만들었다는 성문이 있다. 이처럼 기성 교단에 절대적 영향을 끼치고 있는 화엄종과 새로운 바람을 일으키는 선종을 두고 세 나라는 어떻게든 포용하려는 노력을 펼쳤던 것이다.

한편 진훤은 전처에게서 둔 아들의 이름을 신검神劍·용검龍劍·양검良劍으로 지었다. 이는 무속 또는 토속적인 분위기를 풍긴다. 그런데 후백제를 세우고 얻은 후처에게서 난 아들의 이름은 금강金剛으로 지었다. 이는 순수한 불교 용어에서 빌려온 것이다.

궁예가 미륵 중심의 이미지를 빌렸다면 왕건은 밀교와 풍수 비기와 여러 민간 신앙을 통한 이미지를 빌리려 했다. 이렇듯 궁예와 진훤과 왕건은 각기 통일 왕국의 건설이라는 큰 목표를 설정하고 정치적으로 불교세력을 이용하려고 치열한 각축전을 벌였다.

집안 싸움으로 인생의 막을 내리다

그들의 정치적 대결은 아주 복잡했다. 진훤은 여러 정치적 복선을 깔아가면서 세력을 키웠다. 910년대 들어 궁예의 막하 장수인 왕건이 나주 일대에 교두보를 확보하고 후백제의 후방을 후볐으나 진훤은 곧바로 반격에 나섰다. 왕건이 고려를 세운 918년 이후에 진훤은 신라의 대야성을 점령하고 927년에는 경주를 공격해 쑥대밭으로 만들고는 경애왕을 죽이고 경순왕을 새 왕으로 들여앉히기도 했다. 왕건이 이에 맞서 군사를 보내 벌어진 공산 전투에서는 진훤의 군사가 일방적 승리를 기록하기도

금산사 전경 진훤이 아들들의 쿠데타로 물러나 유폐되었던 금산사

했다. 이 전투에서 왕건은 변장을 하고 달아나 겨우 목숨을 부지했다.

고려는 일대 위기에 봉착했다. 후백제는 이 무렵 전라도를 중심으로 충청도·경상도 지역을 거의 다 장악했다. 위기를 느낀 왕건은 모든 역량을 모아 930년 3월 신라 땅 고창성(지금의 안동)에 쳐들어온 후백제군을 총공격했다. 고려군은 이때 후백제군을 완전히 제압하여 모처럼 승리를 장식했다. 후백제군은 복수전을 펼쳤으나 큰 타격을 입히지 못했다. 후백제의 낙조는 너무나 쉽게 드리워졌다.

진훤은 결정적인 실수를 저질렀다. 그는 새 왕비가 낳은 아들 금강에게 왕위를 물려주려 했다. 이에 많은 전공을 세운 신검 등

전처의 자식들은 부왕의 뜻에 항의해 아버지를 금산사 별궁에 유폐해버렸다. 이 무렵 진훤은 예전과는 달리 온건정책을 펴고 있었는데 신검은 강경파와 손을 잡았다. 강경파는 신검을 새로운 왕으로 추대했다. 진훤은 유폐된 지 한달 만에 탈출하여 나주 고려의 기지로 도망쳤다.

이렇게 후백제는 찢어졌고 진훤 부자는 원수 사이가 되었다. 후백제의 골육상잔이 시작된 것이다. 왕건은 진훤과 진훤의 사위 박영규를 비롯해 망명객들에게 극진한 예우를 했고 적개심을 충동질했다. 왕건은 신라에 회유와 온건정책을 펴서 경순왕이로써 후백제는 멸망했다. 왕건은 신검의 목숨을 살려주고 개경에서 살게 했다. 진훤은 자식에 대한 복수를 포기할 수 밖에 없었다.

투항하도록 유도했고, 후백제는 복수심을 충동해서 저절로 무너지게 만들었다. 고려군이 황산벌에서 신검의 군사들을 대파함으한때의 영웅 진훤은 말년에 너무나도 초라한 졸부의 모습을 보였다. 그는 백제 부활의 화신도 아니고 통일의 의지도 박약한 일시의 무장으로서 위엄을 보였을 뿐이다. 그는 최승우와 경보의 지혜를 빌려 나라를 든든히 세우고자 했으나 자만심과 집안의 자중지란으로 영웅의 면모를 잃고 나라마저 멸망하는 비운의 왕이 되었다.

왕건
다양한 사상을 수용한 통일군왕

개성 거부의 아들로 태어나다

왕건王建(877~943)은 여러모로 행운아였다. 그는 개성 일대에서 재력을 키운 아버지의 절대적 도움을 받았고, 호족 출신인 아버지의 힘으로 많은 호족세력을 거느릴 수 있었다. 그는 탄탄한 배경을 기반으로 탁월한 지도력을 발휘했다. 그의 행적을 쭉 살펴보면, 처세에서는 때를 기다리며 자중했으며 일단 자기 부하로 들어오면 부드럽게 대하면서 배려를 아끼지 않았다. 그는 측근 인사부터 차근히 자기의 정치세력으로 키워 나갔다.

그는 궁예를 섬기면서 무장으로 현지에 나가 승리를 이룩하면서도 공로를 과시하지 않았고, 최고의 관직인 시중侍中이 되어서도 궁예의 비위와 권위를 거슬리지 않는 몸가짐을 보였다. 그가 길러낸 호족 출신의 정치세력인 신숭겸, 홍유 등은 내밀한 공작을 통해 왕건을 새 왕으로 추대하는 무혈 쿠데타를 일으켰다. 하지만 그 과정에서 왕건의 덕화를 보이기 위해 피를 튀긴 사실을 은폐했는지도 모른다.

918년 왕위에 오른 왕건은 나라이름을 고려라 했다. 이것만은 궁예가 처음 나라를 열 때 표방한 고구려 부흥 또는 북방 진출 의지를 따랐다고 볼 수 있다. 그는 고려를 정식 건국한 뒤 여러 세력을 규합하는 포섭정책을 폈다.

여러 길목에 도사리고 있는 도둑들이 짐이 즉위했다는 말을 듣고 혹시 틈을 타서 변방의 근심을 만들지 걱정했다. 그래서 사자를 나누어 보내 예물을 후하게 건네주고 언사를 겸손하게 낮추어 호의를 보였다. 과연 귀화하거나 투항하는 자들이 많았는데 진훤만이 화친의 사자를 보내오지 않았다.

『고려사』 「세가」

왕건상 개성시 해선리에 있는 고려 태조 왕건의 능인 현릉에서 1992년 10월 개건공사 과정에서 발굴된 청동 좌상. 개성 고려박물관에 보관되어 있다. 높이 138.3cm로서 현재 북한의 국보이다. 의자에 앉아 있는 모습이며, 머리에 관을 쓴 것 이외에는 나신의 등신상이다.

그러나 마지막까지 버티던 진훤도 자식들과 벌인 내분 끝에 왕건에게 귀화했다. 왕건은 그 과정에서 끊임없이 새로운 이미지 조작을 했다.

그는 밀교에 관심을 기울이면서 다양한 사상을 수용하는 의지를 보였다. 그런 과정에서 명성이 높은 도선을 정치적으로 이용하기도 했다. 곧 자신의 탄생과 고려 건국이 하늘의 뜻에 예정되었다는 결정론을 조작한 것이다. 초기에는 아직 본격적으로 도선이 일러주었다는 풍수설과 비보설을 현실에 이용하지 않았다.

그가 궁예를 몰아내고 쿠데타를 하는 과정에서 반발세력이 나타났다. 궁예의 휘하에 있던 홍성 등 10여 군현이 후백제에 투항하기도 했다. 이런 상황에서 새로운 예정론 조작이 절실히 요구되었다.

왕건이 30세에 꿈을 꾸었는데, 바다에 9층 금탑이 솟아 있는 모습이 보였다. 신라가 황룡사에 9층탑을 세워 나라의 융성을 빈 끝에 삼한을 통일했다는 이야기가 전해져 오는데, 왕건이 이를 연상하여 이 꿈 이야기를 은밀하게 부하들에게 알렸을 것이다. 그렇지 않았다면 어떻게 기록에 올려졌겠는가? 918년의 일이니 이때는 궁예가 쫓겨나기 직전이다.

이 무렵 도성인 철원에 당나라 장사꾼 왕창근이 살고 있었다. 어느날 철원 저잣거리에 생김새도 괴이하고 수염이 새하얀 사람이 나타났다. 그는 도사의 관을 쓰고 왼손에는 주발, 오른손에는 거울을 들고 다녔다. 왕창근이 그 거울을 팔지 않겠느냐고 물었더니 쌀 다섯 말을 주면 팔겠다고 대답했다. 그 도사는 쌀을 받

아 거지 아이들에게 나누어 주고는 바람처럼 사라져버렸다. 왕
창근이 그 거울을 벽에 매달아놓자 햇빛이 비쳐 거울 안에 들어
있는 가느다란 글자가 드러났다.

> 삼수三水 가운데 사유四維 아래
> 상제께서 진마辰馬에 아들을 내려보내
> 먼저 닭을 잡고 뒤에 오리를 치리라.
> 사년巳年에 두 용이 나타나는데,
> 한 용은 몸을 푸른 나무靑木 속에 감추고
> 한 용은 그림자를 검은 쇠黑金 동쪽에 드러내리라.
> 지혜로운 자는 보고 어리석은 자는 까막눈이다.
> 구름을 일으키고 비를 내려 정벌하리라.

모두 147자로 이루어져 있었다. 왕창근이 거울을 궁예에게 바
쳤다. 궁예는 신하를 시켜 왕창근과 함께 거울 주인을 찾게 했으
나 한 달이 되어도 끝내 찾지 못했다. 그런데 동주東州(동쪽 고을)의
한 절에 있는 석가여래의 모습에서 빛이 났고 그 앞에 소상塑像이
놓여 있는데 왼손에는 주발을 들고 오른손에는 거울을 든 모습
이었다. 이 보고를 받은 궁예는 매우 기뻐하며 문사들을 불러 글
귀를 풀이하게 했다. 문사들은 머리를 맞대고 이렇게 풀어냈다.

> 삼수三水는 태泰자를 풀어놓은 것이니 태봉을 가리키고 사유四維
> 는 나羅자를 풀어놓은 것이니 신라를 가리킨다. 진마辰馬는 진한 마

한이고 닭은 계림鷄林이고 오리는 압록강이다. 이를 다시 풀면 태봉과 신라의 시대에 상제께서 아들을 진한 마한의 땅에 내려보내 먼저 신라를 멸망시키고 이어 압록강을 차지한다는 뜻이다. 용은 왕을 상징하니 앞의 성은 왕씨 성을 가진 왕건이고 뒤의 용은 현재의 왕인 궁예이다. 청목은 소나무로 송악군을 말하고, 흑금은 무쇠로 철원을 말한다. 곧 뱀의 해에 송악 출신의 왕건이 몸을 숨기고 철원에 도읍한 궁예가 허깨비가 될 때에 지혜로운 자는 알아보고 어리석은 자는 못 알아보는데 구름과 비를 몰고 와서 여러 사람과 통일을 이룩한다는 뜻이다.

이 설화는 구도가 잘 짜여 있다. 여기에 나타나는 '쌀 다섯 말'은 당나라에서 유행하는 오두미교五斗米敎를 나타낸다. 오두미교는 쌀 다섯 말을 바치고 들어오면 신선이 되는 복을 짓는다고 떠들었다. 오두미교도들은 황소의 난에 편승하여 변혁운동에 가담하기도 했다. 고대에는 거울을 지혜의 상징물로 여겼다. 청동기시대 이후 거울은 통치자의 상징물이기도 했다. 거울의 주인인 도사를 부처의 제자로 설정한 까닭은 궁예가 미륵을 자처하고 있던 터라, 불교 이미지를 결부시켰다.

그리고 당나라 상인을 메신저로 내세워 여러 세력이 왕건을 추대한다는 복선을 깔고 있다. 왕건의 조상은 상인세력으로 중국 상인들과 교류했다. 그 매개자를 당나라 상인 그리고 왕씨로 꾸민 것은 심상치 않다. 뱀의 해는 왕건의 아버지인 왕륭이 죽고 왕건이 좌천하던 해인 정사년(897)을 뜻한다. 이 해에 왕건의 부하들이 많이 이탈하여 세력이 한 풀 꺾인 적이 있다. 또 '구름과 비'는 『주역』 '건괘 구오九五'의 풀이에 나오는 글귀인 "운종룡雲從龍 풍종호風從虎"에서 빌려 온 것이다. 구오는 왕의 자리를 상징한다. 구름과 비는 임금을 상징하는 용의 조화이다. 그러니 불교·도교·유교의 내용이 두루 깔려 있는 셈이다.

무엇보다도 당시에 풍미하던 도참비기를 잘 이용했다. 흔히 비기의 풀이는 파자를 통해 이루어진다. 도참설은 천지 이치에 따라 인간의 운명이 결정된다는 결정론이 중심을 이룬다. 여기에 오행설을 가미했다.

이 설화에는 역사적 사실을 근간으로 하여 비록 운명론 또는 결정론이 짙게 깔려 있고 당시에 유행하던 민간사상이 집약되어 있으나 앞 시기의 건국설화와는 확연히 구분된다. 하늘에서 내려왔다든지 알에서 깨어났다는 따위 황당한 설정이 아니라 인간 중심으로 엮여 있다. 그리고 부분적으로 인간의 운동으로 역사를 개척한다는 역사 추진의 주체가 인간이라는 점도 드러내고 있다.

문사들은 이 일을 사실대로 고하면 무슨 벌을 받을지 몰라 궁예에게는 거짓으로 뒤집어 보고했다 한다. 궁예는 별 의심 없이 기뻐했다. 왕건을 추대하는 세력들은 이와 같이 치밀하게 상징 조작에 나섰다.

종교와 사상을 초월해 인재 등용

　왕건은 나라를 빼앗은 지 1년쯤 지난 뒤인 919년 도읍을 송악으로 옮겼다. 왕건은 도읍을 옮긴 뒤 도성에 절을 짓고 평양에 성을 쌓아 서경으로 삼는 등 내실을 다지면서 신라와 후백제에 도전하지 않았다. 이때 최치원은 경주 금오산에서 글을 읽으며 조용하게 지내고 있었다. 그는 왕건이 일어나 송악에 도읍을 정했다는 말을 듣고 편지를 보냈는데 이런 구절이 있었다 한다.

　　계림은 누런 나뭇잎이요 鷄林黃葉
　　곡령은 푸른 소나무로다 鵠嶺靑松

　말할 것도 없이 계림은 신라이고 곡령은 왕건의 집이 있던 뒤쪽의 마루이다. 누런 나뭇잎은 떨어지는 잎으로 쇠락을 말하고, 푸른 소나무는 한창 푸르러 강성함을 뜻한다. 신라 왕이 이 말을 듣고 꺼려하자 최치원은 가야산으로 들어가 은거했다. 전설 같은 이야기이다. 이것도 도선을 이용한 경우와 같이 최치원의 행적에 결부시켜 짜맞춘 것이 아닐까?

　왕건은 철원에서 팔관회八關會를 대대적으로 벌여 단합대회를 했다. 도읍을 송악으로 옮긴 뒤에는 3개월에 걸쳐 송악 안에 열 개의 절을 지었다. 그 절은 법왕사·자운사·왕륜사·내제석사·사나사·천선원·신흥사·문수사·원통사·지장사이다. 또 자신의 옛집을 보시하여 광명사를 짓게 했으며 연달아 신중원·흥국사 등을 창건했다. 이들 사찰은 모든 종파를 망라하고 선원과 무속까지 포괄하는 방향으로 안배한 것으로 보인다. 즉 호국불교를 제창한 것이다.

이렇게 불법과 도참설을 빌려 인심을 통합하고 이미지를 조작했으나 신라는 투항하지 않았고 후백제의 도발도 그치지 않았다.

왕건은 궁예에게 충성하고 자신에게 귀부하지 않는 최응崔凝이 껄끄러웠다. 최응은 학문이 뛰어난 명망가였다. 그는 조정에서 물러나 살면서 병이 들었는데도 고기를 먹지 않고 옛 임금을 그리워했다. 왕건은 친히 그의 집으로 찾아가 고기를 먹이고 조정으로 불러내 간곡히 당부했다.

"예전 신라에서 9층탑을 조성하여 삼한을 통일한 공업을 이룩했다. 내가 지금 개경에 7층탑을 세우고 서경에 9층탑을 세워 현묘한 공을 빌고 여러 나쁜 무리를 제거하여 삼한을 한 집으로 만들려 한다. 경은 나를 위해 발원문을 지어 달라."

왕건의 통일의지와 노력은 참으로 가상했다. 왕건은 불교세력의 통합과 여러 사상의 융화와 호족세력의 지원에 힘입어 마침내 통일을 이룩했다. 궁예와 진훤보다 의식은 물론이고 인물을 포섭하는 행동반경이 훨씬 넓었다.

왕건은 건국 초기에는 당나라 유학을 다녀오거나 신라의 명망가인 최언위·최은함·최승로 등을 측근에 두어 정책 결정에 참여시켰다. 이들은 불승이 아니라 유학자였다. 한편 최치원도 고려를 도왔다는 얘기가 전해진다. 이들은 대체로 호족이거나 호족과 연결된 인사들이었다. 이들은 호족들의 기득권을 보장해 주는 역할을 했다.

전국 방방곡곡에 27명의 부인을 두다

왕건은 호족을 끌어들이는 방법으로 두 가지 정책을 폈다. 그는 유력한 인사들에게 왕가 성을 내려 주어 의사擬似 일가를 만들었다. 당시에 본관을 만드는 풍조가 일었는데, 이를 정치적으로 이용한 것이다. 왕건은 명주(현재의 강릉) 장군 순식에게 왕렴王廉이란 성명을 내려 주었고, 발해의 왕자 대광현이 망명해오자 왕계王繼란 성명을 내려 주었다. 혈통이 다른 왕족이 급속히 늘었다.

다음은 혼맥을 통해 묶었다. 왕건은 종친의 딸들을 유력한 세력의 집안으로 시집보냈다. 대광현도 종친의 딸을 아내로 맞이했다. 왕건은 신라의 마지막 왕인 경순왕을 맏사위로 삼기도 했다. 경순왕의 조카딸은 왕건의 부인이 되었다. 겹사돈을 맺은 것이다. 왕건은 임금이 되기 전에 두 왕비를 두었다. 한 사람은 개성 부근의 호족인 천궁의 딸 유씨로 그녀가 첫 아내이다. 그가 장수로 나주에 출정할 때 오가 성을 가진 평민의 딸을 통해 아들을 얻었다. 그는 오씨 처녀에게서 자식을 두지 않으려고 잠자리를 할 때마다 정액을 돗자리에 쏟았다 한다. 그러나 아들(뒤의 혜종)이 태어나자 어쩔 수 없이 아내로 맞이했다. 그의 아내로 호족이 아닌 경우는 오씨가 유일하다.

그는 지방을 쉴 새 없이 순회하면서 호족의 누이나 딸을 아내로 들였다. 그리하여 왕건은 27명의 부인을 두었다. 그녀들의 출신 지역은 전국에 고루 나누어져 있었다. 부인들의 호칭은 그 지역 이름을 따서 붙였는데 모두 부인이라 호칭하게 하여 차별을 두지 않았다. 앞에 두 왕비를 두었다고 하나 유씨는 조강지처요 오씨는 왕위를 이을 아들을 두었기 때문에 구분해 불렀던 것이다.

이렇듯 왕건은 여러 방면으로 노력해 통일 고려의 기반을 다졌다. 그는 호족세력과 불교세력을 통합하여 지원을 얻었고 새 이미지를 조작해 대중을 포섭했다.

민족성을 내세운 통일왕국 고려

왕건은 민족사에 세 가지 업적을 남겼다.

하나는 첫 통일국가의 실현을 이룩한 것이다. 옛 조선 이후 우리 민족은 통일국가를 이룩한 적이 없다. 한 민족이 같은 문화와 풍습과 언어를 쓰면서도 지역 분할로 각기 나라를 세웠던 것이다. 후기신라는 쪼가리 통일을 했던 것이다. 고려는 적어도 우리 민족의 완전한 통일국가를 세웠다.

둘째로 그는 대륙정신의 구현자였다. 고려라는 나라이름이 상징하듯, 고구려의 옛 땅 회복을 열망했고 그런 의지를 발해 유민과 함께 실현시키려 했다. 그러나 강력한 신흥국가 거란족에 막혀 발해까지 포용하는 뜻을 이루지는 못했다. 그는 거기에 굴하지 않고 대동강에서 청천강 그리고 압록강으로 통치권을 차츰 넓혀 신라의 반도기질을 완전히 불식했고, 오늘날의 국경을 확보했다. 다만 백두산을 중심으로 한 한·중韓中 국경문제는 오늘날도 분쟁의 꼬투리가 되고 있다.

셋째는 나라와 풍속이 다르니 당의 제도를 모방하지 말라고 훈계했다. 이는 문화적 사대주의를 배격한 것이다. 즉 고려의 민족자주사상을 고취한 것으로 그 정신이 뒷날 묘청 등으로 이어졌다.

그러나 그의 정책에는 문제점도 있다. 그는 도선道詵에게서 많은 도움을 받은 탓인지 풍수지리설을 지나치게 믿었고, 불교세력에 힘을 얻은 탓인지 지나치게 불사를 장려했다. 후백제에게 많은 시달림을 받은 것을 마음에 두고 차령산맥 이남은 지세와 산형이 배역背逆하다고 하여 이곳 출신의 등용을 억제하는 지방차별의 꼬투리를 만들기도 했다.

오늘날 그의 왕릉은 개성 근교에 잘 보존되어 있다. 비록 일제시기 도굴의 피해를 입었으나 실물 대로의 그의 소상塑像이 발굴되어 개성박물관에 아무런 손상을 입지 않고 원형 대로 소장되어 있다.

2부

누가 성군이고 누가 폭군인가

세종/　　광해군/　　소현세자/　　정조/　　철종/
흥선대원군/

지금 우리나라가 계책으로 삼을 것은 군신 상하가 모든 일에 힘써, 정벌할 준비에 온 생각을 쏟아서 군사를 기르고 장수를 뽑으며, 인재를 거두어 쓰고 백성의 걱정을 펴주어 인심을 기쁘게 하는 것이다. 크게 둔전을 개간하고 병기를 조련하며 성지城池를 잘 수리하여 모든 것을 정리한 뒤에야 내외 정세에 대처할 수 있을 것이다.

세종
다재다능한 수성의 군주

왜 셋째 아들에게 왕위를 물려주었을까

우리나라 사람치고 세종을 모르는 사람은 없을 것이다. 세종은 위대한 인물로 숭앙을 받아 지폐에는 언제나 그의 초상화가 올라간다. 그의 초상화를 보노라면 누구나 세종이 미남형의 얼굴에다 알맞게 살이 찌고 인자하다는 느낌을 받을 것이다. 과연 그럴까? 너무나 선입견을 가지고 표준 영정을 그린 것으로 보인다. 이 표준 영정은 사실과는 많이 다르다.

세종世宗(1397~1450, 재위 1418~50)은 33년 동안 왕위에 있으면서 바쁜 정무에 무척 시달렸다. 새벽에 잠자리에 들었다가 아침 일찍 일어나 정무를 보았고 밤에는 학문을 익혔으니 심신이 무척 고달팠을 것이다. 그러나 이런 생활을 조금도 게을리하지 않고

30여 년을 하루같이 견디어냈다. 그래서인지 쉰 살이 넘고부터는 잔병이 잦았다.

세종은 죽기 직전까지 정무를 보았으며 이틀 전에는 일대 대사령을 내렸다. 1450년 2월 15일 이전의 모반대역죄와 악질적인 살인죄나 강도죄 이외에는 모두 사면한다는 유지를 내린 것이다. 세종은 죽기 직전 거처를 여덟째 아들인 영응대군의 집에 있는 동별궁으로 옮겨 그곳에서 죽었다. 세종이 죽음을 앞두고 대사면을 내린 사례는 대단히 특이하다고 할 수 있다. 그만큼 백성을 사랑하고 돌보는 마음이 있었기에 이런 조처를 내린 것이 아니겠는가?

세종이 거처를 영응대군 집의 동별궁으로 옮겨 갈 때 선공감 벼슬아치들이 화재를 막기 위해 주변의 인가를 허물려 했다. 세종은 엄하게 인가를 허물지 말고 화재를 예방하는 조치를 취하라고 분부했다. 자신의 안전을 위해 민폐를 끼쳐서는 안 된다는 것이다.

그의 아버지 이방원은 여섯째 왕자여서 왕위에 오를 가망이 없었다.

세종대왕 어진 태종의 뒤를 이어 조선의 제4대 임금이 된 세종대왕은 33년 동안 왕위에 있으면서 내치와 외치, 문화, 교육, 학술, 의료, 과학, 예술 등 나라의 기틀을 다지는 수많은 업적을 이룩했다.

그러나 이방원은 무력을 써서 왕위에 올랐다. 그가 바로 태종이다. 태종에게는 맏아들 양녕대군과 둘째 아들 효령대군이 있어 셋째인 세종에게 왕의 자리가 돌아갈 리가 없었다. 그런데 양녕대군은 아버지의 관심이 셋째에게 쏠리는 것을 보고 마음을 달리 먹었고, 효령대군도 형의 마음을 읽고 왕위에 관심이 없는 척하면서 불교에 심취해 형의 뜻을 따랐다. 세종은 자연스럽게 동궁으로 책봉될 수 있었다.

태종은 왜 셋째에게 왕위를 물려줄 생각을 했을까? 그는 말할 것도 없이 세종의 총명함과 근면함과 자애로움을 보았기에 조선왕조의 수성守成을 맡기려 한 것이다. 원래 한 왕조가 창업을 하게 되면 뒤이어 기반을 다지는 수성의 군주가 있어야 탄탄해지는 법이다. 태종은 왕권의 확립 등으로 수성을 도모했으나 아직 미진한 데가 있었던 것이요, 그 수성의 마무리를 셋째 아들에게 맡기려 했던 것이다. 이렇게 두 단계를 거쳐 세종은 동궁에 책봉되었다.

인자함과 위엄을 겸비한 현군

세종이 동궁 시절 남긴 유명한 일화 한 토막이다.

10대인 세종은 몇 달 동안 병석에 누워 있었는데도 손에서 결코 책을 놓지 않았다. 건강을 염려한 부왕은 모든 책을 거두어 감추도록 명했다. 그런데 병풍 사이에 책 한 권이 남아 있는 것을 발견한 그는 몰래 수백 번이나 읽었다. 앞에서 세종을 총명하다고 했는데, 그 자신도 "한번 본 것은 잊지 않았다"고 했고, "내가 궁중에 있을 적에 책을 손에 잡지 않고 한가로이 지낸 적이 없었다"고 말했다.

그는 총명만을 믿지 않고 경서와 같은 중요한 책은 1백 번씩 읽어 그 뜻을 완전히 터득했고 제자백가와 역사 같은 책은 30번을 읽어 그 내용을 완전하게 이해하는 등 정진을 거듭했다. 이런 세종이었으니 호학好學의 군주로서 능히 훈민정음을 창제할 수 있었던 것이다.

세종은 즉위 뒤에도 결코 호사스런 생활을 즐기지 않았다. 세종은 경회루 동쪽에 궁궐을 짓다가 남은 재목으로 별실을 짓게 했다. 그런데 돌층계를 만들지 못하게 하고, 또 짚으로 만든 짚 등을 올려 늘 이곳에 거처했다. 문 밖에 짚자리를 깔아놓아도 이를 거두어 가게 했다.

어느 벼슬아치가 "공물로 금·은을 바치는 것을 감해주었으니 보라매를 대신 바치게 하여 궁중에서 기르자"고 건의했다. 이에 세종은 태종의 가르침을 인용하여 보라매를 잡기가 매우 어려우며, 또 날마다 꿩 한 마리를 먹여야 하고 길들이기도 힘이 든다고 말했다. 또한 달아나면 길들이는 사람이 여염집에 들어가 수색하는 따위로 폐단이 커서 태종 임금도 놓아준 적이 있었다 하며 이 건의를 받아들이지 않았다.

또 세종은 소갈증(일종의 당뇨병)으로 늘 고생했는데, 어느 신하가 소갈증에는 흰 수탉, 누런 암탉, 양고기가 효험이 있으니 매일 임금에게 들이자고 건의했다. 이에 세종은 양고기는 우리나라에서 나는 것이 아니요, 또 자신의 병을 고치기 위해 동물의 생명을 해칠 수 없다고 하여 끝내 이를 올리지 못하게 막았다.

세종은 남다른 우애를 지닌 것으로도 유명하다. 그의 형 양녕대군은 방탕한 생활을 한 탓으로 아버지 태종에게서 내쳐졌다. 이후 그는 서울에 발을 들여놓지 않았다. 태종이 죽자 세종은 "형이 나이가 많아 예전 연소할 때의 행동이 없어졌을 것이다" 라는 말로 주위의 반대를 물리치고 서울로 오게 하여 거처를 마련해주었다. 그리고 자주 찾아가 깍듯이 공대했고, 신하들이 너무 가까이하는 것은 옳지 않다고 만류해도 받아들이지 않았다. 두 형과 아우들을 남달리 아끼며 자주 술자리를 베풀고 친분을 나누었다.

세종은 술을 마셨으나 거기에 빠져들지 않았고 잔치를 좋아했으나 밤을 새는 따위로 탐닉하지 않았다. 이와 같이 검소와 자애로 대했기에 궁궐의 창고에는 늘 물품이 남아돌았고, 세종이 재위하는 동안에는 큰 옥사가 일어나지 않았다.

세종은 18남 4녀를 두었다. 그는 왕비 심씨 이외에 많은 후궁을 거느리고 있었다. 자녀를 둔 세종의 여인들은 소헌왕후를 비롯해 6명이었다. 일테면 호색好色의 사내였다고 말할 수 있겠다. 세종은 조선조 27대 왕 가운데 아버지 태종 29명, 증손자 성종 28명 다음으로 세 번째로 많은 자녀를 둔 임금으로 꼽힌다.

어느 궁녀가 임금의 특별한 총애를 받았다. 그 궁녀는 늘 세종을 가까이 모시고 지냈다. 그 궁녀가 어느 날 세종에게 작은 청을 드렸다. 아마 본가 오라비의 벼슬자리 하나를 부탁했는지도 모를 일이다.

"계집아이가 감히 청탁을 하는 것을 보니 아마 내가 너무 사랑한 탓일 게다. 이 계집아이가 어린데도 이러하니 자라면 어떤 짓을 할지 짐작할 만하다."

그 뒤부터는 멀리했다.

또 세종은 아끼던 후궁의 오라비인 홍유근에게 늘 입던 옷을 내려주었다. 홍유근은 겸사복兼司僕(임금 곁에서 심부름하는 직책)이 되어서 임금의 거둥마다 따라다녔다. 하루는 임금이 연輦을 끄는 말이 저는 것을 보고 그 내력을 알아보니, 홍유근이 온전한 말은 제가 타고 저는 말은 연을 끌게 한 것이었다.

"만일 대간臺諫(언관들)이 이 일을 안다면 반드시 극형에 처할 것이니 소문을 내지 말라."

임금은 조용히 이르고 홍유근에게 걸어서 돌아오라고 명했다. 뒤에 대간이 이 일을 알고 홍유근을 죽여야 한다고 청했으나 그를 풀어주어 멀리 달아나게 하고 끝내 찾지 않았다.

이 두 가지 이야기를 통해 세종의 인품을 알 만하다. 총애를 받는 후궁이 청탁을 하면 웬만한 임금이라면 들어주었을 것이다. 그러나 그녀에게 행동으로 교훈을 주어 다시는 그런 일이 없게 했다. 이런 모습을 두고 "비첩을 대우하되 명분을 엄격하게 하였다"고 했다. 또 홍유근이 임금의 사랑을 받는다고 공사를 구분하지 않고 무례하게 행동하자, 그를 죽이지 않고 놓아 보내면서도 다시 찾지 않는 결단력과 목숨을 아끼면서도 공사는 철저히 구분하는 모습을 보여주었다.

종친의 단속도 소홀하지 않았다. 종친들은 양녕대군의 예에서 보는 것처럼 나라에서 주는 녹을 먹으면서 벼슬아치들을 깔보며 거들먹거리기 일쑤었다. 세종은 종학宗學을 설치하고 종친들에게 학문을 익히게 했다. 기본 수양을 쌓음으로써 종친의 비리를 없애려는 의도였다. 양녕대군의 아들 이혜가 아버지가 자신의 첩을 빼앗았다고 불만에 차서 늘 술을 먹고 돌아다니며 함부로 사람을 죽였다. 세종은 이혜와 같이 어울려 술을 마시는 무리를 형벌로 다스리고 이혜에게도 엄한 처벌을 내렸다.

이와 같이 세종은 관용과 제재와 배려를 통해 한편으로는 위엄을 잃지 않고 한편으로는 목숨도 아꼈던 것이다.

한글을 직접 만든 언어민권주의자

세종은 정치와 학문에도 위민爲民과 창의를 유감없이 발휘했다. 그는 어리석은 백성이 문자로 자신의 뜻을 표현할 줄 모르는 것을 안타깝게 여겨 훈민정음을 창제했다. 『훈민정음』 머리말을 보자.

나라의 말씀이 중국과 달라 문자로 서로 통하지 못하기 때문에 어리석은 백성이 말하고자 해도 끝내 그 뜻을 펴지 못하는 자가 많다. 내가 이를 불쌍히 여겨 새로 28자를 만들어 사람마다 쉽게 익

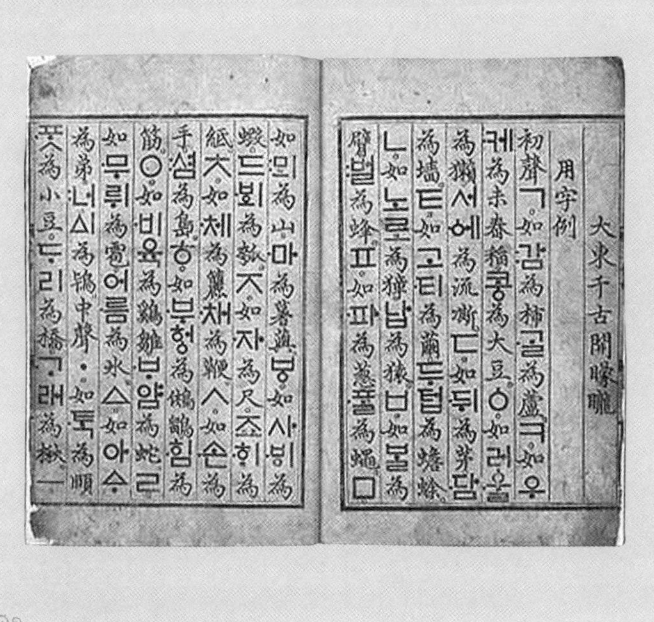

『훈민정음』 용자례 부분   세종은 백성의 의사 표현과 이해를 위해 훈민정음을 만들었다. 우리 민족문화와 서민문화를 화려하게 만들었고, 문자 우민정책을 없애버렸다.

혀 일상생활에 편리하게 쓰도록 하노라.

『훈민정음』 서문

이 말은 곧 정음 창제는 백성을 위한 것임을 천명한 것이다. 어려운 한문은 우민愚民의 도구였다. 평생 배우고도 자신의 뜻을 마음대로 표현할 수 없었다. 선비들은 어렵게 한문을 배우고는 관습으로 쓰는 축문이나 편지나 혼서 따위를 한문으로 써서 대행해주며 일반 백성들에게 거들먹거렸다. 한자 생활권에서는 문맹이 많을 수밖에 없었다. 중세 유럽에서는 신부들이 어려운 라틴어를 배우고 나서 평민들에게 군림하면서 문자를 가르치지 않았다. 평민이 문자를 알면 저항하게 된다는 의식을 가졌다. 한자문화권에서도 이와 다를 바가 없었다.

세종은 이런 문자 환경을 바꾸려 한 것이다. 세종은 신숙주, 성삼문 등의 도움을 받았으나 순전히 자신의 노력으로 정음을 창제했다. 학자들보다는 오히려 둘째딸 정화공주와 아들 수양대군과 안평대군의 도움을 더 받았다. 한문쟁이들을 배제한 것이다. 세종은 정음 창제를 반대하는 최만리 등 7명을 감옥에 가두었다가 놓아주기도 하고 김문은 처음 찬성해 놓고 뒤에 반대했다고 하여 장형 1백 대에 처했으며 정창손은 벼슬을 떼버렸다. 또 대간들의 죄를 언문으로 써서 의금부와 승정원에 내려보냈으며 언문으로 시험을 보이기도 하고 서리 10여 명을 뽑아 언문을 가르치기도 했다. 그 결과 많은 책들을 언해諺解했다.

세종의 열정적 노력으로 궁중에서는 언문 편지를 주고받았으며 차츰 역대의 임금도 관례대로 한문 전교를 내리면서 언문으로 옮겨 공포하기도 하고 효유문 등 조정의 정책을 알리는 글도 언문과 한문 두 가지로 공포했다. 세종은 백성의 의사 표현과 이해를 위해 훈민정음을 만들고 외롭게 보급해 나갔던 것이다. 그리하여 우리 민족문화·서민문화를 화려하게 만들었고 문자 우민정책을 없애버렸다. 다시 말하면 그는 언어귀족주의자가 아니라 언어민권주의자라고 할 수 있을 것이다.

몸은 하나인데 할 일은 백 가지

한편 우리 실정에 맞지 않는 농사법을 고쳐 『농사직설』을 짓게 한 것이나, 우리의 향약을 모아 후세에 전하게 한 것이나, 여러 천문기기와 과학기술을 개발하게 한 것 따위가 모두 이런 의식에서 나온 것이다. 한편 음악을 정리해 의례에 사용하도록 했으며 백성들의 윤리의식을 넓히려 『삼강행실도』를 간행해 보급했다.

세종은 수령이 현지에 내려갈 때에는 어김없이 불러서 수령이 해야 할 일을 낱낱이 일러주고 백성을 사랑하는 방법과 형벌을 조심스럽게 베풀라고 당부했다. 또 죄인들에게 한 대의 매를 때리더라도 법조문에 따라 시행하라고 일렀고 그 조문을 관아의 벽에 걸어놓게 했다. 감옥을 만드는 도면을 그려서 춥거나 더운 철에 따라 그 위치를 달리해 죄수가 병들지 않게 배려했다.

집현전을 설치해 고금의 서적을 수장하고서 학사들을 모아들였으며, 녹봉을 넉넉하게 주면서 독서와 연구에 진력하게 했다. 그는 틈나는 대로 직접 나가 학사들과 곧잘 토론을 벌였다. 때때로 내시를 집현전에 보내 학사들이 어떻게 하고 있는지를 알아보게 했다. 하루는 새벽에 신숙주가 글을 읽고 있다고 하자 자신이 입고 있던 옷을 전해 주게 했다.

세종은 장영실 같이 낮은 신분의 인물이라도 재주가 뛰어나면 높은 벼슬을 주어 등용해 적재적소에 배치했다. 그리고 낮은 벼슬아치 출신의 천문학자들을 서울 주변의 수령자리를 주어 연구와 관찰에 몰두할 수 있는 환경을 만들어 주었다.

그는 정사를 부지런히 보았으나 혼자 모든 일을 처결하려 하지 않았다. 적절한 벼슬아치를 골라 정승과 판서를 맡기고 그들의 손을 빌려 정치를 폈다. 합리적이고 근실한 성품을 지닌 황희를 영의정 자리에 앉히고 맹사성에게 높은 벼슬을 주어 여러 정사를 맡겼다.

유교를 익힌 벼슬아치들이 불교를 억제하려고 나섰지만 그 자신은 부처의 공덕을 기린 「월인천강지곡月印千江之曲」을 직접 지어 백성들이 노래하게 했다. 또 만년에, 철폐했던 내불당內佛堂을 복원해 비빈과 궁녀들은 말할 것도 없고 궁중에서 불교를 받들게 조치했다. 하지만 불경을 읽어도 결코 부처에게 절을 하거나 빌지는 않는 절도를 보여주었다. 여느 유학자들과는 달리 불교를 과도하게 이단으로 몰아가지 않은 것이다.

성현의 학문을 열심히 읽었으나 성리학 같은 관념적인 이론에도 빠져들지 않았다. 그는 어디까지나 실용적인 학문 또는 백성에게 유용한 이론과 실제에 몰두했다. 당연히 풍수설이나 비기秘記 따위 신비의 학문에는 관심을 두지 않았다.

그는 외교에도 탁월한 솜씨를 보여 엄청난 국익을 챙겼다.

명나라에서 조선에 말 2만 마리를 보내라고 강요했으나 세종은 이 요구를 들어주지 않았다. 그 엄청난 말의 수를 채우기도 힘들었으나 말이 육지로 요하를 건너거나 배로 산동반도로 보내 남경까지 가는 경비는 말을 기르는 비용보다 훨씬 더 들었다. 도대체 얼토당토 않은 요구였다. 무력으로 임금이 된 태종은 책봉을 받기 위해 자발적으로 말 500필을 요동에 보냈다. 그 뒤에 책봉을 받고 나서는 연달아 6천 필의 말을 바쳤다.

세종도 즉위한 뒤 명나라의 요구로 말 3백 필을 보낸 적이 있다. 또 많은 금·은을 조공품으로 바쳐야 했다. 그런데 명나라 성조는 북방을 정벌하면서 말 1만 필을 요구했다. 어쩔 수 없이 말을 보내야 할 처지였다.

세종은 '인삼 로비'를 벌였다. 곧 명나라에서 오는 칙사나 높은 벼슬아치들에게 은밀히 로비를 해 인삼의 효용성을 선전하고 금·은과 말을 인삼으로 바꾸게 했다. 명나라 사람들은 "고려의 인삼은 진시황이 구하려던 불사약이라"는 선전에 넘어가 인삼을 무척 좋아했다. 세종은 국가이익을 영구히 가져오게 한 뛰어난 외교수완을 보인 것이다.

세종은 국경지대의 안정을 도모해 국경을 개척해 오늘날의 두만강과 압록강의 국경을 긋게 한 단서를 만들었고 왜구를 소탕하기 위해 쓰시마를 정벌했다. 그는 이처럼 외치外治에도 큰 업적을 쌓았던 것이다.

격무로 인해 소갈병과 신경쇠약을 앓아

그의 아버지 태종이 맏아들에게 왕위를 물려주지 않은 데에는 특별한 뜻이 있었다. 그런데도 세종은 심약하고 병약한 맏아들 문종에게 왕위를 물려주어 뒷날 큰 살육을 불러왔다. 세종의 둘째 아들인 수양대군은 야심에 찬 인물이었다. 그는 형이 죽고 어린 조카인 단종이 왕위에 오르자, 사병私兵을 동원하여 왕위를 찬탈하고 이어 태종이 했던 것처럼 형제와 조카를 죽이고 중신들을 살육했다.

태종은 사병으로 왕권을 잡았으나 나중에는 사병을 뿌리 뽑기 위해 애를 썼다. 태종은 살아 있을 적에 세종에게 왕위를 물려주면서도 군사권만은 쥐고 있었는데, 이것은 바로 군사권의 중요성을 세종에게 알리려 한 것이다. 세종은 이 점을 소홀히 한 탓으로 결국 수양대군이 사병을 기르고 이를 발판으로 왕위를 빼앗는 결과를 초래하게 한 것이다.

세종은 아들과 조카가 골육상잔을 벌일 줄은 예견하지 못했다. 결국 그의 호생지덕好生之德은 아들대에 여지없이 무너지고 말았다. 세종은 적어도 수양대군의 야심을 알아차리고 그에게 아예 왕위를 물려주든지 아니면 전혀 힘을 쓰지 못하게 만들어야 했는데 이를 범상하게 넘겼다.

또 세종은 재주 있는 인사를 신분을 가리지 않고 등용했으나 서자의 차별을 없애고 과거를 통한 낮은 신분의 인사들이 제도로 벼슬을 할 수 있는 길은 터주지 못했다. 선대가 만든 잘못된 법과 제도를 고치려 하지 않았다. 물론 완전한 계급타파로 가지는 못하더라도 제도적 개선을 도모할 만한 능력과 환경이 되는데도 이 점을 소홀히 한 것이다.

세종은 늘 병에 시달렸는데 쉰넷이 되어서는 기력을 회복하지 못했다. 온갖 처방을 써도 효험을 보지 못했다. 명나라 사신 예겸이 성삼문에게 임금의 병명을 묻자 '풍증'이라고 대답했다. 풍증은 온갖 신경의 장애로 일어나는 병이다. 곧 끊임없는 스트레스에 시달리고 불면증에 시달리는 신경쇠약 따위의 병이다. 그렇다면 늘 노심초사하면서 낮에는 정무를 보고 밤에는 학문에 정진하는 일상생활과 깊은 관련이 있는 병이 아니겠는가?

그는 몸이 비대한 탓으로 늘 소갈병에 시달렸다. 또 『세종실록』에는 병명이 기록되어 있지 않으나, 무슨 연유인지 성병에 걸려 고통을 겪기도 했다. 또 늘그막에는 눈병으로 글읽기에 많은 지장을 받았다. 후세는 그를 성군으로 추앙하지만 개인의 삶은 결코 행복하지 못했다.

세종이 죽기 며칠 전 동별궁 앞에 중 50여 명이 모여 징을 치며 요란스럽게 임금의 쾌유를 비는 재를 올렸다. 적어도 승려들이 모여 재를 올린 것은 단순한 궁중의 관례가 아니라 세종이 평소 불교를 이단으로 다루지 않았다는 증거다. 그의 학구적 탐구욕은 불경도 예외의 대상이 아니었다.

세종은 사리판단이 냉철한 이성과 합리적 지도력을 지닌 보수적 군주였지 세상을 들었다 놓았다 하는 혁명가나 영웅은 아니었던 것이다.

오늘날 존경하는 역사인물을 꼽으라는 의식조사에서 대개 이순신을 1위, 세종을 2위로 꼽는데, 좀 생각해 볼 만한 일이다. 이순신은 활동 범위가 한정되어 있는 데 비해 세종이 이룬 업적과 영향은 우리 역사가 존재하는 한 길이 이어질 만큼 지대한 것이기 때문이다.

광해군
시대가 거부한 폭군 아닌 폭군

아슬아슬하게 왕위에 오르다

광해군(1575~1641, 재위 1608~23) 부부의 무덤은 남양주시 진건면 송릉리 낮은 산비탈에 자리 잡고 있다. 왕릉답지 않게 규모가 초라하기 짝이 없고 비석에는 총탄 자국도 군데군데 보여 보는 이들을 서글프게 한다. 그 언저리에 있는 단종의 왕비 송씨의 화려한 사릉과 너무나 대조가 된다. 그 배경을 더듬어 보면 그럴 만한 까닭이 있었다.

역사인물을 오늘날의 가치기준으로 재평가하는 일은 한 인물을 여러 각도에서 조명해본다는 점에서 의미 있는 일이 될 것이다. 사람들은 흔히 어떤 고정관념에 빠지기 쉽다. 그것은 당시대의 가치기준 때문이기도 하고 이념의 조작에서 나오는 경우도

광해군의 무덤　인조반정으로 쫓겨난 비운의 임금을 상징하는 듯 초라한 모습이다.

있다. 그리하여 우리는 어떤 인물이나 어떤 역사적 사실을 놓고 그 실상과는 달리 잘못 이해하고 있는 경우가 많다.

이 글에서는 역사인물에 대한 재평가를 통해 그 실상에 접근해 새로운 역사경험을 음미해 보려 한다. 그 보기로 광해군을 제시해본다.

조선조에서는 폭군으로 흔히 연산군과 광해군을 꼽는다. 분명 연산군은 폭군의 범주에 들 것이다. 이에 비해 광해군은 그 속사정이 사뭇 다르다는 데에 문제의 핵심이 있다. 인목대비가 광해군을 폐위시킬 때의 죄목은, 첫째 광해군이 선조를 독살하고 형과 아우를 죽이고 자신을 유폐시켰다는 것이고, 둘째 토목공사를 벌여 민생을 도탄에 빠뜨리고 정치를 혼탁하게 하여 종사를 위태롭게 했다는 것이다. 그리고 그 세 번째 이유로는 다음 사실을 들었다.

우리나라가 중국을 섬긴 지 200여 년, 의리로는 곧 군신이요, 은혜로는 부자와 같도다. 임진왜란 때 나라를 다시 세워준 은혜는 만세토록 잊을 수 없도다. 선왕(선조)이 어위御位하신 지 40년 동안 지성으로 사대事大하여 평생 등을 서쪽으로 대고(중국이 있는 방향) 앉으신 적이 없었다. 광해군은 배은망덕하여 천명의 두려움을 잊고 음흉하게 두 마음을 품어 오랑캐에게 정성을 바쳐 기미년 오랑캐를 칠 전역戰役(1619년의 사르후 전투를 말함)에 참가하면서 장수에게 "정세를 보아 향배를 정하라"고 일렀도다. 그리하여 끝내 온 군사가 오랑캐에게 투항하여 사해에 떠돌게 했도다. …… 우리 삼한 예의의 나라로 하여금 오랑캐와 금수의 지경으로 돌아가게 했으니 통탄해본들 어찌 말을 다하겠는가?

『광해군일기』권187, 15년 3월조

바로 이 세 번째 문제가 광해군을 폐위시키는 주된 구실이 되었던 것이다. 이것은 중국에 대해 사대를 하지 않고 청나라에 부화했다는 것을 말하는데, 이것이야말로 광해군을 오늘날 재평가하는 초점이 된다. 다시 말해서 그가 자주·실리 외교를 추구하다가 사대파에 밀려났음을 뜻하기 때문이다.

광해군은 어떻게 왕위에 올랐는가?

원래 선조는 정비 소생의 아들이 없었고 후궁 출신인 공빈 김씨에게서 임해군과 광해군을 낳았다. 따라서 장자인 임해군이 마땅히 왕위에 올라야 하지만 그는 무식하고 난폭한 면이 있었다. 선조는 나이가 들어가면서 후계문제를 놓고 고심하지 않을 수 없었다. 게다가 다른 후궁에게서 난 많은 왕자들이 각기 왕위를 넘보고 있었다. 그 중에서도 왕의 총애를 받고 있던 인빈 김씨는 자신의 소생인 어린 신성군을 세자로 책봉시키려는 공작을 끊임없이 벌이고 있었다. 조야의 인심은 영민한 광해군에게 쏠리고 있었지만, 어머니가 세 살 때에 죽은 처지라 그 자신은 처신을 조심하지 않을 수 없었다.

임진왜란이 일어나자 선조는 북쪽으로 쫓겨가는 몸이 되었다. 후사를 정하지 않을 수 없었다. 평양에서는 대신들의 건의를 받아들여 광해군을 세자로 책봉했다. 이것으로 일단 세자책봉 문제가 일단락을 짓게 되었다. 광해군은 세자로서 분조分朝(임시로 세자에게 임금의 일을 대행하게 하는 제도)를 맡아 난중에 동분서주하며 그 소임을 다했고, 조야의 명망을 한몸에 지니게 되었다. 광해군의 왕위계승권은 요지부동할 것 같았고 그 자신 또한 현군의 자질을 키워나갔다.

이런 마당에 1606년(선조 39) 중전인 인목왕후에게서 뒤늦게 왕자가 태어났다. 불행의 씨앗은 여기에서 싹트기 시작했다. 선조는 정비에게서 새로 태어난 영창대군을 무척 총애했다. 어느 날은 영창대군을 무릎에 앉히고 대나무 그림을 그려 여러 신하들에게 보여주기도 했다. 그 대나무 그림은 곁가지가 굵게 뻗어 있고 줄기는 아주 가늘게 그려져 있었다. 일부 눈치 빠른 벼슬아치들은 선조의 심중을 짚어내느라 온 머리를 짜냈다.

　1608년, 선조는 병이 위독하자 대신들의 주장에 따라 광해군에게 선위禪位(현재의 임금이 살아 있을 때 왕위를 물려주는 일)의 교서를 내렸다. 시의에 적절한 조치였다. 그리고 이 일을 앞뒤로 하여 선조는 조정의 명망 있는 일곱 신하들을 불러들여 이른바 "영창대군의 일을 잘 부탁한다"는 유교遺敎를 내렸다. 이에 눈치 빠른 영의정 유영경은 광해군에게서 소외를 받고 있는 처지에서 선조의 대나무 그림의 곁가지는 광해군, 줄기는 영창대군을 암시한 것이라고 생각하기도 하고, 유교의 뜻을 헤아리면서 선위의 교서를 감추고 내놓지 않았다. 실로 묘한 양상이 벌어진 것이다. 병석에 누워 몸도 제대로 움직이지 못하는 왕을 싸고 음모정치가 조정을 휘몰아가고 있었다.

　이 일이 광해군의 왕위계승을 위해 오랫동안 광해군을 보호하고 감싸던 정인홍·이이첨 등에 의해 누설되면서 또 한번 조정에 큰 논란이 일게 되었다. 역사에서는 유영경 일파를 소북파, 정인홍 일파를 대북파라 한다. 정인홍은 선조에게 이 일을 알리고 앞으로의 분란을 막기 위해 유영경의 처사를 엄히 다스리라고 주장했다. 그러나 선조는 이 음모를 막으려 하다가 결말을 완전히 짓지 못하고 죽었다. 그 뒤 인목대비가 관례에 따라 언문 교지를 내려 광해군을 즉위하게 했다.

부모와 형제에게 형벌을 내리다니

참으로 누란累卵의 위기였다. 적어도 광해군으로서는 절대 절명의 순간을 넘겼다. 어렵사리 왕위에 오른 광해군은 처음부터 선조 초년에 태동한 당인黨人들의 횡포에 진절머리를 쳤다. 자기네들의 정치적 이해에 따라 조정과 나라의 일을 제멋대로 농락하는 이른바 당파들을 광해군은 왕권에 도전하는 세력이라고 생각했다.

유영경이 정계에서 쫓겨난 것은 당연한 일이요, 또 그에게 죽음을 내린 것도 무리한 조처기 아니었다. 한편 광해군을 감싸던 정인홍·이이첨 등 대북파가 득세한 것도 어느 정도 자연스런 정치과정이었다 하겠다.

광해군은 즉위하자 조정의 기풍을 일신하려 했다. 당파를 따지지 않고 인재를 고루 쓰고 임진왜란으로 파탄이 난 국가재정을 튼튼히 하며, 난중에 불타버린 경복궁 등 궁궐을 창건·중수하여 왕실의 위엄을 살리고, 조세를 고르게 하여 민생을 구제하려 했다(대동법 실시). 뿐만 아니라 임진왜란 때 한때 원병을 보내겠다고까지 한 누르하치가 욱일승천의 기세로 세력을 뻗고 명나라는 늙은 호랑이로 쇠약해가는 국제질서에서 한시도 눈길을 떼지 않았다.

이런 어려운 판국인데도 그의 형 임해군은 광해군의 정사를 낱낱이 비방하고 다녔고, 영창대군을 옹립하려는 세력 또한 틈만 나면 광해군을 깎아내리려 했다. 이들은 당인들과 결탁하여 왕권에 도전하는 세력으로 언제나 광해군을 불안하게 만들었다.

광해군은 일단의 조치를 내리지 않을 수 없었다. 임해군에게 제재를 가한 것이다. 일부 벼슬아치들은 임해군을 추대하려다 실패하자 장자계승권을 주장, 명나라에 이 사실을 알려 압력을 넣으려 했고, 임해군 자신은 난행을 거듭하면서 왕위를 동생에게 빼앗겼다고 늘 분한 마음을 먹고 있었다. 대북파는 이 사실을 그대로 넘기려 하지 않았다. 끝내 임해군은 교동도에 유배를 당했다가 사약을 받았다.

이때에 제기된 것이 할은론割恩論이다. 곧 형제 사이에도 왕법에 어긋나는 짓을 하면 형벌을 가해도 윤기倫氣를 그르치지 않는다는 이론이다. 이것은 정인홍 등 대북파가 제기한 왕권확립 이론이다.

영창대군을 옹립하려는 세력으로는 인목대비와 그 아비 김제남 등의 일파가 있었는데, 이들 또한 앙앙불락하고 있었다. 이런 속에 1613년 서양갑을 중심으로 한 서자들의 옥사가 있었다. 이들은 영창대군을 추대하려 하면서 반역을 도모했는데 "참 용은 일어나지 않았는데眞龍未起(진룡은 영창대군을 뜻함) 거짓 여우가 먼저 울어댄다假狐先鳴(가호는 광해군을 뜻함)"라는 주장을 내걸었다.

이에 영창대군은 강화도에 위리안치圍籬安置(죄인이 사는 집에 울타리를 치고 그 밖으로 나오지 못하게 하는 조치)되었고 영창대군의 외할아버지 김제남 등이 그 주모자로 지목되어 처형되었다(이 모역은 이이첨의 조작이라는 설이 유력함).

이듬해에는 강화부사 정항의 자의로 영창대군이 증살蒸殺(방 안에 가두고 장작불을 지펴 열기에 질식해 죽게 한 것)되었다. 이때에 제기된 것 또한 할은론이었는데, 정인홍이 영창대군은 일곱 살의 어린 아이이므로 할은론을 적용할 수 없다고 주장하여 처음에는 처형의 조치를 내리지 않았던 것이다.

이런 일을 겪게 되자 인목대비는 젊은 나이이지만 궁중의 어른으로서 참을 수 없는 분노를 느꼈다. 그녀는 궁중에서 기회만 있으면 눈물을 흘리며 불평의 말을 늘어놓았다. 광해군을 원망하고 헐뜯는 인목대비의 행동거지는 이해할 법한 일이요, 어쩌면 당연하다 할 수도 있겠다. 권신들이 인목대비의 일을 물고 늘어졌으나 광해군은 이 문제만큼은 섭사리 동의하려 들지 않았다. 광해군은 5년 이상을 끌다가 끝내 인목대비에게서 '대비'라는 존호를 깎고 서궁에 유폐시키는 조치를 내릴 수밖에 없었다.

이때에 제기된 것이 전은론全恩論이다. 부모에게는 어떠한 일이 있어도 형벌을 내릴 수 없다는 것이 정인홍의 주장이었다. 이이첨 등 일부를 제외하고는, 인목대비에 대한 조처에 여러모로 반대 여론이 드셌지만, 마지막까지도 죽음의 형벌은 내리지 않았다. 그러나 '효'를 인간의 기본덕목으로 삼는 유교 이념의 사회에서, 비록 생모는 아니었지만 폐모의 조치를 내린 것은 광해군의 큰 실수였다.

명분보다는 실리를 취하겠다

위의 일들은 모두 왕권을 확립하는 과정에서 일어난 일이다. 결국은 세자 때부터 도전을 받아왔던 반대세력을 제거한 것이었는데, 때로는 무리수를 두기도 했고, 때로는 인륜에 어긋나는 조치를 취하기도 했다. 이러한 일들은 광해군을 폭군으로 보이게 한 원인이었지만 왕위에 오른 과정, 왕권을 강화하는 사정에 비추어보면 결정적인 기준은 되지 못한다.

조선조 임금들 중 크든 작든 이런 일을 저지르지 않은 경우는 드물다. 예컨대 태종은 동생들을 죽인 뒤 왕위에 올랐고, 광해군의 뒤를 이은 인조는 숙부와 아들·며느리를 죽였다. 단지 이들의 죄상이 문제가 되지 않은 것은 왕위에서 쫓겨나지 않았기 때문이다.

왕실의 문제를 떠나 광해군의 정치적 공과를 따져보자.

임진왜란이 일어났을 때에 조선은 명나라 원병의 힘을 입어 왜군을 물리칠 수 있었다. 광해군은 왕을 대신하여 전국을 돌며 병화의 참담함은 말할 것도 없고 조선 군대가 형편없이 허약함을 몸소 보았다. 더욱이 명의 원병을 위한 양곡 공급, 물자·노역의 징발을 담당하는 과정에서 명군의 횡포와 국력의 소모를 몸소 겪었다. 유성룡도 "왜군은 얼레빗이었고 명군은 참빗이었다"고 할 정도로 명군의 행패는 대단했다.

임진왜란이 끝난 뒤, 명과 조선은 새로운 적을 맞이하게 되었다. 명나라와 조선이 7년 전역을 치르면서 국력이 여지없이 소모된 틈을 타, 만주지방에서 일어난 여진족은 욱일승천의 기세로 뻗어갔다.

광해군은 건주위의 누르하치를 예의 주시했다. 그러나 국내의 사대파는 명나라에 대한 재조자소再造字小(임진왜란 때 나라를 다시 세워 주고 작은 것을 사랑해준다는 뜻)의 은혜 의식에 사로잡혀 있으면서, 여진족은 오랑캐라고 얕잡아보았다. 광해군은 명나라에 가는 사신을 통하거나 의주 지방에 있는 정탐꾼을 통해 여진족의 세력과 동정을 수집하여 그 대책을 세우기에 부심했다.

1616년에 들어 누르하치는 마침내 후금後金을 세우고 스스로 황제라 칭했다. 1617년 누르하치는 명나라 국경을 더욱 압박해 갔다. 명나라는 후금 정벌을 단행하기로 하고 조선에 원병을 요구했다. 광해군은 "남쪽에 변란이 있어 군사가 부족하다"거나 "우리 군사는 훈련이 안 돼 쓸모가 없고 무기도 갖추지 못했다"는 따위로 핑계를 대면서 거절하기를 거듭했다.

1618년 7월, 조정은 명나라의 거듭된 강경한 요구에 밀려 끝내 군대 파견을 결정했다. 1619년 2월, 강홍립을 도원수로 한 1만 3천여 명의 조선군은 출정에 나서 조·명 연합군으로 편성되었다.

광해군은 3만 명의 군사로 국경지대를 지키게 하고 그 군량미 조달에 차질이 없게 하는 한편, 출정한 강홍립에게는 저 유명한 "관형향배觀形向背를 취하라"는 밀지를 내렸다. 강홍립은 진군하면서 군량미가 뒤에 처져 있다고 핑계대고 머뭇거렸다. 몰래 통역을 보내 후금과 내통하기도 했다. 전세가 다급한 명나라의 독촉이 빗발치자, 강홍립은 앞으로 나가 싸우는 체하다가 후금에 거짓 투항했다. 청나라 말을 잘하는 역관을 미리 데리고 가 "우리 군대는 마지못해 출정에 나섰다"고 광해군의 뜻을 은밀하게 전했다.

강홍립의 투항 사실이 보고 책임을 맡은 평안감사 박엽에게 전달되었고, 박엽은 장계를 써서 조정에 보고하는 한편, 강홍립 등 투항한 장수의 가족을 잡아가두고 조정의 처분을 기다렸다. 말할 것도 없이 조정은 발칵 뒤집혔다. 대소 신료들은 날마다 강홍립의 죄를 논하고 사대의 은의恩義를 따지면서 후금정벌론으로 밤을 지새웠다. 한편 강홍립은 적의 진중에 있으면서 적의 동정과 전후의 사정을 장계에 써서 노끈으로 꼬아 말안장에 끼워 비밀리에 조정에 보내고 있었다.

그런데도 조정의 대신들은 이 사실을 명나라에 알려 사죄해야 한다, 후금의 국서를 찢어버리고 사자를 죽여야 한다, 강홍립 등의 가족을 역률逆律로 다스려야 한다고 주장했다. 밤낮 들볶이던 광해군은 처음으로 자신의 심정을 토로했다.

경들은 이 오랑캐를 어찌할 것인가? 우리나라의 병력으로 1초哨 (100명단위)라도 막을 만한 형세가 된다고 생각하는가? 지난번 군사를 요구하는 글이 명나라에서 두 번이나 왔을 적에 내가 걱정한 바는 곧 원병을 보내고자 한 것이 아니라 우리나라의 인심이 본래 굳건치 못하고 군사가 평소에 교련이 되어 있지 않아 하루아침에 몰아 들어가더라도 싸움에 도움을 주지 못함을 알리는 것이었다. …… 경들이 내 뜻을 헤아리지 못하고 한갓 내 말을 틀어막아 우리

군사가 투항한 사정을 명나라에 알리려고만 드니 어찌 이런 어그러
진 사리가 있는가? 내 말이 잘못되었다고 생각하는가? 내가 이를
절통해 하는도다.

지난해 명에서 청병하여 왔을 적에 경들은 마치 북 한 번 울리면
싹 쓸어버릴 것같이 말했다. 이렇게 생각하고야 병가兵家의 일이
어찌 두렵지 않은가? …… 내 이를 두려워하여 밤낮으로 근심 격
정한 나머지 마음의 병이 더욱 돋아 발광할 지경에 이르렀도다.

『광해군일기』권139, 11년 4월조

또 앞으로 세울 계책에 대해 광해군은 이렇게 말했다.

지금 우리나라가 계책으로 삼을 것은 군신 상하가 모든 일에 힘
써, 정벌할 준비에 온 생각을 쏟아서 군사를 기르고 장수를 뽑으
며, 인재를 거두어 쓰고 백성의 걱정을 펴주어 인심을 기쁘게 하는
것이다. 또 크게 둔전屯田을 개간하고 병기를 조련하여 성지城池를
잘 수리하여 모든 것을 정리한 뒤에야 정세에 대처할 수 있을 것이
로다. 그렇게 하지 않고 혹 태만히 하면 큰 화가 곧바로 이를 것이
니 어찌 두렵지 않겠는가?

『광해군일기』권139, 11년 4월조

이만한 형안을 가지고 현실에 대처한 것이지만 광해군은 조정
에서 고군분투해야 했다. 온 조정은 광해군의 정책에 반대를 거
듭했고, 왕비 유씨까지도 조정의 분위기를 알고 언문 상소를 올

려 존명사대尊明事大를 간곡히 부탁할 정도였다. 광해군은 자신의 뜻을 밀고 나가 뒤에 대제국 청을 건설한 후금과 적당한 우호관계를 유지하고 회유를 거듭하는 한편 명나라에 대해서도 적절하게 대처해 나갔다.

그러나 광해군이 쫓겨난 뒤 조정의 정책은 배청排淸으로 일관했다. 심지어 후금의 사신을 쫓아 보내고 국서를 찢기까지 하면서 적대감을 보였다. 그러다가 1627년, 광해군이 물러난 지 5년 만에 후금의 침입을 받았다. 이른바 정묘호란이 일어난 것이다. 강제로 형제의 맹약을 맺었다. 이때 인조는 아무런 손도 써보지 못한 채 강화도로 도망쳤다.

그 뒤에도 도망온 명의 장수들을 돕고 청의 사신은 죽이려 하면서 청의 황제를 인정하지 않다가 끝내 1636년에 전면적인 침구侵寇를 당했다.

왕은 남한산성에 들어가 아무런 방비책도 세우지 못하다가 끝내 삼전도에서 항복의 예를 행하고 군신의 관계를 맺고 말았다. 우리 역사에서 가장 치욕적인 굴복일 것이다. 고려 때 원에게 항복했을 때에도 형제 관계를 맺었지 군신 관계는 아니었고, 임진왜란 때에는 끝까지 버티어 왜군이 스스로 물러갔다.

이렇게 나라를 도륙내고도 광해군에게 씌워진 죄는 사대를 저버리고 군(명을 뜻함)을 배반했다는 것이다. 나라가 짓밟히고 백성을 도탄에 빠뜨리면서까지 존명사대를 지켜야 할 가치가 있었던가? 그리고 아무런 대비책도 세우지 못하면서 명분만을 내세워야 했던가? 한번 곰곰이 되새겨볼 일이다.

광해군의 인생을 지워버린 인조반정

이처럼 광해군은 실리적인 외교를 추구했고, 내치에도 어느 군주 못지않게 혼신의 힘을 기울였다. 임진왜란 뒤 서울로 환궁했을 때에 서울의 궁궐은 거의 불에 타 없어졌다. 왕이 월산대군의 사저를 빌려 써야 할 정도였다. 광해군은 곧 토목공사를 벌여 경복궁을 제외한 많은 궁궐의 대부분을 다시 지었다. 이런 과정에서 부역이 가중되었던 것은 사실이다.

광해군은 천도를 서둘렀다. 서울의 옛 집이 대부분 불타 없어진 마당에 왕실의 위엄은 말이 아니었다. 벌열가閥閱家 또한 위신을 차릴 수가 없었다. 게다가 민간에서는 '정씨 왕조설' 따위가 퍼져 '이씨 왕조'를 부정하는 분위기가 팽배해 있었다(이 설이 더욱 본격화된 것은 숙종·영조 연간임). 광해군은 지사地師를 동원하여 교하(지금의 파주 교하면 일대)로 천도할 것을 결심하고 그곳에서 토목공사를 벌였다. 그러나 백성들에게서 거두어들이는 부세가 과중한 데다가 명의 청병 등으로 이 일을 제대로 수행할 수가 없어 기초만 서둘다가 중지하고 말았다.

광해군의 내치 가운데 대표적인 사례는 즉위하여 곧바로 시행한 대동법을 들 수 있다. 종래에는 공물을 바칠 때 중간에서 대납代納하는 과정에 모리배들이 끼어들어 실제 납공자納貢者에게 부담을 가중시켰고 이것이 이권으로 전락했다. 이 폐단을 없애기 위해 쌀로 환산하여 바치게 한 것이 대동법이다. 이것은 처음 경기도 일대를 중심으로 시행되었지만 차츰 각 지방으로 확대

『광해군일기』 곳곳에 붉은 글씨로 지우려 한 흔적은 무엇을 말하는 것일까? 승자가 다 지우지 못한 역사의 기록을 보노라면 역사가 승자에 의해 변조됨을 알 수 있다.

적용되었다. 이 제도는 토호를 낀 중간 모리배들이 이권을 독차지하는 폐단을 막는 것이었다.

그밖에 광해군은 문화적인 사업으로 『신증동국여지승람新增東國與地勝覽』 찬술, 『동의보감』 간행 등을 이룩했고, 『삼강행실도』를 보급하여 타락하는 기풍을 쇄신하려 했다. 또한 포도청을 상설기구로 만들어 사회불안에 대비했고, 진보鎭堡의 확충 등으로 외침을 방비했다.

이런 일련의 공적은 광해군이 쫓겨난 뒤 심하면 죄목으로 씌

위졌다. 전혀 그의 공적으로 인정하지 않았다. 게다가 광해군의 정책들은 토지를 독점한 벼슬아치나 토호들에게 불만을 사서 그들을 광해군의 반대세력으로 몰아가는 결과만 빚었다. 광해군은 인재를 고루 수용한다는 명분 아래 서얼과 노복 출신을 많이 등용하여 수령으로 삼기도 했는데, 이것은 뒤에 "명기名器(어진 신하)를 뒤섞이게 하고 벼슬을 뇌물에 팔았다"고 사헌부의 탄핵을 받기도 했다.

광해군은 조카뻘인 인조에게 쫓겨났다. 반정이 일어났을 때 왕비 유씨가 궁궐 후원에 이틀 동안 숨어 있다가 수비대장에게 물었다.

"오늘 이 일이 종묘사직을 위한 것이오? 부귀영화를 위한 것이오?"(『연려실기술』 「인조조 고사본말」)

광해군과 폐비 유씨, 폐세자와 폐세자빈 등 네 사람은 강화도에 위리안치되었다. 이들을 먼 외딴섬으로 보내지 않은 것은 서울 가까이에 두고 늘 감시하면서 후환을 막기 위한 것이었다. 이들은 강화부의 동문(광해군과 유씨)과 서문(폐세자와 폐세자빈)에 각각 안치되었다. 인목대비는 광해군을 기어코 죽이려고 새 임금과 대신들을 졸랐지만 이원익 등이 간곡히 만류하여 뜻을 이루지 못했다.

이들이 위리안치되고 난 두 달쯤 뒤에 폐세자가 담 밑에 구멍을 파고 도망쳐 나오다가 잡히는 사건이 벌어졌다. 그의 손에는 은과 쌀밥 그리고 황해감사에게 보내는 편지가 쥐어져 있었다고 한다. 폐세자가 구멍을 통해 도망할 적에 폐세자빈은 나무에 올라가 바라보다가 폐세자가 잡히는 것을 보고 땅에 떨어졌고, 사흘 동안 식음을 전폐하다가 목매어 죽었다. 인목대비의 강경한 주장에 따라 폐세자에게 죽음을 내리니, 폐세자도 스스로 목매어 죽었다.

광해군은 쫓겨난 지 불과 두 달 만에 20대 중반의 외동아들과 며느리를 잃었다. 다음해 10월, 곧 강화도로 귀양온 지 1년 반쯤 되어서는 폐비 유씨가 심화병心火病으로 죽었다. 이제 광해군 혼자만 남게 되었다. 그의 혈육이라고는 박씨에게 시집간 외동딸만 바깥세상에 살아남아 있을 뿐이었다.

1624년(인조 2) 이괄의 난이 일어났을 때 조정에서는 반란군이 광해군을 추대할까 의심하여 광해군을 배에 실어 태안에 옮겨두었다가 난이 평정되자 다시 강화로 데리고 왔다. 1636년 병자호란이 일어나 청나라에서 광해군의 원수를 갚겠다고 공언하자, 조정에서는 또다시 그를 교동도에 안치시켰다. 이때 그를 눈엣가시로 본 서인 계열의 신경진 등은 경기수사에게 "선처하시오"라고 하면서 죽이라는 암시를 주었지만 경기수사는 이 말을 따르지 않고 그를 보호했다.

다음해에는 광해군을 서울 근방에 놓아두는 것이 불안했던 탓으로 제주도로 옮겨놓았다. 휘장을 친 배를 타고 제주도에 내린 광해군은 외딴섬으로 온 자신을 보고 탄식해 마지않았다. 그는 자신을 데리고 다니는 별장들이 상방을 차지하고 그를 아래채에 재워도 그저 입을 꾹 다물고 있었고, 심부름하는 나인이 '영감'이라고 부르며 앙탈을 해도 고개를 숙이고 한마디 말도 안 했다고 한다. 어제까지 그 위엄 있던 군주가 오늘에는 기를 못 펴는 촌로로 바뀐 것인지, 자신을 조용히 돌보며 인생을 관조하는 자세였는지는 몰라도 인간적 비극임에는 틀림이 없다.

광해군은 제주 땅에서 귀양살이한 지 19년 만에 예순일곱 살의 나이로 죽었다. 그는 "내가 죽으면 어머니 무덤 발치에 묻어 달라"(방손 이해성의 말)고 부탁했다고 한다. 그리하여 양주 적성동, 곧 그의 어머니 공빈 김씨 무덤 아래 묻혔다. 조정에서 베풀어준 마지막 은총이었다. 그리고 외동딸의 자손으로 봉사하도록 했다. 곧 외손봉사였다.

공빈 김씨의 무덤 오른쪽에 임해군이 묻혀 있고 그 아래에 광해군이 묻혀 있지만, 임해군의 양손들은 공빈 김씨와 임해군에게만 시제를 올리고 광해군의 무덤에는 발길도 안 돌렸다. 당시나 뒷세상에서 이런저런 사정이 있었던 탓이리라. 이런 여담을 굳이 늘어놓은 것은 그의 비극적 생애를 부각시키려는 뜻이 담겨 있다.

이 글에서 광해군을 굳이 변명하는 뜻이 있는 건 아니다. 그는 인간적인 약점도 많이 지니고 있었던 것으로 보인다. 어릴 적에 어머니를 잃고 세자책봉에 있어서나 왕위에 오른 뒤에도 늘 그에게 붙어다니는 검은 그림자들이 있었던 것이다. 이것은 선조의 변덕에서 나온 것이기도 하고, 또 많은 왕자들(선조는 영창대군 외에도 13왕자를 두었다)틈에 끼어 왕위가 늘 불안했던 것이다. 그래서 정서불안 같은 결함이 생겼을 것이다. 그리하여 음모와 술수가 판을 치는 궁중을 부드럽게 다스리지 못한 점도 간과할 수 없을 것이다.

그러나 그는 개혁과 혁신을 위해 큰 노력을 기울였다. 그에게 치도治道의 이론을 제공한 인물은 정인홍이었다. 정인홍은 임진 왜란 때 명나라 군사를 물러가게 하고, 우리의 군사로 우리의 강 토를 지켜야 한다고 주장했다. 정인홍 역시 임진왜란 때 의병을 일으키면서 토호들의 노비를 거두어 가 토호들에게 큰 지탄을 받았고, 벼슬길에 나와서 산림장령山林掌令으로 부패한 관리들을 매섭게 매도했으며, 후금과의 관계에서도 중립적이고 실리적인 태도를 건의했다.

광해군은 정인홍의 말에 귀를 기울이며 혁신정치를 폈고, 이 런 과정에서 왕권에 도전하는 세력을 제거하는 데에 덕치를 벗 어나는 조치들이 있었던 것이다. 그런데도 서인 주도의 모든 기 록들은 온갖 잔일을 들추어내 광해군을 헐뜯었고, 심지어 인목 대비는 "선조를 독살했다"는 터무니없는 거짓말을 늘어놓기도 했다. 또 광해군을 받들던 대북파가 그 뒤 여지없이 몰락하여 그 를 옹호할 세력이 없었다는 점도 간과할 일이 아니다. 반면에 광 해군은 간신인 이이첨의 말에 귀를 기울이면서 우유부단한 모습 을 보여 일을 그르친 경우도 있었다. 이런 사정이기에 오늘날 그 를 재평가해본 것이다.

소현세자
부왕의 미움을 받은 진보주의자

조국 산하에 눈물을 뿌리며 청나라로 끌려가

비운의 왕자로 흔히 호동왕자와 마의태자 그리고 소현세자와 사도세자를 꼽는다. 그들은 모두 정치의 희생양이 되었다.

1637년(인조 15) 2월 8일 아침. 벽제로 가는 서오릉 길가에는 빽빽이 들어선 사람들이 온통 울부짖는 소리가 산천을 울리고 천지를 진동시켰다. 스물여섯 살의 세자는 영영 이별할지도 모르는 부왕을 하직하는 길이었다. 소현세자와 인조, 이 이별의 장면에서 부자는 무슨 말을 주고받아야 했을까? 부왕은 항복한 임금이요, 아들은 오랑캐에게 인질로 끌려가는 몸이다.

소현세자昭顯世子(1612~45)는 승리에 도취하여 거들먹거리며 앞장선 적의 장수 구왕(청 태종의 아홉째 동생)의 뒤를 따라갔고, 뒤에 처진 인조는 눈물을 삼키며 발길을 돌려야 했다. 길가에 있는 창릉昌陵 무덤 속에 누운 예종의 혼도 울었으리라. 소현세자는 아내와 동생과 계수 그리고 그 밖의 신하들을 합쳐 197명을 이끌고 삭막한 북쪽 땅으로 끌려갔다.

인조가 환궁하는 길가에는 오랑캐에게 끌려가는 수많은 백성들이 울부짖었다. 임금은 차마 이 꼴을 볼 수가 없어 산길로 길을 잡았다. 인조가 서대문 안 붓거리에 들어서자 한 노파가 원망 섞인 말과 함께 두 손바닥을 치며 통곡하고 있었다.

여러 해 동안 강화도에 성을 쌓아놓고 그곳 벼슬아치들이 날마다 술만 퍼마시더니 마침내 백성들을 죽게 만들었구나. 이게 누구의 죄더냐? 내 지아비와 아들은 적의 칼날에 모두 죽고 이 한 몸만 남았구나! 하늘이여.

『연려실기술』「인조조 고사본말」

이 노파의 말을 듣고 인조가 뭐라 했는지, 무슨 생각을 했는지, 노파의 울부짖는 말을 들었다는 기록뿐이니 알 길이 없다.

인조 때의 이 비극은 반정 때로부터 비롯되었다. 인조반정으로 광해군을 쫓아낸 서인 조정은 철저한 존명배청尊明排淸의 정책을 폈다. 곧 명나라를 아버지와 임금으로 섬기고 청나라를 깔보면서 함부로 대했던 것이다. 청나라가 요동을 차지한 뒤 쫓겨온 명나라 장수 모문룡은 우리나라 철산의 가도에 들어와 진을 치고 청나라의 후방을 교란했다. 조정에서는 모문룡을 도와주기도 하고 명나라 군대에 배를 보내 돕기도 했다. 광해군이 맺은 청과의 약속을 깡그리 뒤엎었던 것이다.

한편 이괄의 난이 진압된 뒤, 그 잔당들은 청나라로 도망가 친청파인 광해군을 몰아내고 인조가 왕이 된 것은 부당하다고 꼬드겼다. 이에 청나라는 명나라에 대한 전면 공격을 잠시 중단하고 후방의 적인 조선을 먼저 치기로 했다. 1627년(인조 5) 1월 14일, 3만의 청나라 군대는 "광해군의 원수를 갚는다"는 구실을 내걸고 물밀듯이 내려와 열하루 만에 황주에까지 이르렀다. 황급해진 조정은 강화도로 허겁지겁 피난 갔고, 소현세자는 열여섯 살의 소년으로 전주에 가서 분조分朝를 설치하고 의병을 모집했다.

강화도에 갇혀 있던 왕은 어쩔 수 없이 강화를 교섭할 수 밖에 없었다. 청나라는 오래 버티며 굳이 힘을 소모할 필요가 없었기에 이 강화를 받아들였다. 서로 형과 아우의 나라로 굳게 맹약했고, 아우가 된 대가로 조선은 청과 명나라에 어느 정도 중립을 지킨다는 허락을 받아냈다. 나라가 이처럼 모욕을 당하면서도 명나라에 대한 은의가 이토록 철저했으니, 명나라에서 보면 조선이 천하에 다시없는 아들이요, 신하였을 것이다.

그 뒤 약속은 하나도 지켜지지 않았다. 청나라는 이것저것을 요구했으나 조정은 모두 거절하는 한편 명나라를 끊임없이 도왔다. 이럴 즈음, 청 태종이 황제의 존호를 선포하고, 그들의 사신 용골대 등을 조선에 보내어 조선에서도 청 태종을 천자로 받들라고 요구해왔다.

조선의 척화주의자들은 이것을 결코 받아들일 수 없었다. 이것은 유가적 사대명분론에 결정적인 손상을 입히는 일로 역적이 하는 짓거리에 속한다고 본 것이다. 하늘에는 해가 둘이 없고 사람에게는 아버지가 둘이 없듯이 신하에게는 임금이 둘이어서는 안 된다는 것이다. 조선 조정에서는 국서를 물리치고 청의 사신을 만나지 않음은 물론, 척화주의자들은 용골대 일행을 죽여야 한다고 주장했다. 용골대 일행은 강한 반발에 밀려 허겁지겁 도망쳤다. 임금은 청에 대한 선전을 포고하고 방비령을 내렸다.

임금이 삼전도에 나아가 오랑캐에게 무릎 꿇다

청나라는 10만 군사를 동원하여 구왕을 우두머리 장수로 삼고 1636년 12월 9일 압록강을 건넜다. 그들은 압록강을 건넌 지 엿새 만에 서울로 들이닥쳤다. 적이 서울로 쳐들어오기 하루 전에 적의 침입을 보고받은 왕은 강화도로 도망치려다가 그쪽 길이 이미 적군에 막힌 것을 알고 할 수 없이 남한산성으로 들어갔다. 왕의 선전포고가 허장성세였음이 여실히 증명된 판세였다. 적들은 서울로 들어와 약탈·방화·강간을 일삼았고, 닭·개·거위 따위까지 쓸어갔다. 서울은 닭소리·개소리조차 들리지 않을 정도로 적막했다. 광통교·종로 등지의 집은 하나도 남지 않고 불에 타 버렸다.

남한산성의 사정은 어떠했는가? 먹을 것을 미리 준비하지 않아 임금은 닭다리 하나로 하루를 견뎠고, 임금이 앉는 자리에 거적을 깔아야 했다. 적은 남한산성을 포위하고 성위에서 바라보기 좋은 지점을 골라 인가에 불을 지르기도 하고 여자들의 옷을 벗겨 죽이기도 했다. 성 안에서는 남쪽의 의병을 기다리며 버텼지만 감감 무소식이었다. 그런데도 입만은 살아서 척화파 김상헌 등과 주화파 최명길 등은 두 패로 갈라져 강화냐, 결전이냐를 놓고 입씨름을 벌이고 있었다.

1637년 정월, 설날 아침이 밝았으나 남한산성에 갇혀 있는 임금은 종묘에 제사를 지내기는커녕 아침 수라도 제대로 받지 못하고 있었다. 적들은 이날, 뒤따라온 청 태종의 지시에 따라 탄천에 호왈號曰(과장해서 큰소리침) 30만의 군대를 모아 진을 치고 남한산에 올라가 성 안을 살폈다. 조신들은 간담이 서늘했는지, 정초의 예물로 소와 술을 겨우 마련해 적들에게 갖다 바치고, 아울러 적의 형세를 알아오게 했다. 그러나 적은 본국에서 황제가 왔으니 물건을 함부로 받을 수 없다고 온갖 공갈을 늘어놓으며 쫓아 보냈다.

이때 주화론이 우세하자 김상헌은 결코 화의를 할 수 없다고 고집을 부렸다. 최명길은 성을 내며 "국가를 보존한 뒤에야 와신상담의 계획을 도모할 수 있다"고 소리쳤다. 어쨌든 설이 지난 이튿날, 화의를 얻기 위해 홍서봉·이경직 등의 대신이 적진으로 갔는데, 적은 황제의 이름으로 이런 글을 보내왔다.

정묘년 이후 10년간 너희 나라의 군신은 우리를 배반하여 도망한 무리를 받아들여 명나라에 바치고 명나라 장수가 들어가자 군사를 일으켜주기도 하고 편안히 살게도 했다. 우리의 원병이 가도에 이르렀을 때에 너희 군사가 대적했는데 이것이 군사를 동원하게 한 단서를 너희 나라가 또한 일으킨 셈이다. 명나라가 배를 수색하여 우리를 침범할 때에 너희 나라가 달라붙었고, 짐이 배를 수색하여 명나라를 치고자 할 때에는 곧바로 따르려고 하지 않았다. 이것은 유달리 명나라를 돕고 우리를 해치려 한 짓이다.

또 우리의 사신을 너희 왕은 만나지 않았고 우리의 국서를 끝내 열어보지 않았다. 짐의 사신이 우연히 너희 나라 왕이 평안도 관찰사에게 보낸 밀서를 얻었는데 거기에 "정묘의 변란 때에는 임시방편에 따라 복속을 허락했지만 이제는 정의로써 결단하여 관문을 잘 지키고 수비를 철저히 할 것을 각 고을에 잘 타이르노니 충의의 군사는 각각 지시를 잘 따르라"고 했다.

그 밖의 말들을 모두 듣기가 어렵도다. 짐이 이 때문에 의병을 일으킨 것이다. 너희들이 도탄에 빠진 것은 실로 내가 원한 것이 아니라 너희 나라 군신이 너희 나라 백성에게 재앙을 만나게 한 것이다. 너희들이 생업에 종사하며 편안히 살고자 한다면 망령되이 도망가서 우리에 창끝을 대려고 하지 말라.

만약 거역하는 자는 도륙할 것이요, 따르는 자는 품을 것이며 도망하는 자는 잡을 것이나, 어디 있거나 귀순하는 자는 추호도 범하지 않고 반드시 두터이 길러줄 것이다. 너희 무리에게 잘 타일러 모두 들어 알게 하노라.

『인조실록』 권34, 15년 정월 임인조

이것은 강화를 하자는 것이 아니라 완전한 항복을 명령하는 글이다. 실로 겉보기는 이쪽의 배반을 나무랐으나 극도의 모욕을 주는 언사이다. 그런데도 조정에서는 쥐새끼처럼 성 안에 갇힌 채 백성들이 성 밖에서 적들에게 연일 겁탈을 당하거나 도륙을 당하는 꼴을 보고도 손 하나 까딱하지 않으면서 척화로 맞서 버텼다. 그리고 화의의 국서를 보내면서도 상투적인 대명對明 의리를 늘어놓으며 명분을 세워달라고만 애원을 했다. 이에 청나라에서는 또 이런 글을 보냈다.

기미년에 까닭 없이 우리를 침노했을 때에 짐은 너희 나라가 싸울 줄을 아는가 하고 생각했고, 이제 또 싸움의 실마리를 열기에 너희 군사가 다시 정예하게 단련된 줄 알았지, 누가 아직도 군사가 제대로 단련되지 못했을 줄을 알았겠는가? 너희 나라의 환란을 구할 자는 명나라뿐이니 천하 모든 나라의 군사가 어찌 모두 이럴 것인가? 곤궁하게 산성을 지키며 운명이 조석에 달려 있으면서도 오히려 부끄러움을 알지 못하고 이런 빈말을 하니 무슨 유익함이 있겠는가?

『연려실기술』「인조조 고사본말」

어쩌면 우리 사정에 대해 핵심을 찔러 말한 것이라고 볼 수 있다. 끝내 1월 30일, 인조는 세자와 함께 벼슬아치 500명을 이끌고 송파의 삼전도로 나아가 항복했다. 청 태종은 북쪽의 높은 단상에서, 땅에 엎드려 세 번 절하고 아홉 번 머리를 조아리는 초라한 조선의 임금을 바라보았다. 이제 명나라와의 군신관계가 청나라로 자리를 옮긴 것이다. 광해군이 이 모습을 구경했더라면 뭐라고 했을까?

인조는 여기서 소현세자와 봉림대군(뒤의 효종) 내외, 척화파의 주동자들, 대신의 딸들을 인질로 보내고, 막대한 세폐歲幣를 바치고 명나라 정벌에 적극적인 지원을 하겠다는 구절을 항복문서에 써넣지 않으면 안 되었다. 이때 인질·포로로 끌려간 우리 백성의 수는 헤아릴 수 없었는데, 뒤에 속贖을 바치고 풀려난 수만 해도 63만 명이었다. 이리하여 소현세자의 8년이라는 긴 인질생활이 시작되었고, 이것은 조선에 또 다른 비극을 불러오는 꼬투리가 되었다.

북경에서 아담 샬을 만나다

심양(지금의 요녕성 선양으로 청의 도읍지였음)에는 소현세자 일행이 머물 관소館所가 마련되어 있었다. 이 관소에서 세자는 세자빈 강씨, 동생 봉림대군과 그 부인 및 수행원 300여 명과 함께 지내게 되었다. 청에서는 처음에는 감시를 엄중히 하다가 인질에 걸맞지 않은 극진한 대우를 했다. 세자는 그곳 왕족과 어울리며 황제와 함께 사냥을 다니기도 했다. 한편으로 청은 조선에게 명나라 정벌에 군사를 내라고 위협과 공갈을 일삼기도 했다. 곧 회유와 공갈의 양면수단을 쓴 것이다.

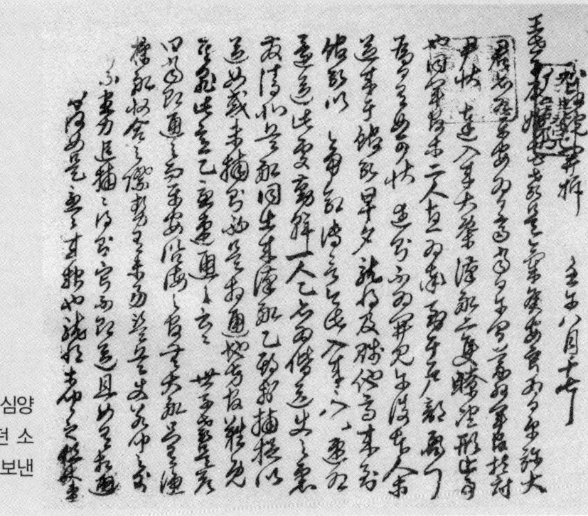

『심양장계』 청나라 심양에 볼모로 잡혀가 있던 소현세자 일행이 본국에 보낸 비밀 장계

소현세자는 청의 동정을 낱낱이 의주부윤 임경업 등을 통해 조정에 보고했고, 때로는 비밀리에 정보를 보내기도 했다. 그는 여러 가지 일로 바빴다. 곧 임경업이 거느린 군사가 출병하여 명을 치는 데 돕기도 하고, 김상헌 등의 척화파를 잡아 심양에 가두기도 하며, 포로의 송환문제에도 개입했고, 우리의 부녀자들이 그곳 시장에서 매매되는 꼴도 보아야 했다. 이런 일은 세자의 수완과 밀접한 관련이 있었다. 그는 하루도 편할 날 없이 시달리면서 이런 일들을 처리해나갔다. 심양의 관소는 조선의 대사관이었고 세자는 조선의 대사였던 셈이다.

세자는 어머니가 돌아가셨을 때도 나오지 못하다가 1640년 3월, 왕의 병이 깊다고 하여 고국에 다녀오라는 허락을 받았다. 4년 만에 아버지를 만난 세자는 말문이 막혀 하염없이 울었고 부왕도 엎드려 우는 세자의 등을 어루만지며 울었다(『인조실록』 권40, 18년 3월 정해조). 부자는 만난 지 보름 만인 4월 2일 또다시 헤어져야 했다. 적어도 이때까지는 부자가 남다른 정을 보이고 있었다.

1644년 세자가 세자빈 강씨와 함께 잠시 귀국 허락을 받고 환국했는데 이때는 이미 인조의 마음이 세자를 떠난 것 같았다. 당시 세자빈의 아버지 강석기가 죽고 난 뒤였는데도 세자빈이 아버지의 빈소에 가는 것을 법도가 아니라며 허락하지 않았다. 또 세자빈이 심양에서 재물을 모은 일, 세자가 조정에 올리는 장계를 세자빈이 옆에서 고친 일 따위가 왕의 비위를 거슬렀고 이런 세자빈을 타이르지 않고 내버려두는 세자를 못마땅해했다.

1644년 4월, 청나라는 군사를 거느리고 겨우 명맥을 유지하던 명나라로 쳐들어갔다. 별다른 저항없이 북경을 들이친 청군은 명나라를 멸망시켰다. 끝내 묵은 천자의 나라는 망하고 말았다.

세자가 처음 우리나라의 군사를 이끌고 북경 함락에 참여했을 때에는 22일 동안 머물렀고, 다시 심양에 돌아왔다가 청의 세조가 같은 해 9월에 북경으로 새 도읍을 정할 때에 따라가 70여 일을 머물렀다. 이때 세자는 북경 시내를 자유로이 왕래하면서 북경에 와 있던 서양의 천주교 선교사들을 만났다. 그 선교사들 중에는 저 유명한 아담 샬도 있었다.

세자는 아담 샬과 교류하면서 서양의 천주교를 알았고, 서양의 과학문명에 눈을 떴다. 은둔의 나라 왕자가 새로운 경이의 세계를 접한 것이다. 아담 샬로부터 천주상天主像과 서양의 역서 및 과학책을 선물로 받은 세자는 그것들을 면밀히 검토했고 또 심취했다. 세자는 특히 역법에 심취했는데, 동양과 서양의 역법이 크게 다른 점을 발견하고 우리의 천문학이 초보단계에 있음을 알았다. 그는 이런 편지를 아담 샬에게 보냈다.

어제 천만 뜻밖에도 보내주신 귀중한 구세주 천주님의 성화聖畵를 비롯하여 각종 양학洋學 서류 등의 선물을 배수하옵고 제가 얼마나 기뻐하오며 감사하옵는지 귀하는 상상조차 못하실 것입니다. 만강의 사의를 으레 전달치 못함을 황공히 여기나이다. 그 몇 가지를 우선 급히 읽었사온 바, 거기엔 정신수양과 덕성함양에 적합한 도리가 탁월 명확하게 구비돼 있음을 즉각 깨닫겠나이다. 저희 나라는 학문에 대한 광명이 결핍된 나라이온지라 오늘까지 이러한 진리를 모르고 살아왔나니다. 천주님 성화의 그 존엄한 모습은 그를 앙모하는 자에게 심오한 인상과 감회를 자극하옵는데, 이것을 벽상에 걸어 모시고 우러러 바라보오니 앙견자仰見者의 마음이 평온해질 뿐 아니라 실로 속세의 때와 먼지를 청정케 하옵나이다.

그리고 천구의天球儀와 천문 서류들은 천하에 없어서는 안 될 것이온데, 이제 이것이 저의 수중에 들어오게 된 것은 그 얼마나 다행이오며 행복이온지 저로서는 형언할 수 없사옵니다. 저희 나라에도 이와 비슷한 종류의 기구가 없는 바는 아니오나 솔직히 자복하옵는 바는, 그것들은 이미 진부한 것들로서 정밀한 표준에서 어긋난 점이 많사오므로 분명 위물僞物이옵는데, 지금 보내주신 진품을 향우하게 되오매 어찌 기쁨에 넘치지 않을 수 있사오리까?

제가 귀국하오면 다만 궁중보물로 간직할 뿐만 아니라 재인再印

해서 뜻있는 사자士子들에게 분포하겠나이다. 이렇게 되오면 저희 나라도 무지의 황야에서 학문의 전당으로 변모될 것이며, 이 영복이 서양학자들의 덕택임에 놀라 기꺼이 여기는 동시에 이 복지가 오로지 서구인들의 학식의 혜택임을 깨닫고 오래 두고 감사하게 될 것이옵나이다.

이것은 장래의 문제입니다마는, 지금 귀하와 저로 말 하오면 서로 천애지각天涯地角의 동서로 격한 이역에서 따로 생장한 자로서, 피차 남의 땅에서 이렇게 상봉하게 된 기연을 통하여 이처럼 사랑함이 혈연자血緣者와 같은 교분을 맺게 된 것은 이 어찌 된 일이옵나이까? 저로선 도저히 알아낼 수 없는 한 개의 수수께끼로서, 이는 반드시 무슨 불가사의한 숨은 힘이 우리 피차를 이렇게 상오相晤(서로 좋은 만남)케 해준 줄로 믿어 의심치 않나이다.

우리 인간은 비록 먼 거리에 서로 분거되어 있을지라도 진리를 추구하는 정성으로서는 그 마음이 서로 상합하게 되어 동지즉상구同志則相求(동지는 서로 찾게 된다는 뜻)케 되는 것임을 저는 강력히 자인자복하나이다.

저는 이제 이러한 서적과 천주상을 고국에 가져갈 수 있기를 갈망하옵니다마는 저희 나라는 아직 천주 숭배의 도를 일찍이 듣지 못했으므로 도리어 그 존엄성을 모독할까 염려하올 제 매우 두려운 걱정이 가슴에 사무치나이다. 이러한 이유 때문에 귀하가 만일 허락하신다면 이 천주상만은 돌려드리는 것이 저의 책임을 다하는 것이라고 믿으며 황공히 삼가 말씀드립니다.

유홍렬『한국천주교회사』「뮈텔문서」

위의 편지를 보면 소현세자의 서양문물에 대한 경탄과 함께 태도를 신중히 가지려는 면모도 나타나 있다.

그 뒤 아담 샬은 영세를 받은 중국인을 동반하고 그를 찾아가 다시 귀국하라고 권고했다. 이에 세자가 요청했다.

"저와 저의 인민을 가르칠 수 있는 당신의 동료 가운데 한 사람이 저와 가게 된다면 매우 반갑겠습니다."

그러나 아담 샬은 서양인 선교사가 조선에 가는 것은 위험 부담이 있다고 하여 영세 받은 명나라의 환관·궁녀 몇 명을 세자에게 딸려 보내줄 것을 약속했다.

병사인가 독살인가

명을 멸망시킨 청나라는 세자 일행을 오랜 인질생활에서 풀어주었다. 세자는 청나라에서 장장 8년의 세월을 보내고 1645년 2월 서울로 돌아왔다. 세자의 귀국은 인조에게 의구심을 불러일으켰다. 인조는 청나라로부터 철저하게 반청파로 백안시되었을 뿐만 아니라 늘 잔병을 앓으며 시달림을 받는 처지였다. 또 조정은 비록 주화파가 일부 있기는 하나 척화파로 꽉 채워져 있었다.

척화파는 인조의 대청정책을 오히려 미온적이라 하여 들쑤셔 댔으며, 심지어 강원도를 중심으로 한 이인거는 정묘호란 뒤에 인조를 몰아내려는 반역을 도모했다. 1644년 3월에는 심기원 일당의 모반이 사전에 발각되기도 했다. 인조는 만약 세자가 귀국하면 청나라로부터 세자에게 왕위를 물려주라는 요구가 있을까 걱정하고 있었기에 세자의 귀국 소식을 반가워하기보다는 대신들에게 별정別情이 없었느냐고 묻기도 했던 것이다.

이때 소현세자와 봉림대군도 상당히 서로 다른 현실관을 갖고 있었던 것으로 보인다. 소현세자는 대청외교를 직접 담당하면서 청나라의 힘을 알았기에 청과의 타협을 추구했고, 또 청의 문화나 서양의 문화를 수용하는 데에까지 이르렀다. 이에 반해 봉림대군은 부왕의 뜻을 충실히 받아들여 반청의 감정을 더욱 다졌고, 전통적인 벽이론闢異論에 따라 서양의 문물을 거부했다.

이런 분위기 속에서 소현세자가 봉림대군을 남겨두고 먼저 귀국했다. 1645년 2월 18일, 소현세자는 그리던 서울에 돌아와 부왕을 뵈었다. 그런데 의외로 부왕은 쌀쌀한 태도로 대했다. 벼슬아치들은 세자로 하여금 임금에게 진하進賀 인사를 못하게 했다.

세자는 환국하면서 북경에서 많은 물건을 가져왔다. 그 화려한 물건들을 보고 벼슬아치들이 입방아를 찧기도 했는데, 세자는 가져온 물건 중에 비단 40필과 황금 19냥을 호조에 보내기도 했다(『인조실록』 권46, 23년 3월조).

『인조실록』을 보면 소현세자가 귀국한 뒤의 동정이 국가 중대사인데도 겨우 서너 건만 기록되어 있을 뿐이다. 오히려 이때의 사정을 야사가 더 실감나게 보여주고 있다. 이에 따르면, 소현세자가 청나라의 사정과 서양의 문물을 두루 이야기하자 인조가 매우 언짢아했으며, 서양의 책과 기계를 보여주자 인조가 벼루를 들어 소현세자 얼굴에 내리쳤다는 것이다.

소현세자는 귀국한 지 석 달 만에 병이 들었다. 세자는 평소에 몸이 건강하지 않았다고 하는데, 야사에서 보는 것처럼 이때 부왕으로부터 벼루로 얻어맞고 나서 생긴 마음병인지, 부왕으로부터 냉담한 대접을 받고 나서 일어난 울화병인지 모를 일이나, 어의인 박군은 학질이라고 진단을 내렸다. 임금에게 매일 침을 놓던 이형익이 세자의 열을 내린다고 세 차례 침을 놓았는데, 병이 든 지 사흘 만에 갑자기 창경궁 환경당에서 세상을 떠나고 말았다. 이 죽음에 대해 당시의 학자인 택당 이식은 소현세자의 묘지문에 이렇게 적었다.

"환궁 이후 연달아 한증과 열기가 있었는데 의원의 시술이 잘못되어 끝내 죽음에 이르렀다." (『인조실록』 권46, 23년 6월 신유조)

『인조실록』의 사관은 또 이렇게 적었다.

세자가 심양에 있을 적에 집을 지어 단청을 하고 포로로 잡혀 있는 우리나라 사람들을 모아 밭을 일구어 곡식을 쌓아놓고 진기한 물건들을 사들여서 세자가 머무는 관소가 저자와 같았다. 임금이 이를 듣고 좋아하지 않았다. 임금이 총애하는 궁녀 조소용이 예전부터 평소에 세자와 세자빈을 미워하여 밤낮을 가리지 않고 임금 앞에서, 세자빈이 임금을 저주했다거나 몹쓸 말을 했다는 따위로 헐뜯었다. 세자는 환국한 지 얼마 안 되어 병을 얻었고, 병을 얻은 지 며칠 만에 죽었다. 시체는 온몸이 새까맣고 뱃속에서는 피가 쏟아졌다. 검은 천으로 얼굴의 반을 덮어서 옆에서 모시던 사람도 알아보지 못했다. 낯빛은 중독된 사람과 같았는데 외부의 사람은 아무도 아는 이가 없었다. 임금도 이를 알지 못했다. 다만 그때 종실인 진원군 이세완이 그의 아내가 인조의 앞 왕비인 인열왕후의 동생인 관계로 내척內戚으로 염습에 참여해 그 광경을 보고 나와서 남들에게 말한 것이다.

『인조실록』 권46, 23년 6월 무인조

이로 보면 소현세자의 독살은 거의 틀림없을 것이다. 더욱이 묘지문에도 "잘못되었다"고 했고, 가장 정확을 기하는 사관이 이 사실을 쓰고 있으니 말이다.

세자빈 강씨, 한을 품고 사약을 마시다

소현세자가 죽은 뒤 그의 장례는 이루 말할 수 없는 푸대접을 받았다. 명정을 쓸 때에는 평인과 같이 영구靈柩라는 말을 쓰게 내버려두었고(뒤에 벼슬아치들의 반론으로 세자의 예에 해당하는 재궁梓宮이라는 말을 붙였다), 기일을 단축시켜 초상을 치르게 했다. 입관할 때에도 참관 인원을 관례에 따르지 않고 제한했으며 원묘園墓의 터를 홍제동으로 하자는 논의에 반대하여 멀리 고양의 효릉 뒤에 쓰라는 명을 내리기도 했다.

더욱이 왕이나 왕자에게 의술을 잘못 쓰게 되면 의관이 문책을 당하는 것이 관례인데 이 논의마저 인조가 일축했다. 대사헌 김광현 등이, 이형익이 세자에게 연일 침을 놓은 잘못을 따져야 한다고 하자, 인조는 이형익을 옹호하면서 김광현을 몹시 미워했다. 김광현은 세자빈 강씨의 조카사위여서 세자빈의 말을 듣고 이런 짓을 벌인다며 뒤에 좌천시키기도 했다.

이와는 달리, 이해 5월에 봉림대군이 귀국할 때에는 융숭한 대우를 했다. 봉림대군이 왕에게 숙배할 때에 궁녀들이 이런 낌새를 알고 다투어 그 얼굴을 보려고 했다.

이해 윤6월에 인조는 갑자기 대신들을 불러들였다. 그리고 자신은 병이 깊으니 새 세자를 정해야 한다고 분부했다. 신하들은 원손元孫(소현세자의 첫째 아들)으로 대를 잇는 것이 마땅하다고 했으나, 인조는 왕실의 관례를 어기고 열 살의 세손은 마땅하지 않다고 주장하여 끝내 봉림대군을 세자로 삼았다. 그리고 이듬해에는 소현세자의 남은 세력을 하나하나 제거해버렸다. 곧 세자빈의 친정오라비인 강문성·강문명 등을 무식하다는 꼬투리를 잡아 멀리 귀양보내버린 것이다.

이제 남은 일은 세자빈 강씨를 없애버리는 것이었다. 궁중의 모든 비밀을 다 알고 있는 강씨, 임금의 술수와 음모를 꿰뚫어보는 강씨야말로 인조에게는 눈엣가시였을 것이다. 이즈음 임금의 수라상에 오른 전복 회에 독약이 들어 있는 것이 발견되었다. 이것은 우연찮게도 사람이 먹기 전에 발견되었다. 인조는 혐의를 며느리에게 두었고, 며느리를 받드는 나인 다섯 명을 잡아들여 족쳤다. 그러나 나인들은 결코 그런 일을 저지르지 않았다고 불복하고 죽었다.

세자빈은 온갖 수모에 시달리며 하루하루를 살았다. 임금의 총희 조소용의 끊임없는 질투와 모략 속에 늘 임금이 보낸 궁인의 감시를 받았고, 자신의 아들이 왕위를 시동생에게 빼앗기고 있는데도 말 한마디 못했다.

그 와중에 궁중에서 임금과 새로운 세자를 저주하는 사건이 잇달아 일어났는데 인조는 그 혐의를 모두 강씨에게 두었다. 이 일에 얽혀 강씨의 나인 둘이 또 잡혀 옥에서 죽었다. 강씨로서는 사방에서 옥죄어오는 사슬을 피할 길이 없었다. 목숨의 위협을 느낀 여자의 한은 쌓이고 쌓여갔다.

강씨는 죽음을 각오했던지, 그 한을 풀길이 없었던지, 임금의 침실 근처에 가서 통곡하기도 하고, 왕실의 법도에 따라 임금에게 드리는 조석의 문안도 폐해 버렸다. 죽음을 자청한 것이나 다름이 없었다. 끝내 강씨는 후원 별장에 유폐되었다. 유폐 생활을 할 때에 독약사건이 일어났으니, 강씨가 독약을 넣었다는 것은 사리에 맞지 않는 일이었다. 그런데도 인조는 귀양 가 있는 강씨의 친정오라비들이 이 독약사건을 모를 리 없다고 하여 장살했다.

1646년 봄에 접어들어 인조는 마침내 며느리를 없애는 음모를 진행시켰다. 강씨를 세자빈에서 폐출하고 이어 죽이라는 조처를 내린 것이다. 벼슬아치들이 강씨의 세 아들을 위해서라도 이 일을 거두어들이라고 간하자, 이들을 몰아내기도 하고 귀양 보내기도 했다. 많은 벼슬아치들이 이 일은 지나치게 부당하다며 벼슬을 내놓고 돌아가자 "가고 싶은 자는 가라, 나는 말리지 않으리라"고 소리쳤다. 그리고 강씨를 세자빈으로 책봉할 때에 내렸던 교명敎命 등을 빼앗아 불태우게 했고 강씨를 일단 본가에 내쳤다가 사약을 내렸다.

아들과 며느리를 죽이고 나서 인조는 남은 한 가지 일을 매듭지으려고 했다. 곧 소현세자의 세 아들을 어떻게 조치하느냐는 것이었다. 이들을 남겨두면 후환이 생기리라 생각한 것이다. 인조는, 강씨가 죽을 때에 세 아들에게 피로 쓴 유서를 남겼는데, 거기에 "원수를 갚아달라"고 쓴 내용이 있는 것을 들춰냈다.

인조는 강씨에게 많은 동정이 쏠리는 것을 알고 강씨와 친하던 비구니 혜영에게 "강씨가 갓난아기를 싸주며 양주 큰 다리에 버렸다"고 고백하게 했다. 이를테면 간통으로 아이를 낳았다는 것이다. 이런 일련의 음모를 꾸며 강씨에 대한 일반의 동정심을 막으려 했고, 강씨의 칠순 노모와 어린 친정조카들까지 얽어 죽여버렸다.

마지막으로 인조는 세 손자를 제주도로 귀양 보냈다. 이보다 앞서 청나라에서 소현세자와 강씨의 죽음을 전해 듣고 소현세자의 세 아들의 안부를 묻고 데리고 가겠다는 뜻을 전해왔었다. 이때에도 조정에서는 이들이 살아 있음에도 "두 아이가 이미 죽었다"고 거짓으로 답했다.

제주도에 귀양 간 세 아들 중 두 아들은 위의 거짓말과 같이 실제로 곧 풍토병에 걸려 죽었다. 이들이 죽자, 인조는 왕에게 쏠리는 세상의 비난을 피하고자, 이들을 돌보던 나인을 잡아들여 소홀히 돌보았다는 죄목을 씌워 매를 때려 죽이기도 했다. 몇 년 동안 피의 숙청을 거듭한 인조는 1649년 숨을 거두었으며 왕위를 봉림대군(뒷날의 효종)에게 물려주었다.

이렇게 하여 소현세자는 물론 그의 세력은 거의 씨가 말랐고, 마지막 남은 소현세자의 셋째 아들 경안군은 효종이 즉위한 뒤 제주도에서 남해로, 다시 강화도로 유배지를 옮기며 살았다. 경안군의 후손은 뒤에 강화도와 황해도에 흩어져 살았는데, 18~19세기 민중봉기가 이곳에서 일어날 때에 민중들의 지도자로 추대되었다. 그리하여 또다시 온갖 핍박을 받으며 목숨을 잃기도 하고 도망치기도 하는 꼴을 보여주었다(『추안급국안』;『포도청등록』). 이 후손들이 변혁세력과 손을 잡게 되었음은 말할 것도 없다.

아버지의 명분과 아들의 실리가 충돌하여

인조는 정치적 방향을 사대모화事大慕華에 두었다. 결국 광해군을 몰아낸 명분의 하나도 여기에 있었던 것이요, 병자호란을 자초한 것도 여기에 기인한다. 그는 청나라의 힘에 눌려 세자를 볼모로 보내는 치욕을 겪으면서 세자가 끝까지 오랑캐에 저항하여 저 한나라 때 흉노에 사신으로 갔다가 억류되었으나 끝까지 절개를 지킨 소무처럼 행동하길 바랐다.

그러나 인조의 뜻과는 달리 소현세자는 청나라와 타협했다. 이런 소현세자의 행동은 인조의 정치적 기반을 흔드는 것이요, 또 조선조의 대명對明 사대 질서에 반기를 든 꼴이었다. 게다가 소현세자는 서양의 기술과 학문에 심취하여 돌아왔고, 이것을 우리나라에 전파·보급하려는 의지를 가지고 있었다. 이것은 정통적인 유교의 벽이숭정闢異崇正에 위배되는 것이었다. 곧 이단·사설을 배격하고 유교의 정학正學을 높이는 나라의 근본 이념에 정면으로 도전하는 셈이었다.

인조는 이렇게 정치적·이념적인 궤를 달리하면서 그의 통치기반을 약화시키는 세자를 그대로 두기엔 지나치게 보수적이고 완고했다. 또 스스로 늘 병에 시달리면서 청나라에서 소현세자에게 왕위를 물려주라고 강요할까봐 두려워했다.

인조의 성품은 냉혹하고 잔학했으며, 음모와 술수에 능했다. 그는 왕위에 오른 뒤 무수한 살육을 저지르며 공포정치를 펴나갔다. 이괄의 난이 일어났을 때에는 뚜렷한 혐의도 없이 영의정 기자헌 등 40여 명을 몰살했고, 그 뒤 크고 작은 옥사가 일어날 때 마다 정확한 조사도 하지 않고 사람들을 마구 죽였다. 끝내 그는 이런저런 이유로 아들과 며느리를 죽였고, 이들과 연관되거나 세력이 되는 사람들을 모조리 얽어 씨를 말렸다. 그 수법이 냉혹하고 잔인한 것은 말할 것도 없거니와 그 과정에서 음모와 술수 또한 비상했다. 그러면서 그는 인민이 어떤 환경에 놓여 있는지 어떤 고통을 받고 있는지에 대해서는 별 관심을 보이지 않았다.

인조의 대외정책도 그렇다. 청나라가 분명히 나라의 원수라 치자. 명나라를 향한 명분인 이소사대以小事大를 청나라에 적용시킬 수는 없었을까? 실리를 위해 기존의 사대질서를 개편할 수도 있고, 생민을 위해 청나라와 타협할 수도 있을 텐데 인조는 철저히 명분에만 치우쳤다. 물론 명분을 위해 목숨을 버리겠다는 척화파의 기개를 가상히 여길 만하다. 그러나 인조가 벌인 일은 이런 명분에 기댄 채 정치 기반을 이용하여 폭군의 행태를 보인 것으로밖에 볼 수 없다. 그 결과 조선조 후기를 폐쇄 사회로 치닫게 했고, 철저히 유교적 교조 사회로 나아가게 만들었다.

이런 인조의 뜻과 조정의 분위기, 세자의 동정을 환히 꿰뚫어 보던 효종은 철저하게 대세에 영합하여 왕위를 따냈고, 왕위에 오른 뒤에는 가차 없이 사대모화의 정책을 단행했다. 효종은 철저한 유교 교조주의자 송시열과 함께 북벌론을 내세워 명분과 사대만을 먹고 살았는데 이는 정치적 기반을 확립하는 방법이기도 했다. 소현세자와 효종을 구차하게나마 대비하자면 실리파와 명분파, 개방과 폐쇄, 진보와 보수, 그리고 학문지향과 권력지향이라고 할 수 있다.

정조
개혁정치를 실천한 성군

불행한 사도세자의 아들

　우리 역사에는 무수한 왕들이 부침했다. 어떤 임금은 한 몸을 바쳐 백성과 나라를 위해 봉사했고 어떤 임금은 전제권력을 마음대로 휘둘렀다.

　조선 왕조에 들어와 혼신의 힘을 기울여 위대한 업적을 많이 남긴 임금으로는 세종과 정조를 꼽을 수 있다. 특히 정조正祖 (1752~1800, 재위 1777~1800)는 18세기라는 어려운 시대상황에서 마흔아홉, 길지 않은 생을 살면서 많은 업적을 남겼고, 왕도정치를 구현하기 위해 온 힘을 기울였다. 그러나 그 뜻을 완전히 펼치지 못하고 장년의 나이에 세상을 떠나 아쉬움을 남기기도 했다.

　정조가 태어날 무렵에는 영조의 오랜 통치로 나라가 어느정도 안정되어 있었다. 정조는 한창 가을 기운이 돌 무렵, 창경궁의 경춘전에서 사도세자를 아버지로, 혜경궁 홍씨를 어머니로 하여 태어났다. 왕손이 태어나자 누구보다 기뻐한 것은 할아버지 영조였다. 아들 사도세자의 행동을 못마땅하게 여기던 영조는 남달리 손자를 사랑했다. 더욱이 어린 손자가 학문에 열중하고 효성이 지극하자, 그의 총애는 더 말할 수 없을 정도로 쏟아졌다.

그러나 어린 왕손에게는 너무나 많은 시련이 닥쳐오고 있었다. 세자 신분으로 정사를 맡고 있던 사도세자는 궁중에서 사사건건 마찰을 빚고 있었다. 사도세자는 자유분방한 성격으로, 몰래 궁중을 빠져나가 평양에 가서 기생을 끼고 놀기도 하고 비구니와 어울리기도 했다. 또 경종(사도세자의 큰아버지)이 노론에게 몰려 죽은 일을 두고 큰아버지의 원수를 갚겠다고 큰 소리로 떠들기도 하고 원로대신들을 함부로 대하면서 억누르기도 했다.

자연히 사도세자의 반대파가 형성되었다. 특히 노론에서는 이런 세자가 왕이 되면 자신들의 신변이 위험하거나 정치적 지위가 흔들릴 것을 점쳤다. 그리하여 세자에 대한 모략이 끊일 날이 없었다. 부왕인 영조도 이들의 말에 귀를 기울였다. 더구나 세자의 처가인 홍씨 세력도 노론 편에 서거나 은근히 동조함으로써 세자를 견제했다.

마침내 영조는 세자의 비행을 들어 근신하게 했고, 끝내 뒤주 속에 가두는 처벌을 내렸다. 사도세자는 눈물을 흘리며 부왕에게 빌었으나 이에 아랑곳하지 않고 한여름에 뒤주 속에 가두고 그 위에 짚북데기를 쌓아 더위를 못 이겨 죽게 만들었다.

정조는 열 살의 어린 나이로 엄청난 사건을 목격했다. 이어 사도세자가 죽고 난 뒤에 그 처벌의 가부를 두고 벼슬아치들이 갈라졌다. 사도세자의 편을 시파時派라 하고 그 반대편을 벽파僻派라 했다. 벽파는 세손의 동정에 끊임없이 주의를 기울였다. 당시 벽파쪽이 권력을 몽땅 쥐고 요직을 차지했다. 만약 세손이 삐끗하기만 하면 언제 벽파로부터 위해의 손길이 닥칠지 몰랐다. 어머니 혜경궁 홍씨는 눈물로 나날을 보내며 아들에게 근신을 당부했다. 세손의 신변은 위험하기 짝이 없었다. 만약 세손이 아버지의 원수를 갚겠다고 떠든다든지 조정의 내막을 아는 체라도 하게 되면 벽파들이 그냥 묵과할 리가 없을 것이다.

세손의 보호를 맡은 홍국영은 세손의 신변을 잘 돌보았다. 어느 날은 한밤중에 세손이 거처하는 곳의 지붕에서 기왓장 구르는 소리가 났다. 근신들이 나와 잡으려 하자 범인은 도망쳤다. 끝내 그 연루자들을 잡아들였는데 이 일은 세손의 동정을 살피려는 벽파들이 시킨 것으로 밝혀졌다. 이런 나날 속에서 세손은 옷도 제대로 벗지 못하고 잠을 자야 했다.

세손의 나이가 어느덧 스무 살에 이르렀을 때 영조는 여든 살이 넘어 기력이 쇠잔했다. 세손에게 왕위를 물려줄 생각을 하고 있던 영조는 어느 날 대신이 있는 자리에서 세손을 불렀다. 그리고 근심스레 물었다.

"어린 아기는 노론·소론과 남인·북인을 아느냐? 나라의 일과 조정의 일을 아느냐? 병조판서에는 누가 좋을지, 이조판서에는 누가 좋을지를 아느냐?"

말이 채 끝나기도 전에 옆에 있던 홍인한이 불쑥 말을 가로막고 나섰다.

"동궁은 노론·소론을 알 필요가 없으며, 이조판서·병조판서에 누가 좋을지를 알 필요가 없으며, 조정의 일은 더욱 알 필요가 없나이다."(『명의록』)

이런 참람한 말이 어떻게 나올 수 있었던가? 영조와 세손을 여지없이 깔보는 말이었다. 더욱이 홍인한은 세손의 외가 아저씨뻘 되는 처지였다. 이때 세손은 아무 말을 하지 못하고 물러나왔다. 이것이 유명한 '삼불필지三不必知'라는 것이다.

세손은 스물셋의 나이로 대리청정을 맡았다. 이때도 홍인한과 영조의 양외손인 정후겸 등은 세손의 대리청정 조치를 힘써 막으려 했고, 대리청정이 단행된 뒤에도 끊임없이 방해와 감시를 늦추지 않았다. 참으로 위험스런 시기였다.

규장각을 두어 정치 엘리트 양성

다음해 영조는 여든셋의 나이로 파란만장한 생애를 마쳤다. 뒤이어 정조가 즉위했다. 영조는 고령이었고 사도세자는 비명에 갔으나 어린 세손이 장성하여 끝내 왕위에 오른 것이다.

정조가 왕위에 올라 첫 번째로 한 일은 아버지를 추존하는 것이었다. 그는 비공식호칭인 사도세자를 정식호칭인 장헌세자로 받들고 벽파인 홍인한·정후겸 등을 귀양 보냈다. 근위의 신하인

규장각 전경 정조는 규장각에 젊고 현실개혁적인 유능한 인재들을 배치하여 학문을 통한 정치개혁을 꿈꾸었다.

홍국영을 발탁하여 도승지로 삼고 여러 가지 일을 지휘하게 했다.

정조는 세손으로 있을 때에 조용히 마음속으로만 생각하던 일을 하나하나 실천에 옮기기 시작했다. 그는 일단 일부 반대세력을 제거하고 난 뒤 규장각 설치를 서둘렀다. 많은 책들을 거두어 수장하게 하고, 역대 왕의 문적을 수집하여 보관했다. 그뿐만 아니라 이곳에 그의 근신들을 배치했다. 당시 명망 높고 재주 있고 잘못된 현실을 바로잡으려는 젊은 인사들을 모아 배치한 것이다.

각신閣臣이라는 이름의 이들 근신들에게 후한 녹봉을 주고 하루 종일 규장각에서 연구에 몰두하게 했다. 때때로 정조 자신이 몸소 그들과 날이 새는 줄도 모르고 대화를 나누며 당대 정치의 득실과 학문을 논했다. 또 서자 출신으로 재주가 있는 아까운 인사들을 검서檢書라는 이름으로 모아들여 그들의 학식을 정사에 이용했다.

정조는 처음으로 초계문신抄啓文臣 제도를 실시했다. 곧 문신을 가려 뽑아 규장각에서 일정 기간 공부하게 하고 때때로 성취도를 재는 시험을 보인 것이다. 초계문신으로 뽑혀 성적이 좋으면 좋은 벼슬자리에 발탁했다. 초계문신은 바로 신진 정치 엘리트였다. 여기서 배출된 이들이 이가환·정약용 등이다.

정조는 부정부패를 뿌리 뽑으려고 때때로 암행어사를 지방에 파견했다. 암행어사가 부정을 저지르는 경우가 많아지자 암행어사의 부정을 캐는 암행어사를 뒤딸려 보내기도 했다. 정조의 남다른 신임을 받는 암행어사들은 맡은 일을 훌륭하게 해냈다.

수령을 임명해 현지에 보낼 때에는 늘 개인 면접을 하고 세세하게 백성을 위한 정치를 펴라고 당부했다. 수령들에게 지방의 실정을 아릴 일이 있으면 승정원을 거치지 않고 왕에게 직접 보내게 조치했다. 승정원을 거치면 그 내용이 권신들에게 새어 나가 방해를 받는다고 본 것이다.

이렇게 규장각에 근신을 배치하고 남달리 총애를 쏟자 대신들이 불만을 토로했다. 그러나 정조의 뜻은 깊은 데에 있었다. 당인들에 의해 정사가 그릇되고 왕권마저 흔들렸던 지난 역사를 익히 알고 있던 정조는 그의 친위세력을 기를 필요가 있었다. 그리하여 당파의 인물을 멀리하고 참신하고 유능한 신진들을 통해 바른 정치를 펴보려 한 것이다.

특히 정약용에게 쏟은 정조의 관심은 특별했다. 때때로 책을 내려 읽게 하고 그 깊이를 시험하기도 했으며, 시골 수령으로 보내 지방 실정을 알아오게도 했다. 정조는 또 남인의 거두 채제공에게 중요한 정사를 맡겼다. 영의정 채제공은 왕의 뜻을 좇아 바른 정치를 폈다. 정조는 나이 많은 채제공의 후계자로 이가환과 정약용을 점찍어 키웠다.

인권을 중요시하고 직접 백성의 소리를 들어

정조는 그림자처럼 따라다니면서 자신을 보호해주던 홍국영이 세도를 부리자 가차없이 그를 제거하여 조정을 맑게 했다. 아무리 근신이라도 잘못을 저지르면 결코 용서하지 않는다는 메시지였다. 서자 출신의 박제가를 늘 곁에 두고 그의 재주를 아꼈으며 소외당하던 서북 출신의 이응거를 등용하여 한성판윤을 삼기도 했다. 서얼들에게 과거를 보여 합격하면 벼슬을 주었으며 서북지방 인사들을 특별히 뽑아 벼슬을 주었다.

성균관에서는 과거에 합격해 입학하면 나이 순서대로 앉는 게 관례인데 서얼들에게는 앉는 자리에도 차별을 두어 남쪽 줄에 앉게 했다. 이를 안 정조는 거듭 시정을 분부했다. 서북지방 인사들에게도 예전처럼 한직을 준 것이 아니라 현직顯職을 주었다. 또 할아버지의 정책을 따라 탕평책을 써서 당색을 초월하고 지역감정을 어루만지고 차별받는 신분층을 거두어들였다.

정조는 규장각 서재에 '만천명월주인옹萬川明月主人翁'이라 쓴 글귀를 걸어놓고 늘 바라보았다. 그 뜻은 "모든 냇물에 골고루 비추는 밝은 달과 같은 주인 늙은이"라는 것이다. 백성을 골고루 보살펴준다는 의지의 표현이었다.

이처럼 그는 백성을 한시도 잊지 않고 보살폈다. 백성의 고통을 적은 암행어사나 수령들의 보고서를 읽을 때면 눈물을 철철 흘렸다. 그는 그런 글을 새벽까지 낱낱이 살피고 처결했다.

정조는 자주 수원에 있는 아버지의 무덤을 찾았다. 그는 이 어가御駕 행차 길에 하나의 관례를 만들었다. 백성들이 억울한 일이 있으면 징을 울려 알리라는 것이다. 이를 격쟁擊錚이라 한다. 정조는 징소리를 들으면 가는 길을 멈추고 원정原情의 글을 받았다. 원정은 본디 한자로 쓰게 되었는데 한자를 모르는 백성들에게 언문으로 써서 올리도록 조치했다.

노비들이 도망가는 사례가 늘어나서 포졸들이 이들을 잡으려고 온통 나라에 소동이 벌어지자 그 근거가 되는 노비추쇄법奴婢推刷法을 폐지했다. 또 궁녀들에게 많은 녹봉이 지급되어 나라 재정을 축내며 그녀들이 시집을 못 가는 처지가 불쌍하다고 하여 대전大殿(임금이 있는 곳)의 궁녀를 없애버렸다. 노비제도를 완전히 철폐하지 못한 것은 상전들의 반대 때문이고, 궁녀제도를 완전히 없애지 않은 것은 궁녀를 부리고 있는 대비와 비빈의 반대 탓이었다.

형벌은 인권과 관련되는 가장 중요한 일이다. 이 시대 감옥에 갇힌 죄수들은 형벌이 더욱 문란해져 고통을 당했다. 때로는 곤장을 맞거나 주리를 틀리다가 물고를 당하기 일쑤였다. 조선시대의 형벌제도를 『경국대전』의 규정을 통해 알아보자.

판결기간은 죽을 죄를 범했을 때는 30일, 유배형에 해당하는 죄를 지었을 때는 20일, 장형·태형에 해당하는 죄를 지었을 때는 10일 안에 처결해야 한다. 신문할 때 일정한 규격의 곤장을 사용하여 무릎 아래만 때리되 관절은 때리지 못하고 한번에 30대 이상은 치지 못한다. 3일 안에는 다시 곤장을 칠 수 없다. 태형을 시행할 때는 회초리만 사용한다. 곤장 재료는 버드나무로 한정하되 등을 때리지 못한다. 온 몸 아무데나 때리는 난장을 금지하고 죽을 위험이 있는 죄인에게는 곤장을 치지 않는다.

이런 것이 후기에 내려와서는 거의 지켜지지 않았다. 「흥보전」을 보면 흥보가 매품 파는 대목이 나온다. 대신 매를 맞아주고 돈을 받는 것이다. 「춘향전」을 보면 춘향이 목에 형틀을 쓴 모습이 등장한다. 모두 불법이거나 새로 만들어낸 형벌 방법들이다.

정조는 죄수들이 감옥에 있을 때에는 결박을 하지 못하게 했으며 형틀을 씌우지 말도록 했다. 또 남형을 막기 위해 회초리·곤장·쇠줄의 크기·굵기·무게 따위를 정해 그림을 그려서 배포

했다. 정조는 이런 내용을 『대전통편』과 『흠휼전칙』에 담아 전국에 배포하고 엄하게 지키라고 시달했다. 죄인의 인권을 보호하고 잔악한 고문을 막아 억울하게 죽는 사태가 일어나지 않도록 배려한 것이다.

조선의 르네상스기를 조성하다

정조가 능행길에 나서 한강에 배다리를 건널 때면 그 언저리에 백성들이 앞을 다투어 몰려나와 고개와 들판을 하얗게 메웠다. 그들은 너도나도 "우리 임금 용안 한번 보세"라고 떠들면서 서로 앞줄에 서려고 자리 다툼을 할 정도였다. 정조는 때로 어가를 멈추고 이들을 장막 안으로 불러들여 백성들의 형편을 물었다.

일부 반대세력을 제외하고는 성군이 태어났다는 칭송이 조야에 자자했다. 특히 많은 핍박을 받던 서민들이 새롭게 왕의 덕을 칭송하며 살길을 찾아 생업에 전념하는 기풍이 일었다.

정조는 학문과 문화에도 특별한 관심을 기울였다. 정조는 사직단에서 사직제사를 지내던 어느 날 조용히 음악에 귀를 기울이다가 전악典樂(음악 지휘 책임자)을 불렀다. 그는 곡조가 맞지 않는 부분을 지적해주었다. 전악이 연주하는 악기를 점검한 끝에 잘못 연주한 악기를 발견했다.

유교정치에서는 곧잘 예악禮樂정치를 말한다. 예는 질서, 악은 화합을 뜻한다. 질서가 삼강오륜을 기초로 한다면 화합은 인심의 순화와 풍속의 순치를 도모한다.

정조는 음악만이 아니라 문장, 그림, 도장 등 문체와 예술의 취미도 높았고 안목도 있었다. 그는 언제 책을 읽고 정무를 볼 시간이 있었는지 모를 정도로 늘 글을 지었고 도장을 새겼다. 박지원과 그 제자들이 비어·속어를 쓰는 문체를 유행시키자 그는 박지원을 불러 꾸짖었지만 박지원의 반성을 촉구하는 정도로 방임했고, 천주교 교도가 제사를 지내지 않는 일이 발각되자, 그 당사자들만 처벌하고 천주교도들을 박해하지는 않았다. 또 종래 역적의 글이라 하여 보기를 금하던 정도전·허균의 글을 모아 규장각에 보관하게 했다.

정조는 현실개혁 이론을 담은 실학자들의 글을 즐겨 읽었다. 앞시대에 살았던 반계 유형원·성호 이익·순암 안정복의 글을 읽고 현실정책에 반영했다. 당시 실학자로 시골에 묻혀 있던 장흥의 위백규를 불러 벼슬을 내렸으며 그들의 개혁이론에 귀를 기울였다.

정조는 상업의 장려에도 관심을 기울였다. 종래에는 물건을 만든 사람은 그 물건을 팔지 못하게 금지했다. 장사꾼만이 상행위를 하여 세금 따위 통제를 가하려는 의도였다. 정조는 이러 관례를 철폐하고 통공정책通共政策을 허용했다. 누구나 물건을 사고 팔 수 있게 하여 상업과 공업의 발전을 기했다.

정조는 문풍文風의 진작을 위해 모든 것을 수용하려는 행동과 의지를 보여주었다. 정조 자신이 책 읽기를 게을리 하지 않았고 글씨 쓰기에 정진하기도 했다.

특히 정조는 도장에 많은 관심을 보였다. 그는 많은 도장을 손수 새기기도 하고, 나무나 돌 따위의 여러 재료로 도장의 모양을 바꾸어보기도 했다. 그는 술 따위에 탐닉하는 것이 아니라 그림이나 도장파기 등 예술적인 일에 전념하면서 심신을 수양했던 것이다. 그가 판 도장은 규장각의 책들에 찍혀 오늘날에도 그 모습을 선명하게 전해준다.

새 서울을 꿈꾸며 화성을 쌓다

1793년 정초에 정조는 한강의 배다리를 건너 수원행궁에 이르렀다. 그는 붓을 들고 화성華城이라고 썼다. 이 글씨를 현판으로 만들어 수원부라고 쓰여 있는 현판을 뜯어 내고 대신 걸었다. 수원부를 화성으로 바꾼 것이다. 정조는 화성을 방위하는 군대를 새로이 설치하고 장용영이라 명명했다.

곧이어 정조는 화성 축조를 발표했다. 오랜 구상의 첫발을 내디딘 것이다. 정조는 그동안 정약용을 은밀하게 불러 성쌓기 기계를 설계하라 일렀고 정약용은 고심 끝에 무거운 돌 따위 물건을 들어올릴 수 있는 기중가起重架 도면을 완성했다. 화성 공사는 2년 7개월 만에 완성을 보았는데 총둘레가 5,744미터였다. 동원 연인원은 1만 1,820명, 총경비는 돈 87만 냥쯤, 곡식 1만 3천 석쯤 소요되었다. 예전과는 달리 동원된 인부들에게 규정된 임금을 지불했으며 들어간 경비의 내역은 1냥까지 꼼꼼하게 장부에

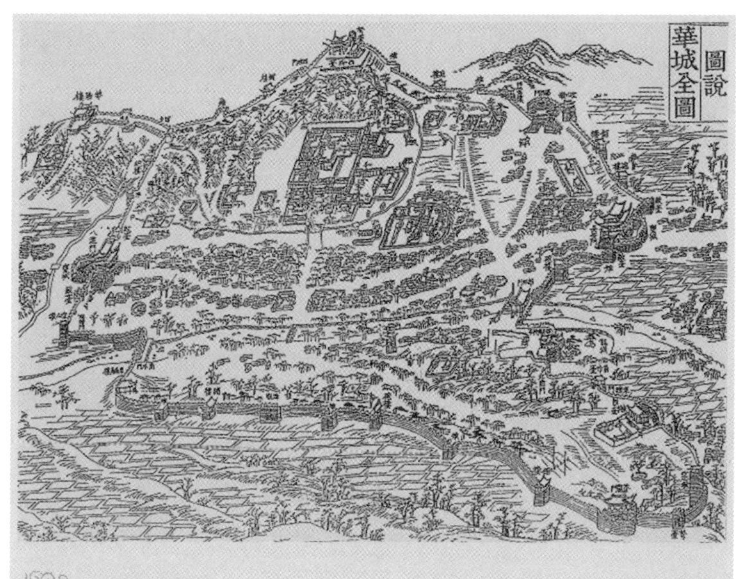

화성전도 『화성성역의궤』에 수록된 도설화성전도. 화성 축성은 혁신정치와 개혁정치를 지향한 정조의 웅지가 엿보이는 대목이다.

적게 했다. 정조는 완성된 성을 둘러보고 나서 정약용을 불러 기중가를 사용해 돈 4만 냥을 절약할 수 있었다고 칭송했다.

느닷없는 공사에 벼슬아치들은 국가재정을 낭비했다고 수군거리기도 하고 아버지를 위해 거대한 성을 쌓은 것이라 비난했다. 하지만 정조는 단호했다.

"호위를 엄하게 하려는 것도 아니요 변란을 막기 위한 것도 아니다. 여기에는 나의 깊은 뜻이 있다. 장차 내 뜻이 성취되는 날이 올 것이다."(『정조실록』 15년)

이게 무슨 뜻일까? 정조는 오래 전부터 수도를 이곳으로 옮기려는 의도를 품고 있었다. 당쟁의 뿌리가 깊은 서울을 옮겨 새로운 기풍을 진작시키고 문벌이 대궐 같은 저택을 가지고 있는 서울을 벗어나 벌열가의 힘을 약화시키려는 웅지가 있었다. 기득권 세력을 제거하지 않고는 혁신정치와 개혁정책을 제대로 펼 수 없고 성공을 거둘 수 없다고 생각한 것이다. 하지만 그 꿈은 끝내 이루어지지 못했다.

정조는 수원에 있는 아버지의 능을 철따라 참배하여 지극한 효성의 모범을 보였다. 한 많은 어머니를 공대하기에 하루도 게을리 함이 없었다.

정조는 가장 신임하던 채제공이 세상을 하직하자 인생의 무상을 느껴 곧잘 감상에 젖었다. 앞으로 중용할 마음으로 키우던 정약용마저 천주교 사건에 연루되어 사직을 하고 마재의 집으로 돌아가자 그는 더욱 쓸쓸해 했다. 정조는 항상 곁을 떠난 신하들을 그리워했다.

위대한 군주, 독살설의 진위는

정조의 나이 마흔아홉에 겪은 이런 일들은 그의 말년의 분위기를 보여준다. 그는 14년 동안 온 힘을 기울여 혁신정치를 펴보려 했지만 보수세력이나 묵은 권신들의 견제 때문에 제대로 성과를 거둘 수 없는 현실에 환멸을 느꼈는지도 모른다. 그는 여름에 들어 지병인 종기가 도져 병석에 누웠다가 열한 살의 세자를 남기고 홀연히 세상을 떠났다. 어머니 혜경궁 홍씨의 슬픔은 너무나 컸다.

영조의 마지막 왕비인 정순대비 김씨는 영조가 죽은 뒤에도 궁중의 어른으로 군림했다. 정순대비 김씨는 열다섯 살에 영조의 계비로 들어와 궁중의 어른 노릇을 했다. 김씨는 며느리인 혜경궁 홍씨보다 10년이나 어렸다. 그러나 혜경궁 홍씨는 지극정성으로 정순대비를 받들었다. 정순대비는 친정붙이에 휘둘려 사도세자를 죽이는 일을 거들었고 세손인 정조를 옹호하는 시파를 시기했다. 정조가 왕위에 올라 친정세력인 경주 김씨를 몰아내자 앙앙불락 불만에 차서 방해를 일삼았다.

정조가 종기로 자리에 드러눕자 정순대비는 혼자 자주 병실을 드나들었다. 정조가 마지막 탕약을 먹고 갑자기 죽었는데 김씨가 독살했다는 소문이 파다하게 퍼졌다. 실제 뜬소문만이 아니라 그럴 만한 증거가 있었다.

정조가 죽은 뒤 옥새가 궁중 어른인 김씨의 손에 들어갔다. 김씨는 어린 왕을 감싸며 친정붙이를 끌어들여 정사를 마음대로 휘둘렀다. 그리하여 그 뒤 문벌정치가 들어서 19세기 민란을 유발했다. 정조가 그토록 염려하던 일이 끝내 현실로 나타난 것이다.

정조를 반대하던 벽파는 고개를 치켜들고 정조의 세력을 꺾었으며, 권력을 손아귀에 쥐고 온갖 비리를 저질렀다. 조선 초기에 세종이 죽고 나서 왕위를 놓고 왕자들이 싸움을 벌였는데 이때에는 척족들이 어린 왕을 업고 농간을 부렸다. 세종과 정조, 그들은 비록 성군으로 역사에 이름이 올랐지만 그 뒤의 현실이 그들 뜻대로 되지 않은 것은 운수 탓인가?

　세종은 조선왕조가 안정기에 접어들었을 때 왕위에 올라 빛나는 업적을 남겼다. 좋은 역사 조건을 잘 활용했다고 볼 수 있다. 반면에 정조는 사회가 급변하고 기강이 극도로 문란하며 민중적 자각이 세차게 일어나는 역동기에 왕위에 있었다. 역사 환경이 매우 나빴다. 이런 소용돌이 속에서 많은 개혁을 단행하고 새로운 역사시대를 열었다. 하지만 기득권을 누리는 반대세력이 결코 만만치 않았다.

　정조는 신진의 학문과 사상을 수용하면서도 주자학을 탐독했으며 새로운 세력을 등장시키면서도 문벌가들을 직접 탄압하지 않는 신중함을 보여주었다. 절제된 개혁정치를 편 것이다. 그러나 반절의 성공만을 거두었다. 오늘날 정조는 세종과 함께 위대한 군주로 추앙을 받고 있다.

철종

반란에 휘둘린 불행한 집안

조선 말기는 사회적으로도 격변기였고 왕실 내부에서도 복잡한 양상이 전개되었다. 역사학자들은 이 시기를 '민란의 시대'라고 한다.

이 시기를 살았던 조선조 제25대 왕 철종哲宗(1831~63, 재위 1849~63)은 여러 가지 의미에서 우리의 관심을 끈다. 비록 서른세 살의 나이에 요절했지만 14년 동안이나 왕위를 누렸으니 이 점에서는 비운의 왕이라 부를 수 없겠다. 그러나 다음의 이야기를 읽고 나면 그를 비운의 왕이라 하는 이유를 알게 될 것이다.

1849년 헌종憲宗이 젊은 나이에 후사 없이 죽었다. 왕이 아직 스물세 살의 나이였기에 비록 왕자는 없었지만 후사를 염려하는 분위기는 아니었는데 왕이 갑작스레 죽자 세도를 부리던 안동 김씨와 풍양 조씨 세력은 허둥댔다. 젊은 대비인 김씨와 왕비인 조씨는 신경을 곤두세우고 서로의 눈치를 살폈다. 그도 그럴 것이 죽은 왕의 6촌 안에 드는 왕족이 하나도 없었던 것이다.

그런데 먼 일가라 할 수 있는 7촌 이상의 왕족은 몇 명 있었다. 후계의 왕은 원래 항렬로 따져 동생 또는 조카뻘로 왕통을 잇게 하는 게 원칙이었다. 곧 종묘에서 선왕에게 제사를 올려야 하는데 사가의 촌수로 따져 조카뻘에게 절을 하게 해서는 안 된다는 법도 때문이다.

그런데도 안동 김씨들은 조씨들을 누르고 자신들에게 유리한 쪽으로 계산을 한 뒤 강화도에 살던 헌종의 7촌 아저씨뻘인 원범元範을 왕위에 추대했다. 철종은 종묘에서 조카뻘 되는 헌종에게 절을 하는 꼴을 보이게 된 것이다.

우리나라 역사를 통틀어 이렇게 법도에 어긋나게 왕통이 이어진 것은 이때가 세조 다음으로 두 번째였다. 안동 김씨 세력은 권력을 유지하기 위해 왕가의 법도를 깡그리 무시했다. 봉건왕조의 처지에서 볼 때에 이런 처사는 조정의 기강이 극도로 문란했음을 뜻한다. 이때 철종의 나이 열아홉 살이었다.

철종의 증조부는 저 유명한 사도세자이다. 사도세자는 아들 다섯을 두고 죽었다. 그 다섯 아들 중 혜경궁 홍씨에게서 난 첫째 아들은 일찍 죽었고 둘째 아들인 정조가 왕위에 올랐다. 그 아래 세 아들은 모두 후궁에게서 태어났다.

정조가 세손으로 있을 당시, 사도세자의 죽음을 방조한 세력들은 어떤 방법으로든지 정조를 세손의 자리에서 몰아내려 했다. 정조가 왕위에 오르면 억울하게 죽은 아버지에 대한 복수의 칼을 들까 염려해서였다.

이때 일단의 세손 반대세력이 새 왕자를 추대하려는 음모를 꾸몄다. 이 일이 발각되어 막내아들 은전군恩全君 찬禶은 정조의 명에 의해 자결했고, 은언군恩彦君 인祵과 은신군恩信君 진禛(홍선대원군의 할아버지)은 제주도에 유배되었다.

은신군은 제주도에 유배 도중 그곳에서 병사했고 은언군은 강화도로 유배지를 옮기게 되었다. 이때부터 은언군의 후손들은 강화도와 깊은 인연을 맺게 되었다.

은언군은 아들 셋을 두었는데, 큰아들 또한 음모에 걸려 죽었고, 둘째 아들 당瑭과 셋째 아들 광壙이 살아남아 강화도에서 유배생활을 계속했다. 그런데 1812년 홍경래의 주도로 관서농민전쟁이 일어났을 때에 이들은 또 한번 역모에 휘말렸다. 곧 서울에 있는 박종일朴鍾一·이진채李振菜 일파가 당과 광을 추대하여 변란을 꾸민 것이다.

이때 변란세력들은 형제간에 왕위다툼이 벌어질 것이니 동생 광을 죽여 없애자는 공론을 꾸미기도 했다. 이 광이 바로 철종의 아버지이다. 이 변란이 진행될 때에 철종은 태어나지도 않았다. 이 일이 발각되어 두 형제는 죽음을 당할 뻔했으나 사촌뻘 되는 순조의 간곡한 배려로 살아남을 수 있었다.

그 뒤 이들 형제는 귀양살이에서 풀려나 자유민이 되었다. 철종의 아버지인 광은 서울에 돌아와 경행방慶幸坊에서 살았다. 왕

족으로 여러 번 역모에 걸리기도 하고 귀양살이도 했으니 재산
이 남아 있을 리가 없었고 일정한 생업도 가지지 못했으니 생활
이 말이 아니었을 것이다.

그런데 이 가정에 또 한 차례의 비운이 몰아쳤다. 1844년(헌종
10), 광의 큰아들, 곧 철종의 맏형인 명明을 추대하고 헌종을 몰
아내려는 민진용閔晉鏞 일파의 음모 사건이 발각된 것이다. 이때
는 광이 죽은 지 3년이 되던 해였으며 명의 나이 열여덟 살 때이
고 철종의 나이 열네 살 때였다.

이때 명은 죽음을 당했고 경응景應(둘째 아들)과 원범(철종)은 또
다시 강화도로 유배되었다. 고아인 이들 형제는 강화도에서 땔
나무를 하며 푸성귀로 연명하는 생활을 했다. 때로는 강화도의
유력자이며 종친인 이시원李是遠(한말 명문장가인 이건창의 할아버지) 같
은 인사들의 도움을 받기도 했으나 생활이 말이 아니었다. 철종
은 여느 초동들과 어울려 지게목발을 두들기며 나무를 했고, 공
부를 변변히 못하고 자랐을 것이다. 그러나 자연 속에서 노동을
하며 자라 몸은 튼튼했다.

철종의 윗대 이야기에서 알 수 있듯이 철종이 태어나 왕위에
오른 것이 얼마나 기구한 내력을 지니고 있었는지 짐작할 것이
다. 조정에서 많은 벼슬아치들이 강화도로 들이닥쳐 원범을 모
셨다. 원범을 연에 태운 행렬이 이어지자 강화도 사람들은 눈을
의심할 정도로 놀랐다.

'강화도령'은 정말 왕권이 무엇인지 몰랐을까

강화도에서 5년 동안 자란 철종이 궁중으로 들어오자마자 안동 김씨 세력은 허겁지겁 창덕궁에서 즉위식을 치르고 순원대비에게 수렴청정을 맡겼다. 순원대비는 누구인가? 바로 안동 김씨 문벌정치를 이룩한 김조순의 딸이요, 순조의 왕비이다. 철종이 즉위한 다음해 3월에 순원대비는 재빨리 자기의 친정 조카뻘인 처녀를 골라 철종의 왕비로 삼았다. 헌종의 왕비인 조씨 세력이 왕비자리를 넘볼 기회를 주지 않기 위해 서둘러 왕비를 책봉한 것이다. 이것으로 철종이 안동 김씨의 손아귀에서 놀아나는, 꼭두각시 놀음의 첫발을 디딘 꼴이 되었다.

무식꾼인 철종은 궁중에서 온갖 법도를 배워야 했다. 일정한 시간에 글을 익혀 왕도를 배워야 했고, 만조백관을 거느리고 정책을 논해야 했다. 그는 거추장스런 곤룡포 따위의 의관을 걸치고, 걸음걸이는 위엄 있게, 말씨는 왕답게, 눈빛은 빛나게 갖기 위해 조금도 쉴 틈 없이 긴장해야 했다.

그러나 그가 정사를 제대로 알 턱이 없었다. 어느 자리에 어떤 사람이 적합한지, 어느 고을 수령에 누가 마땅한지 난마와 같은

철종 어진 강화도령 철종의 모습이 어딘지 희화적으로 표현되어 있다. 안동 김씨 세도에 둘러싸인 꼭두각시 임금, 과연 철종의 속마음은 무엇이었을까?

인사정책을 적절히 행사할 수가 없었다. 장인 김문근金汶根은 이런 왕을 떡 주무르듯 주물러댔다. 실제 왕권을 행사한 자들은 김문근과 그 일파였다.

그런데 철종은 과연 왕권이 무엇인지 왕위가 어떤 자리인지 몰랐을까? 더욱이 14년이나 왕위에 있었음에랴. 여러 기록을 종합해보면 철종이 결코 왕권을 포기하지 않았다는 증거들이 나타난다. 그 예를 들어보자.

1860년대에 들어 전국 각지에서 농민항쟁이 일어났다. 이것을 옛적에는 '삼남민란'이라고 불렀다. 그 동기는 물론 농민들이 삼정의 문란과 같은 봉건적 굴레를 스스로의 힘으로 벗기기 위해 일어난 것이기는 하지만, 몇몇 세도가의 발호, 수령의 부정이 그 직접적인 동기였던 것이다. 철종은 윤음綸音(임금의 말씀)을 내려 그 수습책을 각도에서 건의하라고 타일렀다. 그런데 그 윤음 속에는 척족세력 등 몇몇 문벌가와 독점적 권력을 누리는 세도가가 그 지탄의 대상임을 은근한 표현을 빌려서 깔아놓았다. 비록 승지가 대필했다고 치더라도 당시 조정의 정황으로 보아 이런 표현을 쓰는 데에는 대단한 용기가 필요했을 것이다.

그가 삼정의 문란을 개선하기 위해 여러모로 노심초사한 모습이 드러난다. 이를 고치기 위해서는 삼정의 개선책만이 아니라 문벌정치의 뿌리를 뽑아야 함은 말할 나위도 없겠다. 그러나 그의 노력은 강한 문벌세력 앞에서 물거품이 되고 말았다. 아마 철종은 세도가의 첩자들이 온 궁중에 득실거리는 사정을 알고 있었을 터이고, 자칫하면 목숨이 위태로운 사정이라는 것도 감지하고 있었을 것이다.

가장 가까운 왕비조차 믿을 수 없었을 터이니 모든 정사에 싫증이 날 수밖에 없었다. 맛있는 음식과 비단 금침인들 그의 마음을 기쁘게 했을까? 만사에 힘겨운 그의 발걸음은 저절로 예쁜 궁녀들의 방으로 향했다. 어여쁜 여자를 끼고 있으면 모든 시름을 잊을 수 있었다. 그는 여색에 깊이 빠져 몸이 쇠약해졌다. 강화도 자연 속에서 발달한 근육이 궁중에 들어와 제대로 몸도 놀리지 못하고 여색에 깊이 빠졌으니 약질이 될 수밖에 없었을 것이다.

철종이 여색을 탐한 것을 과연 그의 탓으로만 돌릴 수 있을까? 더욱이 그는 여섯 왕자와 공주 중 하나만 남고 모두 몇 살을 못 넘기고 죽어가는 모습을 보면서 인생의 무상을 느꼈을 것이다.

그가 요절한 뒤에 실록의 사관은 그를 여느 왕보다도 극찬하고 있다. 그가 태어나던 날, 순원왕후가 꿈을 꾸었는데, 그녀의 아버지인 김조순이 현몽해 한 아이를 맡기며 이 아이를 잘 기르라고 해서 이 꿈 이야기를 고이 간직해 두었다고 했다. 그뿐만이 아니라 그녀가 철종을 맞이해 보니 바로 꿈에 본 그 아이였다고 했다. 조작이 정도를 지나쳤다.

또한 철종은 어려서부터 효성이 지극했고, 네 살 때부터 글을 배워 한 가지를 들으면 열 가지를 알았다고 했다. 그리고 철종이 강화도에 들어가면서 큰 풍랑을 만났을 때 두려운 기색 한 점 없이 오히려 권솔들을 위로했다고 적고 있다.

문벌정치의 꼭두각시였던 사관들이 철종에 대한 칭송으로 자신들의 죄악을 호도하려 한 것은 아니었을까? 어쨌든 그는 조상 때부터 위태위태하게 살아왔고, 서른세 해의 짧은 생애 동안 가장 밑바닥에서부터 가장 높은 자리까지 누렸으면서도 제대로 운신 한번 해보지 못했다.

따라서 비극의 왕, 외로운 왕, 또는 허수아비 왕이라는 별명이 그에게 붙여지게 된 것이다. 철종을 이렇게 꼭두각시로 만든 안동 김씨 세력은 끝내 철종의 뒤를 이은 고종 임금 때 흥선대원군의 철퇴를 맞고 주저앉게 된다. 철종의 등장은 조선왕조를 비치는 해가 석양으로 기울고 있음을 의미한다 하겠다.

흥선대원군
역사의 바퀴를 뒤로 돌리다

상갓집 개를 자처한 왕족

흥선대원군興宣大院君 이하응李昰應(1820~98), 왕이 아니면서 왕보다 강력한 왕권을 행사했고 국태공國太公이란 최고의 존호를 받은 사람.

근본은 양반인 모양이었다. 그러나 그의 행색은 초라하기 짝이 없었다. 해어진 도포, 떨어진 갓, 어느 모로 뜯어보든지 한 표랑객에 지나지 못했다. 개가 한 마리 따라오면서 짖었다. 마치 물고 늘어지려는 듯이 그에게 달려들면서 짖었다. 그는 비틀거리던 발을 멈추었다. 그리고 돌아섰다. 초라한 옷, 작다란 몸, 어디로 보아도 시원치 못한 이 취객은 자기에게 달려드는 개를 굽어보았다.

김동인 『운현궁의 봄』

위의 대목은 사실에 너무 충실하리만큼 흥선대원군을 정확하게 그린 김동인의 소설 『운현궁의 봄』에서 따온 것이다. 대원군이 낙백해 있던 시절의 모습이다. 때는 19세기 중엽, 20만 인구를 감싸고 있는 도성 안은 겉으로는 평온한 듯했지만, 속으로는 곪아터지고 있던 때였다.

이하응은 어쨌든 '군'자가 붙은 어엿한 왕족이었다. 그것도 헌종과는 7촌 아저씨 사이였고, 그 뒤를 이은 철종과는 6촌간이다. 철종이나 흥선군은 저 비극적인 사도세자의 증손자이지만, 그들의 할아버지는 모두 서출이었다.

게다가 사도세자가 벽파에게 몰려 죽고 난 뒤, 그 주동자인 노론세력은 은언군恩彦君(철종의 할아버지)을 강화도로, 은신군恩信君(흥선군의 할아버지)을 제주도로 귀양 보냈다. 그로부터 순조와 철종의 외척인 안동 김씨의 문벌정치 아래서 이들 자손은 눈엣가시처럼 냉대를 받았다. 그런데 헌종과 철종에게서 후사가 없자, 이들은 왕위를 넘볼 수 있는 처지가 되었다.

세력을 잡은 안동 김씨 세력은 왕위를 마음대로 정할 수 있었는데, 예

흥선대원군 노련한 처세를 통해 권력의 정점에 오른 흥선대원군. 그러나 척화를 통해 중국·일본과 서구 열강에 둘러싸인 조선의 몰락을 지탱하기에는 한계가 있었다.

전에도 그러했듯 똑똑한 인물은 제거해버리고 자기들 손아귀에서 놀 수 있는 호락호락한 인물만을 골라 왕위에 앉혔다. 철종이 바로 그런 경우였다. 이런 처지에 똑똑한 체하며 함부로 왕위를 넘보다가는 목숨을 날려야 하는 것이다. 세상 물정을 모르고 제법 똑똑한 체하며 왕위를 넘보다가 안동 김씨에게 역적으로 몰려 죽은 이하전李夏銓의 경우가 좋은 본보기가 될 것이다.

이런 사정을 너무도 잘 알고 있는 흥선군은 안동 김씨에게 붙을 수도 없고, 그렇다고 자기 의지대로 살 수도 없었다. 그도 관례대로 가까운 왕족·종친에게 주는 종친부의 하찮은 벼슬도 해보았고, 아무 실권도 없는 사복시 제조, 오위도총부 도총관 따위를 얻어 해본 적도 있었다.

흥선군은 하찮은 벼슬을 하면서도 상당한 능력을 발휘하여 건물에 거미줄 하나 없도록 직무에 충실했고, 인물을 적재적소에 배치하는 용인술用人術 또한 인정을 받았다.

그러나 벼슬에 연연하는 것은 안동 김씨에게 빌붙는 것이다. 그는 이런 허상의 껍질을 깨고 차라리 파락호破落戶로 전락했다. 그가 파락호로 생활할 때, 세상 사람들은 처음에는 안동 김씨들의 주목에서 벗어나려는 위장술쯤으로 생각했다. 그러나 그의 위장술은 너무나 철저했다.

그는 일부러 안동 김씨들의 잔치에 불쑥불쑥 나타나서 차디찬 눈길을 모르는 체하며, 허겁지겁 술과 안주를 집어먹었다. 또 벼슬아치들의 놀이나 시회詩會가 있으면 어김없이 나타나서 남은 음식들을 깡그리 해치웠다. 그 꼴을 보며 안동 김씨들과 벼슬아치들은 배꼽을 잡고 웃었다. 그는 여염의 상가에도 거리낌없이 찾아들었고, 목로주점에 앉아 시정배들과 어울려 막걸리를 마셔 댔다. 종친의 신분으로 군君이라는 대감의 품계를 지니고 있는 처지로는 이만저만한 탈선이 아니었다.

안동 김씨들은 현재의 왕인 철종에게까지 '강화도령'이라는 별명을 붙이고 있는 판이라, 그에게도 처음에는 좀 점잖게 '궁도령'이라 부르다가, 뒤에는 '막걸리 대감' '상갓집 개'라고 불렀다. 이런 수모에 한점 관심도 두지 않고 그의 난행은 날이갈수록 더해갔다. 그는 종로의 장사치들이나 무뢰배(일종의 깡패)들과 어울려 투전판에도 뛰어들었고, 때로는 그들과 짜고 사기 투전판을 벌였다.

돈이 떨어지면 제법 원숙한 솜씨로 난초를 그려 대가들에게 팔아달라고 구걸했다. 때로는 그럴 듯한 표구까지 곁들여 돈을 우려냈다. 그에게 녹봉이 없는 것은 아니었다. 나라에서 높은 품계의 종친인 그에게 1년 단위로 따져 쌀 두 섬, 콩 한 섬 정도를 주었지만, 이것은 몇 명의 청지기를 거느린 그의 식솔들의 땔감이나 밥거리도 못 되었다. 때로는 이마저 거르기 일쑤였다. 그러니 술값을 우려낼 방도가 따로 없었던 것이리라.

아들에게 은밀히 제왕학을 가르치다

그러나 그는 단순한 술주정꾼이나 투전꾼이 아니었다. '상갓집 개' 시늉을 하면서 안동 김씨들의 동태를 예리하게 살펴보고, 정계의 추이를 면밀히 관찰했다. 철종은 후사가 없었고, 또 병골이라 언제 국상이 날지 몰랐다. 그는 국상이 날 때의 사태에 대비했다. 만약 철종이 후사 없이 승하한다면 왕위는 누가 이을까? 이 절대의 권한을 쥐고 있는 것이 헌종의 어머니요, 익종의 비인 조대비였다. 조대비는 궁중에서 가장 높은 어른으로, 자기 친정인 풍양 조씨가 안동 김씨에게 밀려난 것을 늘 원통하게 생각하고 있는 처지였다. 보잘것없는 남은 종친들이 모두 안동 김씨에게 빌붙어 있는 것도 못마땅하게 여기고 있었다.

흥선군은 조대비의 친정동생 조성하趙成夏에게 은밀히 접근했다. 그리고 조대비에게 다리를 놓게 했다. 흥선군은 조대비에게 자기는 안동 김씨에게 빌붙지 않았음을 알리고, 둘째 아들 개똥이가 영특함을 은근히 자랑했다. 한편 어린 둘째 아들에게는 제왕의 몸가짐과 학문을 끊임없이 연마하게 했다.

그뿐만이 아니었다. 그의 꿈이 이루어질 때를 대비해서 술청이나 투전판에서 세상 돌아가는 사정을 염탐하고 민심의 동태를 끊임없이 파악했다. 술친구이자 사기 투전패거리인 천·하·장·안千河張安(각기 성을 나타냄)을 풀어 치밀하게 정보를 입수하기도 했다. 이들은 이속배吏屬輩이면서 궁녀의 오라비들로, 천희연·하청일·장순규·안필주 등의 무뢰배였다. 이들은 흥선군의 오른팔로 흥선군이 두들겨 맞으면 구해주고, 흥선군의 투전밑천이 떨어지면 어디서든 구해왔다. 또 안동 김씨 가운데 김좌근·김병익 부자에게 실권을 빼앗기고 불만에 차 있는 김병학·김병국과 사이를 두텁게 해두기도 했다.

때는 왔다. 철종이 죽은 것이다. 1863년 겨울, 홍선군은 재빨리 움직였다. 관계기록에 의하면 그는 적어도 철종의 죽음을 안동 김씨들보다 한 발 먼저 알아냈다. 그는 조성하를 통해 조대비를 만나 각본을 짜주는 한편, 원로대신이면서 안동 김씨가 아닌 정원용·조두순에게 홍정을 했다. 개똥이, 아니 재황載晃(고종)의 대통논의에 반대하지 않는 대가를 제시한 것이다.

조대비는 옥새를 거두어 안동 김씨의 반대 기회를 봉쇄하고, 일사천리로 재황의 왕위 계승을 공표했다. 자기 패라고 믿었던 정원용·조두순까지 찬성하는 모습을 본 안동 김씨 세력은 닭쫓던 개 지붕 쳐다보는 격이 되고 말았다. '상갓집 개'에게 물린 것이다.

'막걸리 대감'은 주정뱅이가 아니었다. 찬란한 조복을 차려 입은 홍선대원군의 빛나는 눈빛, 당찬 걸음걸이, 위엄이 깃든 목소리 앞에서 안동 김씨들은 쩔쩔맸다. 목숨만이라도 살려주기만을 바랐다. 섭정 이하응이요, 국태공 이하응이었다. 시절도 봄이거니와 그의 집 운현궁에 찬란한 봄빛이 돌았다. 왕년의 술주정뱅이의 손에서 삼천리 강산이 놀아나게 되었다. 아니 그는 500년 왕권을 쥐고 흔들게 된 것이다.

홍선대원군은 '새 술은 새 부대에 담아야 하는 원리'대로 새 인물을 등장시켰다. 그는 이 나라의 고질인 당색을 떠나 인재를 고루고루 등용했다. 남인이건 북인이건 쓸만한 인재면 경상도에서도 불러오고 충청도에서도 불러왔다. 그러면서 조두순을 영의정으로, 김병학을 좌의정으로, 정원용의 아들을 판서로 기용했다. 쉽게 말해서 문벌과 지연과 당색을 고루 기용한 실로 거국내각이었다.

안동 김씨 세력의 우두머리인 김좌근과 김흥근의 벼슬을 떼고, 김병익·이유원 등 민원 대상자를 좌천시키고, 그들이 모은 재산을 복수에 불타는 조대비궁에 바치게 했다. 민원을 가라앉히고, 조대비의 복수심을 삭이고, 정치적 보복을 피하고, 불의의 재산을 몰수하는 몇 겹의 포석이었다.

노론 계열, 안동 김씨들은 비록 세도가 무너지고 재산을 빼앗겼으나 목숨을 부지한 것만도 천만다행으로 여겼고, 백성들은 이제야 살길이 생기나 보다고 생각했다. 사실 그랬다. 그는 천·하·장·안 무리들을 전국에 풀어 수탈을 일삼는 수령방백들을 가려내 처단했고, 여러 가지 명목의 잡세를 균일세均—稅로 통일했으며, 관권 위에 군림하며 온갖 폐단을 저지르던 서원의 철폐를 단행했다. 실로 눈부신 업적이었다.

그는 시정의 잡배라도 일기일장—技—長만 있으면 그에 걸맞은 벼슬을 주었고, 떠도는 가객·역사라도 쓸만한 재목이면 불러다가 일을 시켰다. 운현궁에는 '내가 인재'라고 생각하는 놈팡이들이 들끓었다. 그 집 사랑채는 누구든 출입할 수 있게 늘 문이 열려 있었다.

어느 날 서생 하나가 찾아들었다. 묵묵히 난초를 치고 있는 흥선대원군에게 공손히 절을 했으나 흥선대원군은 본체만체할 뿐 하던 일에만 열중했다. 머쓱해진 서생이 또 한 번 절을 했다.

"내가 죽은 사람인가!"

"아니올시다. 먼젓번 절은 문안인사이옵고, 이번 절은 하직인 사올시다."

이렇게 사람을 다루어보는 것이다. 이 기지에 찬 대답으로 그 서생은 인물 테스트에 합격했다. 그는 도통 아부를 싫어했고, 흐물흐물한 호인형의 인물을 탐탁하게 여기지 않았다.

서원은 부패의 온상이다

서원은 훌륭한 유학자의 위패를 모셔놓고 철따라 제사를 지내며, 학문을 익히고, 향촌의 교화를 담당하는 사학기관이다. 고려 말기 백운동서원白雲洞書院을 시초로 하여 조선 중기에 본격적으로 설치되기 시작했다. 16세기 중엽에 이황의 건의로 임금이 쓴 소수서원紹修書院이라는 현판을 백운동서원에 내리고, 읽을 책과 부릴 노비와 경비로 쓸 토지를 내려주었던 것이다. 이것을 사액서원賜額書院이라고 한다. 그 뒤 각지에 서원이 설치되었고, 기부 받는 일이 허락되었다.

서원의 면모를 제대로 갖추기 어려운 곳에는 글을 익히는 재실齋室, 제사만 지내는 향사鄕祠 따위가 생겨나 서원 구실을 했다. 서원에 딸린 토지는 면세되었고, 여기에 든 유생은 벼슬줄을 잡기가 쉬웠다. 이에 따라 유학자의 자손이나 제자들은 그 유학자의 서원을 세우는 것이 가장 든든한 양반 밑천이 되었고, 향촌에서 존경을 받고 행세할 수 있는 배경이 되었다. 이리하여 별 내세울만한 학문적 업적이나 행적이 없는 인물이라도 자손들이나 제자들이 돈푼이나 있고 권력의 줄이 있으면 제멋대로 서원을 세웠다.

18세기에 들어서는 서원이 줄잡아 전국에 1천여 개로 불어났다. 유생들은 온갖 특혜를 누리며, "내 스승이 더 훌륭하다"거나 "아무 선생은 소인행동을 보였다"거나 하는 따위로 파당을 짓기에 열중했다. 또 원회院會니 도회道會니 하는 구실로 몰려다니며 무위도식하는 무리로 전락했고, 서원의 원생에 끼지 못하면 행세를 못하는 현실로까지 내달았다. 조정에서는 여러 차례 서원의 증설을 금했지만 실효가 없었다.

서원 중에서도 가장 세도를 부린 곳이 청주에 있는 화양동서원華陽洞書院과 과천(지금의 노량진 근처)에 있는 사충서원四忠書院이었다. 화양동서원은 노론의 우두머리 송시열을 모시는 서원이요, 사충서원은 소론에게 죽음을 당한 김창집金昌集을 비롯한 4대신을 모시는 서원인데 둘 다 사액서원이었다.

이곳에서는 제사를 지낼 적에 묵패墨牌를 돌렸다. 다시 말해 먹을 조彫(도장의 일종으로 서원의 상징)에 묻혀 찍은 문서를 각 관아나 부호들에게 보냈다. 그러면 관아나 부호들은 그 묵패에 찍힌 내역대로 경비를 내야 하는 것이다. 만약 내지 않으면 고을 원은 언제 모가지가 달아날지 모르며, 부호들은 "부모 제사를 제대로 지내지 않았다"느니, "부모에게 불효했다"느니, "자식을 잘 가르치지 않았다"느니, 좀 지체가 낮으면 "양반에게 대들었다"느니,

"관가에 복종하지 않았다"느니 하는 명목으로 서원의 뜰에 잡혀와 무릎을 꿇게 되었다.

붙잡혀온 자들이 제대로 토지나 재물을 바치지 않으면 사형私刑을 가하기도 하고, 관가에 고발하여 가두게 했다(서원에는 감옥이 없으므로). 일단 관가에 잡혀가면 서원의 통지가 있어야 풀려나게 되어 있었다. 유생들은 서원의 장의掌議 따위가 되려고 재물을 바치며 안간힘을 썼다. 거꾸로 서원에서 어느 부호를 점찍어 장의의 감투를 씌우면 싫어도 적당한 토지를 바치고 받아들여야 했다. 이를 거부하면 체포영장이기도 하고 세금고지서이기도 한 묵패가 언제 날아들지 모르기 때문이다.

이리하여 '화양묵패'라고 하면 관·민을 막론하고 떨지 않는 사람이 없었다. 이 묵패의 효력은 관가의 체포영장이나 고지서보다도 훨씬 큰 위력을 발휘했다. 관가의 것은 일정 지역에만 통하지만, 묵패는 전국 어디서나 통하기 때문이다. 실로 도깨비 방망이였다.

어디 '화양묵패'만이 이런 위력을 발휘했겠는가? 사충서원의 서독書牘도 그에 못지않았다. 사충서원에서 편지를 보내면 누구랄 것 없이 그 편지대로 시행해야 하며, 만일 그렇게 하지 않으면 중앙의 사법기관인 형조나 한성부에 잡혀가기 일쑤였다. 요즈음의 총무과장이나 사무국장이라 할 사충서원의 한 유사有司는 서독에 찍을 '조'를 늘 하인에게 들려 다녔고, 잠잘 때에도 머리맡에 두었다고 한다.

화양동서원 밑에는 이른바 복주촌福酒村이라는 게 있다. 이를

화양서원터 서원 중에서 가장 세도를 부렸던 화양동서원, '화양묵패'라고 하면 관·민 가운데 떨지 않는 사람이 없었을 만큼 관가의 체포영장이나 고지서보다 더 큰 위력을 발휘했다

테면 지정음식점 겸 여관이었다. 서원에서 제사를 지낼 때 원회를 할 때면 전국의 유생 수천 수만 명이 몰려들었고 평소에도 수십 수백 명씩 드나드는 탓으로 이곳은 보통 이권이 아니었다. 겉으로는 이 복주촌을 상민들이 운영하는 것 같지만 기실 서원의 직영이나 다름없었다.

여기에 종사하는 하인배까지 서원의 원노院奴에게 주어지는 특권을 고스란히 누렸다. 곧 군역·부역을 면제받는 것이다. 돈푼깨나 있는 상민들은 이 원노자리를 사서 군역·부역을 면제받았고, 실제 복주촌에서 일하지도 않으면서 이름만 걸어놓는 경우도 있었다. 그 수가 얼마인지 확인할 기록이 없으나 상당한 수였

던 것만은 말할 나위도 없을 것이다.

서원의 횡포는 그 서원에 모시는 인물이나 그 서원 계통의 위력에 따라 차이가 있을 뿐, 전국에 걸쳐 자행된 폐단이다. 서원은 사회적 부정, 정치적 비리의 온상이었다. 더구나 권력을 끼고 자기네 계통의 정치적 지위를 누리기 위해 조정 일에 시비를 걸거나 붕당을 짓는 일로 조야가 평온할 날이 없었다.

서원을 부수고 신주를 땅에 묻어라

흥선대원군은 단계적으로 서원을 압박하기 시작했다. 맨 먼저 그는 서원의 증설을 금하는 조처를 내렸다. 그리고 서원의 관리권을 서원에 모시는 유학자 본손本孫의 손에서 빼앗아, 그 서원이 있는 고을 수령이 주관하도록 했고, 그 경비도 최소한도로 줄여 관가에서 내도록 조처했다. 흥선대원군은 1864년(고종 1)에 조대비를 통해 이런 분부를 내리도록 했다.

우리나라가 유학을 높이고 도학을 중하게 여겨 4~500년 동안 문물을 드러내놓고 밝혀 찬란히 갖추어졌도다. 그리고 사람이 옛 현인을 높이고 사모하여 서원과 향사를 세운 것은 본래 그 학문을 익히고 그 정신을 밝히려는 것이었도다. 조정에서도 이에 따라 액호를 내리고 토지와 일꾼을 준 것은 그 뜻이 훌륭했고 그 은혜가 두터웠도다.

그런데 어찌하여 말류末流의 폐해가 이루 말할 수 없게 되었는가? 글 읽는 소리가 쥐죽은 듯 들리지 않고, 술이나 먹고 다투면서 이기려는 일이나 벌이며, 군역을 피하는 자들이 반이 넘게 정한 원노에 끼어들어가게 하고, 평민을 학대하는 자들이 공공연히 사람들을 잡아들이게 하면서 이익만을 찾아 나서도다. 서로 본받아 사사로이 서원을 이곳저곳에 세워 곳곳마다 서원이 바라다보일 정도이며, 공갈 협박을 일삼고 다투기를 그치지 않도다. 서원·향사를 세운 본뜻이 어찌 이러했겠는가?

옛날 현인이 이를 알았다면 반드시 즐거이 제사를 흠향하지 않고 수치로 여겼을 것이다. 이것을 크게 바로잡거나 누습陋習을 고쳐서 옛 현인·군자의 신령神靈에 사죄하지 않을 수 없도다. 이제부터 만일 서원·향사를 빙자하여 평민을 침학하는 자가 있다면 관가에서 잡아들여 죄상을 따지지 않을 수 없으니 각 고을에서는 감히 숨겨 버려두지 말고 낱낱이 잡아들여 아뢰어서 중률重律로 다스려 사류의 자리에 끼지 못하게 하라.

사액서원은 토지 3결을 갖추어 법에 따라 면세하는 이외에 만일 스스로 3결을 못 갖추었다고 함부로 백성의 토지를 빼앗아 수를 채우려는 자는 일체 적발하여 바로잡을 것이며, 원생과 원노는 비록 정식定式이 있으나 그 수가 지나치게 많은 폐단이 있으니 원노나 고지기 등 긴급한 일꾼들만 조정에서 정수를 정해준 것 말고는 일체 뜯어고쳐서 군액에 채울 것이로다.

『고종실록』권1, 원년 갑자 8월조

위의 조치들은 서원의 부정과 증설을 막는 정도에 지나지 않았다. 그런데도 전국의 썩은 유생들은 앙앙불락할 뿐만 아니라 홍선대원군의 서원정책에 대해 반기를 들었다. 이즈음 홍선대원군은 병인양요 등을 겪으면서 척화정책을 펴고, 경복궁의 중건을 서두르며 왕권 강화를 다지는 한편, 각지에서 일어나는 민란을 수습하느라 서원정책에는 골몰하지 않았다. 이 틈에 유생들은 나라꼴은 돌보지 않고 여기저기서 준동하여 대원군의 비교적 온전한 서원정책에 반기를 들었다.

대원군이 처음에 서원의 폐단만을 시정하고 철폐까지 단행하지 않은 것은 몇백 년 묵은 뿌리를 쉽게 뽑을 수 없다고 생각했기 때문이다. 그런데 횡포를 일삼던 유생들이 반성은커녕 기승을 부리자, 오히려 일대 용단을 내렸다. 전국의 서원 중에 횡포가 적은 47개소만 남기고 모조리 헐어버린 것이다. 헐어버린 서원 가운데 당연히 화양동서원과 사충서원이 포함되었다. 철폐된 서원의 신주는 땅에 묻게 했다. 이것이 바로 유명한 '철원매주撤院埋主'이다.

격분한 전국의 유생들은 사생결단으로 들고 일어났다. 떼를 지어 광화문으로 몰려와서, 궁궐 앞에서 유학이 어떻고 교화가 어떻고 도학이 어떻다는 따위의 낡아빠진 문투로 엮은 상소문을 들고, 자기네들 뜻이 관철되지 않으면 죽음도 불사하겠다고 버텼다. 홍선대원군은 코웃음을 치며 유생들을 몰아냈다. 유생들은 그렇게 싫어하던 민란 중에도 발을 개고 서원에 앉아 있다가, 이 일에는 몸을 벌벌 떨며 대들었지만 홍선대원군의 호령엔 당할 수가 없었다. 왕권 강화를 위해 안간힘을 쓰며 서원의 횡포를 막아보려던 영·정조도 못한 일을 흥선대원군이 해낸 것이다. 서원의 유생들은 기가 한풀 꺾였고, 서원을 빙자해 백성들에게 부리던 횡포도 사라졌다.

흥선대원군의 영단이 아니고는 누구도 해내지 못할 일이었고, 그 영단으로 몇백 년의 고질이 영영 사라졌다. 흥선대원군이 실세하고 난 뒤 유생들이 화양동서원을 다시 재건하는 따위의 운동을 벌인 것만 보아도 흥선대원군의 서원철폐가 얼마나 강경했나를 알 수 있고, 또 이를 통해 그의 혁신정치의 면모를 엿볼 수 있다.

종친을 대거 등용하다

흥선대원군은 조선 후기에 들어와 왕권이 권신들에 의해 여지없이 흔들리고 있다는 사실을 너무도 잘 알았다. 사색四色이 생긴 이래, 자기들 패거리끼리 권력을 독점하는 당색을 통해서, 정조 이후 한 문중의 문벌정치라는 이름의 독점적 권력체제 앞에서 왕권은 늘 흔들렸다. 심지어 왕의 자리나 왕비의 간택까지 그들 손에 멋대로 놀아났다.

그는 왕권 강화를 위해, 맨 먼저 권력의 집중(섭정인 그 자신의 손안으로)을 다졌다. 척족이 이룬 문벌정치 종식, 양반들이 누리는 특권 배제, 서원을 통한 유생들의 치외법권 철폐, 엄격한 절차에 따라 왕의 손으로 수령을 임명하는 일들이 그것이다. 그는 왕실의 위엄을 중시했다. 그 방법의 하나로 정전正殿인 경복궁의 중건을 시작했다. 모자라는 비용을 부호 또는 몰수한 안동 김씨의 재물로 보충했고, 당백전當百錢을 마구 발행해 재정을 압박했다. 사색을 고루 등용한 것은 '기회의 균등'이라는 뜻도 있지만, 실제 신권臣權의 분산으로 왕권을 강화하는 한 방법일 수 있었다. 그는 척족의 발호를 막기 위해 며느리도(자기 처남을 양자로 들여주기는 했으나) 사고무친인 민씨의 딸을 맞아들였다.

흥선대원군은 왕실의 권위를 높이고 지원세력을 키우려고 부단한 노력을 기울였다. 그는 적극적으로 종친을 우대하는 정책을 폈다. 소현세자와 인평대군의 자손들은 역적으로 몰려 많은 핍박을 받았고 익안대군·양녕대군·능원대군의 자손들도 소외되어 낙백의 세월을 보내고 있었다. 이들 자손을 찾아내 벼슬을 주기도 하고 조상의 제사 경비를 대기도 했다. 인평대군의 후손인 이시원의 조상은 강화도로 유배되었는데 이때 이시원을 발탁해 예조판서·이조판서의 자리를 주었다.

이도 모자라 1864년에는 엉뚱하게도 종친과宗親科라는 이름의 과거를 실시했다. 다시 말해 전주 이씨만 골라서 과거를 보인 것이다. 여기에 합격하면 선파璿派(임금의 일가붙이) 유생이라 불렀다. 때로는 초시를 거치지 않고 최종 시험인 전시殿試를 보여 합격시키는 불법을 저지르기도 했다. 전주 이씨들은 어중이떠중이 가릴 것 없이 종친과 시험장에 몰려들었다.

1865년에는 전주 이씨 대동보를 만들었다. 여기에 전주 이씨들은 다투어 이름을 올렸으며 담당 벼슬아치는 전국을 돌며 전주 이씨들을 찾아내 이름을 올렸다. 시골에 사는 성이 없던 천민들도 전주 이씨로 위장해 대동보에 이름을 올렸다. 흥선대원군은 대동보에 이름을 올린 사람들을 모아 잔치를 벌였는데 6~7만 명이 몰려들기도 했다 한다. 흥선대원군은 흐뭇해 하며 "내가 나라를 다스리면서 10만 명의 정예 군사를 얻었다"고 소리쳤다. 아무리 왕실의 권위를 높이고 지원세력을 키우려는 짓일지라도 지나치게 무리수를 두었다.

척화, 쇄국으로 나라를 지키려 했으나

그는 대외문제에서는 철저한 척화정책을 폈다. 서양 또는 일본 세력과의 타협을 거부했고, 철저한 쇄국정책으로 일관했다. 국내의 서학 세력이 서양과 연결되어 있다고 탄압을 가했다. 동시에 동학도 왕조에 도전하는 세력으로 보아 금압했다. 실제 서양과 손을 잡게 되면 청나라를 통해 교섭을 벌여야 하고, 그렇게 되면 전통적 사대질서에 따라 자주권을 상실하게 되는 현실이기도 했다. 이런 정책들도 따지고 보면 왕조를 지키기 위한 조치였다.

그는 보수적인 개혁파였다. 서양 세력의 도전(병인·신미양요)에 맞서 국방을 강화하려고 한때 신무기 개발에 열을 올렸으나, 서양식 기술을 동원한 것은 아니었다. 다만 그의 기지대로 솜을 듬뿍 넣어 방탄복을 만드는 따위의 아이러니를 연출했을 뿐이다.

사실 그의 제왕다운 면모가 후기에 와서는 점차 퇴색하기 시작했다.

민비(뒷날 명성황후로 추존됨)는 고종이 성년이 되자 친정親政을 권고했다. 왕으로 하여금 아버지에게 기대기만 할 것이 아니라 제 구실을 하라는 것이다. 민비의 꼬드김에 고종은 흥선대원군의 궁실 전용 출입문인 금호문金虎門을 막아버렸다. 민비는 이제 자기 세월을 만나 양오라버니인 민승호에게 관직을 내리는 것을 시작으로 계속 민씨들을 등용했다. 다시 민씨 문벌정치가 시작된 것이다.

흥선대원군으로서는 짐작도 못한 일이었다. 그렇게 알뜰하게 다졌는데도 말이다. 흥선대원군이 실세를 하자, 공평한 인사에 소외되었던 종친들과 악의에 찬 유생들, 묵은 감정을 품고 있던 노론의 찌꺼기들이 들고 일어났다. 대원군에게 공격의 화살을 퍼부었던 것이다.

예순을 바라보는 대원군은 운현궁에서 이를 갈았지만 헛일이었다. 그러던 중 1882년 임오군란이 일어나고 척족 민겸호가 맞아죽자, 고종은 아버지를 불러들였다. 칩거한 지 10년, 이제 다시 '늙은 용'이 물을 얻은 격이었다. 그러나 이 군란의 책임자를 대원군으로 본 청나라는 대원군을 압송해갔다. 틈을 타서 숨어 있던 민비가 다시 나타났다. 흥선대원군이 중국에 유폐되어 있다가 돌아올 때에 고종은 아버지를 맞으러 남대문까지 마중 나갔다. 이때 부자간에 한마디 말도 오가지 않았다고 한다. 이렇듯 부자간의 감정이 극도로 상해 있었다.

권력을 놓고 흥선대원군의 형제, 아들들, 아들의 사촌들끼리 원수 사이가 되어 물고 물렸다. 개인적으로 따져도 여간 불행한 일이 아니었다. 대원군의 권위는 여지없이 땅에 떨어졌다.

그는 1894년 일본의 침략세력을 누르기 위해 최후의 수단으로 한때 그가 탄압을 가했던 동학농민세력과 손을 잡고 반전을 시도했다. 전봉준의 손을 빌려 마지막으로 왕국을 지키려 한 것이다. 그러나 때는 너무 늦었다. 또한 묵은 왕국을 지탱하기 위해 내치를 다져보려 했지만, 19세기 제국주의 열강 앞에 나무토막처럼 쓰러져야 했다.

그렇게 왕권을 다지기 위해 척족의 등장을 막으려 했지만, 민비라는 여인의 술수 앞에 크게 당해야 했다. 특히 시아버지와 며느리가 엎치락뒤치락 하면서 열강에 놀아나다가 대원군은 결국 민비가 죽은 지 3년 뒤 일흔아홉의 나이로 망해가는 왕국을 바라보며 숨을 거두었다.

어쨌든 그는 제왕이 아니면서 제왕의 권력을 누렸고, 왕통이 아니면서 왕통을 이어주었다. 통치자로서의 그의 여러 면모는 가위 영걸스러웠다고 할 수도 있겠으나 새로운 시대를 보는 안목이 부족했고 가정의 비운을 겪은 불행한 노인이기도 했다.

우리는 대원군의 풍운사를 읽으면서 용기와 결단을 고루 갖춘 뛰어난 인물이라도 시운을 감당하기가 어렵다는 사실을 알았다. 그리고 아무리 뛰어난 통치술을 가지고 있더라도 국내외적으로 밀려오는 대세에 적절히 대응하지 못하면 나라를 지킬 수 없음도 알게 되었다.

3부

충절과 변절의 갈림길

김방경 / 정도전 / 황희 / 신숙주 / 이목 /
조광조 /

신숙주는 분명히 우리 역사에 크나큰 문화적 업적을 남겼다. 업적보다 절의가 중한지의 문제는 방법과 목적과의 관계처럼 미묘한 것이기는 하지만 그 미묘함이 신숙주에게는 맞지 않는다는 말이다. 신숙주는 역사의 흐름에 떠밀려갔을 뿐, 그 자신의 손을 더럽히지는 않았다. 또 그는 비난받기에는 너무나 인간적이었고 깨끗한 벼슬아치였다.

김방경

항쟁과 굴종 사이를 오간 고려의 버림목

몽골에 맞서 처절하게 투쟁

김방경金方慶(1212~1300)은 고난의 시대에 살면서 그 주역의 한 사람으로 항쟁과 굴욕을 함께 맛본 역사의 증인이다. 그는 처절한 대몽 항쟁을 겪으면서 우리 겨레가 초개처럼 쓰러지는 참담함을 보았고, 끈질긴 항쟁도 끝내 좌절되자 타협의 길을 걸어야 했다. 시대가 인물을 만들기도 하나 때로는 시대가 인물을 삼키기도 한다. 그는 어느 쪽인가?

칭기즈칸의 뒤를 이은 오고타이(태종)는 아버지가 채 아우르지 못한 금나라 정복전쟁에 나서면서 이참에 후방의 고려도 함께 정복하려 했다.

1231년 살레타이가 이끄는 몽골군은 압록강을 건너 물밀듯이 쳐들어오면서 학살과 약탈을 저질러댔다. 각지에서 고려 군사는 피나는 항전을 벌였으나 무신정권의 실력자 최우는 자신의 안전을 위해 강화를 모색하고 있었다.

몽골군은 이때 8천여 명의 병력으로는 고려를 굴복시킬 수 없다고 판단하고 형식상의 예물을 받고 황급히 철퇴했다. 이어 고려의 왕족과 벼슬아치를 볼모로 보낼 것과 물품의 공납을 요구하기도 하고, 일종의 감독관이라 할 다루가치達魯花赤를 보내 내정간섭을 일삼았다. 이에 고려에서는 외교적 관계로 이 문제들을 해결할 수 없음을 알고 철저히 항전하기 위해 강화도로 도읍을 옮기기로 결정했다.

이렇게 해서 30여 년 동안 대몽 항쟁이 벌어졌고, 몽골에서는 여섯 차례에 걸쳐 침략전쟁을 감행했다. 강화도에서 역사役事를 크게 벌여 궁궐과 관청을 새로 지었다. 섬 둘레에 방어성도 굳건히 쌓았고 갑곶진, 광성보, 덕진 등의 보루도 완성했다. 결코 임시수도의 면모가 아니었다. 그리고 1천여 척의 전함과 수만 명의 군사를 집결시켰다.

몽골은 고려가 요구를 들어주지 않자, 1232년 다시 침략하여 강화도에서 나올 것과 고려왕 고종의 입조入朝(원나라에 들어가 황제를 알현하는 것)를 강요했다. 이때도 고려에서 거절의 의사를 밝히자 일단 물러갔다. 몽골은 곧이어 금나라를 완전히 정복하고 만주 땅을 차지했으나 고려와 남송南宋만 굴복하지 않자 다시 1235년 고려를 침략하여 4년 동안 분탕질을 쳤다.

김방경의 아버지는 병부상서를 지낸 김효인金孝印이다. 그는 아버지의 덕으로 차가타이가 황제에 오르던 해인 1227년 산원散員(정8품의 낮은 무관)이 되어 벼슬길에 나왔고 이어 감찰어사로 창고를 감독했다. 이때 그가 재상의 청탁을 들어주지 않자 그 재상이 어느 권신에게 고자질을 했고 권신이 나서서 김방경을 꾸짖었다.

"지금 어사가 옛 벼슬아치의 봉공奉公만 못한 것 같소."

김방경이 그에 맞서 강직함을 굽히지 않았다.

"나도 옛 어사와 같이 할 수 있으나 나는 오로지 나라의 재정을 비축할 뿐 뭇사람의 입을 맞추어 줄 수 없습니다."

1248년 몽골군이 침략하여 성을 공략할 적에 그는 서북면 병마판관으로 위도葦島(정주군에 있음)에 들어가 방어하고 있었다. 그는 섬에 제방을 쌓아 농사를 짓게 해서 식량을 자급했다. 또 백성들이 물을 얻기 위해 육지로 나갔다가 몽골군에게 포로가 되는 것을 막기 위해 군민軍民을 동원해 웅덩이를 파서 빗물을 받아 식수를 해결했다.

그는 강화도에 들어가지 않고 최전선에서 몽골군과 싸웠다. 그는 끓어오르는 적개심과 백성의 고통을 함께 푸는 일이 자신에게 주어진 일임을 뼈에 사무치도록 새기고 있었다. 더욱이 몽골군은 가을에 침략을 감행해 와서 곡식을 약탈했기에 민생은 더욱 가련했다. 게다가 흉년까지 겹쳐 서로를 베개 삼아 굶어죽은 시체가 논밭에 질펀하게 널려 있었다. 이런 광경이 그의 의식세계를 변화시켰을 것이다.

나라의 명을 받아 삼별초 토벌에 나서다

1258년에는 김인준 등이 정변을 일으켜 최씨 무신정권이 무너졌으나 새로운 무신 김인준 일파와 임금 사이에 권력다툼이 치열해졌다. 이 틈을 타서 몽골은 마지막 침략전쟁을 도발했는데 그들은 고려 태자를 몽골에 보내는 조건을 제시하고 철수했다. 몽골은 30여 년 동안 끝내 고려를 굴복시키지 못하고 태자의 입조만 성사시켰고, 태자(뒤의 원종)가 연경에 들어가 새 황제 쿠빌라이를 만나게 되었다. 쿠빌라이는 고려의 태자를 보고 기쁨을 감추지 못했다.

"고려(고구려와 동일한 나라로 보았음)는 당태종도 굴복시키지 못했는데 그 나라 태자가 찾아 왔으니 하늘이 시킨 일이로다."

쿠빌라이는 마침내 고려의 영역과 왕권을 인정했다. 태자는 곧 돌아와 부왕 고종의 뒤를 이어 왕위에 올랐다. 이때 새 왕인 원종元宗과 김방경의 만남이 이루어지게 된다.

원종이 왕권의 보호를 원나라의 힘에 의지하려 하자 김인준 일파가 이를 간파하고 왕을 제거하려 했다. 원종은 이제 왕의 신분으로 연경 방문길에 나섰고, 이어 몽골 조정은 실권을 쥐고 있는 김인준을 몽골에 내조來朝하라고 강요했다. 이때 무신 임연林衍이 김인준을 죽여 새로 실권을 잡았고 친몽의 태도를 보이는 원종을 갈아 치우고 새 왕을 추대했다. 몽골에서 돌아오던 태자(뒤의 충렬왕)가 이 소식을 듣고 몽골 조정에 구원을 요청하여 원종이 다시 왕위에 올랐다.

원종은 다시 몽골에 가서 무신들을 쳐 없애고 수도를 개성으로 옮길 것이니 군대를 보내달라고 요구했다. 고려 왕실은 점점 자주권을 상실하고 있었다. 끝내 원종이 임씨 무신정권을 타도하고 왕권을 제대로 잡으니, 이로써 무신정권은 100여 년 만에 끝장을 보게 되었다.

김방경은 무신이면서도 절대 무신정권에 가담하지 않고 일정한 거리를 두었다. 그는 1265년 대장군의 직함을 지니고 몽골에 사신으로 갔고 북계병마사로 재직하면서는 몽골 수중에 있는 북계의 40여 성을 회복했다. 1269년 몽골군이 원종을 지원하러 왔을 때 몽골군의 장수 몽가독蒙哥篤이 서경에 웅거하면서 사냥 따위를 핑계대면서 대동강 이남으로 넘어오려 했다. 그는 몽가독과 함께 있으면서 미리 황제의 허락을 받아두었다고 질책하면서 대동강을 넘어오지 못하게 막았다. 김방경은 민폐를 염려하여 미리 쿠빌라이의 다짐을 받아둔 것이다.

고려 왕실과 문신들이 무신정권을 타도하고 개성으로 수도를 다시 옮기자 삼별초는 철저히 항전을 다짐하며 반기를 들었다. 농민과 노비로 이루어진 직업군인인 삼별초는 문신정권 타도에 나섰고, 지도자 배중손裵仲孫과 김통정金通精 등은 진도와 제주도로 진출하여 3년간 끝까지 대몽 항쟁을 펼쳤다.

김방경은 역적추보사逆賊追輔使로서 삼별초 토벌의 고려 쪽 책임자로 나섰다. 이어 두 차례에 걸친 일본 정벌에도 한 번은 도독사都督使, 한 번은 도원수都元帥로 고려군사를 지휘했다. 그는 고려 왕실을 위해 어쩔 수 없이 일본 정벌전쟁에 끌려나간 것이다. 이때 그는 전쟁터를 누비며 여러 차례에 걸쳐 큰 시련을 겪었다.

그는 진도의 삼별초를 공격할 때 삼별초와 내통하고 있다는 밀고를 당했다. 개성으로 끌려와 문초를 받고 혐의가 풀렸는데, 몽골군의 장수 아해阿海와 알력을 빚었기 때문이었다.

그가 원나라(1271년 국호를 원으로 고침, 이하 원으로 호칭)의 성절사로 다녀왔을 때 "김방경이 400여 명과 함께 강화도로 들어가 다시 항쟁반란을 계속했다"는 혐의를 입어 다루가치에게 체포되어 고문을 받았으나 무죄로 풀려났다.

그 다음해에도 다시 "김방경 부자가 400여 명과 함께 왕과 다루가치를 죽이고 강화도를 점거하여 항쟁을 벌이려 했다"는 혐의를 받았다. 그는 왕과 다루가치 앞에 끌려가 살점이 뛰는 고문을 당한 끝에 대청도大靑島로 귀양을 가게 되었다.

내 몸도 마음도 내 것이 아니었다

이렇듯 그는 끊임없이 원나라의 장수들에게 고초를 겪었다. 그러나 그는 굴욕을 참고 원나라 사신으로 들어가서 고려의 실정을 호소하여 양곡 공급을 줄이고 원군이 차지한 둔전屯田(군대 양곡을 공급하는 농토)의 이전을 요구하여 성사시키기도 했다.

그는 1283년(충렬왕 9) 70이 넘은 나이로 퇴직하여 한가한 노년을 보내다가 89세로 파란만장한 삶을 마쳤다. 그런데 그의 공적

과는 달리 나라에서는 예장을 해주지 않아 쓸쓸한 장례를 치러
야 했다. 그에 대해 사관은 이렇게 기록했다.

> 방경은 충성스럽고 신의가 있으며 그릇이 커서 작은 일에 구애
> 받지 않았다. 평생 동안 임금의 득실을 말하지 않았으며 비록 벼슬
> 자리에 물러나 한가히 있을 적에도 나라 근심하기를 집일과 같이
> 했고 큰 논의가 있으면 임금이 반드시 자문했다.
>
> 『고려사』「열전」

그는 무신이면서 무신정권에 가담하지 않았고, 처음에는 철저
히 대몽 항전을 벌였다가 뒤에는 삼별초 토벌에 동원되었다. 고
려왕실을 위해 몽골에 외교 솜씨를 보였으며 강요에 따라 일본
정벌에도 나섰다.

그는 심한 갈등을 겪으며 몽골의 장수들과 계속 알력을 빚어
여러 번 문초를 당했다. 그런 와중에도 그는 늘 민생문제와 국가
피폐를 해결하기 위해 동분서주하며 신명을 바쳤다. 그는 항몽抗
蒙과 부몽附蒙 사이에서 번민과 눈물을 가슴속에 묻어두고 고려
를 지키려고 안간힘을 썼다. 그는 비겁하거나 눈치를 살피는 타
협주의자가 아닌 고려의 버팀목이었다. 뒷날 병자호란 때의 최
명길의 행동과 아주 그럴싸하게 비교된다.

그런데 박정희시대에 삼별초의 주체성을 부각시키면서 그를
배알도 없이 몽골에 타협한 인물로 그렸다. 군사독재 세력이 삼
별초의 자주 이미지를 조작하면서 그를 희생물로 만든 것이다.

정도전
이성계와 함께 조선을 디자인한 전략가

목은 이색을 스승으로 섬기다

정도전鄭道傳(1342~98) 하면 흔히 반란을 일으키거나 역적 노릇을 한 사람쯤으로 알고 있다. 방원芳遠(뒤의 태종)이 아우로부터 왕의 자리를 빼앗는 과정에서 장애인물인 정도전을 제거하고 나서 그에게 온갖 혐의를 덮어씌웠기 때문이다. 그리하여 정도전을 아주 막돼먹은 인물로 역사에 기록했던 것이다. 또 한편, 조선조 건국에 절대적인 공헌을 한 정도전을, 두 임금을 섬긴 변절자로 낙인을 찍으면서 자기들 손으로 죽인 정몽주를 충신으로 내세웠다. 이런 이율배반의 논리가 어떻게 성립될 수 있었던가?

선진유학先秦儒學에서 원래 '충'이란 정직·성실을 뜻한다. 그러나 후대로 내려오면서 '충'이란 한 임금 또는 한 왕조만을 섬기

정도전 이성계를 도와 조선을 건국하는 데 큰 공을 세운 정도전. 그러나 그는 둘도 없는 조선의 역신이 되었다. 반면에 앞서 고려를 위해 죽은 정몽주는 충신으로 기림을 받았다. 이러한 역사의 아이러니는 참된 '충'이란 누구를 위한 것인가를 묻게 한다.

는 것으로 그 가치기준이 달라졌다. 그리하여 국가의 개혁이나 민족적 과업을 수행하는 일보다 좁은 의미의 '충'을 기리고 강조하는 풍조로 흘러갔다. 앞으로 왕조나 한 임금만을 위해 절개를 지키고 목숨을 바치라는 지극히 공리적인 통치철학의 한 방편으로 써먹기 위한 것이었다.

이에 따라 조선조 건국을 반대하다 죽은 정몽주는 영원한 충신이 되었고, 조선조 건국의 모든 기초를 다진 정도전은 역신의 자리로 전락했던 것이다. 그는 역신으로 몰려 죽었기에 시호도 내려지지 않았고 한 사람의 일생을 적어 알리는 행장이나 신도비, 묘비의 글조차 없었다. 따라서 한동안 그의 출생 연대조차 알려지지 않았다. 그의 후손들의 노력으로 고종 시기인 1872년 평택 진위에 문헌사를 세우고서야 복권이 되었다.

그의 고조할아버지 정공미鄭公美는 봉화 정씨의 시조로 봉화현의 호장戶長(고을 아전의 우두머리)이었다. 이러했기에 뒷날 정도전을 두고 '한미한 출신'이라고 기록했다. 그러나 정공미의 자손들은 이런저런 낮은 벼슬을 하며 대대로 내려오다가 정도전의 아버지 정운교鄭云敎에 이르러서는 직제학 같은 중앙의 제법 높은 벼슬을 지냈다.

한편 그의 외가는 노비의 혈통을 받았다고 전해진다. 그의 아버지는 어릴 적에 어머니를 여의고 대대로 살아온 봉화를 떠나 영주 등지에서 한동안 떠돌이 생활을 했다. 이런 탓으로 정도전도 영주를 고향으로 삼게 되었다.

정도전은 아버지가 개경에 와 벼슬한 탓으로 일찍이 개경에 와서 살았다. 그뿐 아니라 아버지의 친구인 목은牧隱 이색李穡에게서 글을 배웠고, 이색의 제자들인 정몽주·이숭인 같은 재사들과 친구로 사귈 수 있었다. 그는 시골 출신으로 이들과 어울리며 촌티를 벗게 되었고, 그의 재질을 더욱 갈고 다듬을 수 있었다.

그는 동료들과 어울려 벼슬길에 나갔다. 그러나 당시의 고려 조정은 말이 아니었다. 조정은 대외로는 종래의 친원정책에서 방향을 바꾸어 친명을 표방했지만 뚜렷한 명분이 없어 벼슬아치들은 두 파로 갈리었고, 대내로는 권문세가의 토지 독점, 승려들의 타락 등 정치·사회적인 모순들이 널려 있었다.

이성계를 찾아가 장량이 되다

1375년 원나라의 사신이 명나라를 치기 위한 합동작전을 상의하러 오게 되었다. 이에 이인임 등 친원파는 원의 사신을 맞아들이려 했지만 정도전·권근·이숭인 등 청년 그룹은 이를 한사코 반대했을 뿐만 아니라 아예 관련되는 직무조차 돌보지 않았다. 조정에서는 정도전을 나주 회진으로 유배 보냈다. 궁벽진 유배지에서 그는 저술에 열중하기도 하고 백성들의 찌든 생활을 몸소 겪기도 했다. 그는 유배지에서 이런 시 구절을 남겼다.

예부터 한 번 죽음이 있을 뿐인데
목숨을 붙여 안락하게 살고 싶지 않네

『삼봉집』「감흥」

이때 그가 혁명적인 꿈을 꾸고 있었음을 알 수 있다. 그는 2년 만에 유배에서 풀려나 고향으로 발길을 돌리기도 하고 개경 근방에서 노닐기도 하다가 삼각산 아래에 삼봉재三峯齋를 지어놓고 제자들을 가르쳤다. 그의 호도 삼각산을 뜻하는 삼봉이 되었다. 조선조의 도읍을 이 산 아래로 잡은 것도 무슨 연관이 있을 것이다. 그러나 그가 이 산 아래에서 편안히 글을 가르치기에는 현실적 핍박이 너무 많았다. 어느 벼슬아치가 그의 재실齋室을 헐어버리자 부평으로 가서 또 재실을 지었으나 곧 또다시 헐려서 김포로 옮겨가 살았다. 매우 영락한 생활이었지만 그는 제자들에게 끊임없이 이단을 배척하고 정학正學(유학을 뜻함)을 높이는 이론을 가르쳤고 친명정책의 당위성을 역설했다.

이렇게 6년을 보내는 동안 나라는 더욱 어수선해졌다. 남쪽으로는 왜구가 끊임없이 침구해와서 노략질을 일삼았고 북쪽으로는 홍건적이 떼로 몰려와 민가를 들쑤셨다. 그가 발을 개고 울분만 토하며 앉아 있기에는 현실이 너무 급박했다. 그렇다고 조정에서 그를 다시 등용할 낌새가 있는 것도 아니었다. 1383년 가을, 그는 자리를 털고 일어나 홀연히 발길을 북쪽으로 돌렸다.

이성계는 당시 함흥에서 동북도도지휘사東北道都指揮使로 있으면서 침입해온 야인을 물리쳐 큰 명성을 얻고 있었다. 정도전은 이성계를 찾아 나선 것이다. 그가 왜 이성계를 찾아나섰겠는가? 다음의 시를 보면 그 뜻을 짐작할 수 있으리라. 그는 북쪽을 향해 철원을 지나면서 이렇게 읊었다.

> 넓은 들 하늘 아래 초목이 자라는 때
> 긴 강은 띠처럼 성을 돌아 흐르네
> 장군이 이 땅에서 억센 오랑캐 꺾어
> 장수 소임 거듭 맡는데도 아직 검은 머리로세

당대의 명장 이성계에게 거는 기대를 알 만하다. 그가 이성계의 군막에 이르러 보니 기강이 엄숙하고 대오가 잘 정돈되어 그의 기대에 어긋남이 없었다. 이것이 그들의 처음 대면인지는 확실하지 않지만 아무튼 용과 봉의 만남이었다. 정도전이 은밀히 말했다.

"훌륭하도다. 군사여! 무슨 일인들 못하리요."

"무슨 말이오?"

정도전은 짐짓 둘러댔다.

"동남쪽에 침구하는 왜를 친다는 말이외다."

그리고는 군영 앞에 있는 노송에다 백묵으로 이렇게 또 시 한 수를 썼다.

> 오랜 풍상 겪는 한 그루 소나무
> 푸른 산 몇 만 겹 속에 자랐구나
> 잘 있다가 다른 날엔 만나볼지
> 세상 살펴보니 모두 티끌 자취로세

『태조실록』권14, 7년 8월조

그는 이때부터 한나라를 세운 한 고조의 군사軍師 장량張良을 자처했다. 실로 이 자처는 딱 들어맞았다. 이때부터 조선왕조라는 새 나라를 열기까지 9년 동안 그의 주선과 그의 꾀가 통하지 않은 것이 없었다. 다음해 여름, 그는 또다시 함흥을 방문했다. 이때 둘 사이에 무슨 말들이 오갔는지는 불을 보듯 뻔하다.

무슨 줄을 댔는지, 아니면 이성계의 주선이었는지, 정도전은 이 해 7월 조정으로부터 전교부령典校副令이라는 보잘것없는 벼슬을 받았다. 그리고 성절사 정몽주 밑에 들어가 명나라에 가서 공민왕의 뒤를 우왕이 이었다는 사실을 알렸다. 이때 그는 남쪽

금릉金陵에 도읍을 정하고 욱일승천의 기세로 뻗는 명나라의 국력을 보았던 것이다. 그는 돌아와 친명정책에 대한 소신을 더욱 다졌다. 그는 더 높은 벼슬을 받았고, 1387년에는 남양부사로 나가 선정을 베풀었다는 칭송을 받았다.

스승과 동료들의 반대편에 서서

다음해, 이성계 일파는 위화도 회군을 단행한 뒤 우왕을 폐하고 창왕을 새 왕으로 세웠다. 이성계는 쿠데타에 성공하여 정권을 쥐고 마음대로 요리했다. 이성계는 맨 먼저 정도전을 중앙으로 불러올려 대사성으로 삼았다. 창왕을 내세운 것도 정도전의 꾀에서 나온 것이었는데, 이때부터 그는 이색·정몽주와 길을 달리하게 되었다. 정몽주는 수구, 곧 고려 왕조를 지켜야 한다는 파였고, 정도전은 개혁, 곧 새 왕조를 세워야 한다는 파였다.

정도전은 하나씩하나씩 치밀하게 일을 추진해나갔다. 그 중의 하나가 사전私田의 혁파였다. 당시 대대로 이어온 귀족들은 토지를 독점하여 오히려 국가 소유의 토지보다 훨씬 많이 차지하고 있었다. 이들 지주들은 토지를 겸병하고서 평민들에게 소작을 주었다. 평민들은 일정한 도조를 바치고도 지주가 요구하는 물건을 사 바치거나, 일꾼의 품삯을 부담하거나, 지주가 행차할 적에 여비를 내거나, 도조를 실어나르는 값을 부담하는 따위로 생산량의 7~8할을 물어야 하는 처지였다. 정도전은 귀양살이할 때나 지방의 수령으로 있을 때에 백성의 고통과 폐단을 낱낱이 파악하고 있었다. 그리하여 호족들의 사전을 일정량만 제외하고는 모두 관가에 돌리게 한 것이다.

사전의 혁파는 이성계의 적극적인 뒷받침으로 단행되었다. 그러나 이색 등 구신舊臣들은 옛 법을 함부로 고칠 수 없다며 반대했다. 여기에서 또다시 수구파와 개혁파가 결정적으로 갈라지게 되었다.

1389년 그는 조준趙浚과 함께 창왕을 폐하고 공양왕을 새 왕으로 받드는 일을 추진하여 공신이 되었다. 이것이 2차 쿠데타였다. 그는 공양왕에게 형벌과 상을 바르게 시행하라고 건의했다가 1391년 수구파에 의해 처음에 봉화현, 뒤에 나주로 유배되었다. 그는 공신록권功臣錄券도 빼앗겼다. 두 번째 맞는 시련이었다.

이때 이성계는 그가 없이는 아무 일도 해낼 수 없었기에 그를 또 불러올렸다. 그러나 이성계가 해주에서 사냥하다가 말에서 떨어져 다치자, 김진양 등의 구신들은 이 틈을 타 조준·남은과 함께 정도전을 죽이려 했다. 그러나 일이 쉽게 이루어지지는 않았다. 공양왕은 그를 예천의 감옥에 잡아가두었는데 이성계의 주선으로 위기를 벗어나 광주로 유배되는 정도에 그쳤다. 참으로 지금까지의 노력이 수포로 돌아갈 뻔했다.

그는 이성계의 주선으로 다시 조정에 나왔다. 이때는 정몽주가 이방원의 손에 죽은 뒤였다. 정도전 등 개혁파는 서둘러 이성계를 왕위에 오르게 했다. 마침내 그의 꿈은 이루어졌다. 이제 잘못된 묵은 제도를 개혁하는 일이 오로지 그의 손에 맡겨졌다.

이런 과정에서 그가 무리수를 저지르지 않았다는 것은 사리에 맞지 않을 것이다. 그는 앞에서 말한 대로 자신이 벼슬살이하던 고려왕조를 배반했고, 새 왕조를 세우는 과정에서 스승과 동료들의 반대편에 서게 되었다. 그가 죽고 난 뒤 사관은 이렇게 평했다.

개국할 즈음에 가끔 취중에 중얼거리기를 "한 고조가 장량을 쓴 것이 아니라 장량이 한 고조를 썼도다"라고 했다. 무릇 나라를 세울 적에 그의 꾀를 쓰지 않은 것이 없었다. 끝내 큰 업적을 이루어 진실로 으뜸의 공을 세웠다. 그러나 국량이 좁고 시기심이 많았으며, 또 자기보다 나은 사람을 해치고자 했고 묵은 감정을 꼭 갚으려 했다. 매양 임금에게 사람을 죽여 위엄을 세우라고 권했지만 임금은 모두 듣지 않았다.

『태조실록』 권14, 7년 8월조

앞부분은 그의 행적을 나타낸 것이지만, 뒤의 인물평은 다른 역사기록에 비추어볼 때 과장되거나 왜곡된 것이다. 적어도 태종이 임금 노릇하는 조정에서 벼슬살이하는 사관이 태종의 비위를 맞추어 썼다고 보아야 한다.

한양으로 서울을 옮기고 경복궁 창건

새 왕조가 들어선 뒤 7년 동안 그는 눈부신 일을 해냈다. 그는 맨 먼저 국가이념을 정립하고, 통치체제를 정비했다. 그는 유교를 국가이념으로 삼고 성리학을 정통의 교학敎學으로 내세웠다. 도교와 불교를 현실성이 적고 공허한 이론이라고 비판했다. 먼저 『심기리편心氣理篇』(心:불교, 氣:도교, 理:유교)을 지어 불교·도교를 비판하고 유교가 실천 덕목을 중심으로 인간문제를 가장 중시한다는 점을 체계화했다. 또 고려의 국교였던 불교의 여러 이론에 대해 조목조목 비판을 가한 『불씨잡변佛氏雜辨』을 지어 돌리기도 했다.

이 모든 작업은 전환기에 나타나는 사상적 혼돈을 극복하기 위한 사상체계의 정립 차원에서 추진되었다. 이러한 이념적 바탕은 결국 중화사상과 밀접한 관련을 맺었고, 국제질서로는 '사대'를 표방하게 되었다. 이 유교적 성리학과 정치적 사대가 그 당시에 있어서는 개혁의 일단으로 나타난 것이었다.

이어서 그는 『조선경국전朝鮮經國典』과 『경제문감經濟文鑑』 등을 내놓았다. 이것은 일종의 나라의 근본과 통치체제를 정비한 것이었다. 통치체제로는 중앙집권제를, 통치철학으로는 왕도정치와 민본주의를 그 기저로 했다.

무엇보다 그가 실천개혁의 하나로 중농주의에 바탕을 두어 토지개혁을 단행한 것이 가장 주목된다. 그는 사전의 혁파를 더욱 확대하여 국가의 공전公田·균전均田을 늘렸다. 이것은 경제적 기

경복궁 전경 정도전은 한양 천도와 함께 조선의 본궁인 경복궁의 조영에 참여해 그 이름을 짓고 새 나라의 틀을 만드는 등 이성계를 도와 조선을 디자인한 전략가였다.

득권을 박탈하여 토지의 국가소유 또는 직접 생산자인 농민 소유로의 전환을 꾀한 것으로, 가장 반발이 심했고 또 그만큼 용단이 필요한 정책이었다.

그가 혼신의 힘을 다해 단행한 것은 천도였다. 고려의 구신과 세족이 도사리고 있는 개경은 언제나 저항의 기세가 깔려 있었다. 그는 새 왕조의 참신한 분위기를 천도로 표현하고자 하는 의지를 담아 천도를 결행했다.

처음에는 도읍지를 남쪽지방에서 물색했다. 북쪽에서 늘 북방민족에게 시달린 경험, 특히 고려가 원나라에 굴복한 사실을 감안해서 처음에는 계룡산 근방에 도읍터를 잡으려 했으나 너무

후미진 곳이어서 양주 일대를 도읍지로 물색한 것이다. 이성계는 정도전의 적극적인 찬동과 무학無學의 동의로 양주 땅 삼각산 아래에 도읍터를 잡았다.

1394년(태조 3) 말 한양 땅에 궁궐과 성곽의 축조가 시작되어 10개월 만에 왕도의 면모를 완성했다. 이즈음 중심 궁궐인 경복궁의 방향을 놓고 정도전과 무학의 의견이 엇갈렸다. 정도전은 북악산을 주산主山으로 하여 남쪽을 향해 남산을 진산鎭山으로 삼아야 한다고 했다. 이에 대해 무학은 인왕산을 진산으로 삼고 궁궐이 서북방을 향해야 한다고 했다. 그러나 정도전은 전래대로 임금은 북쪽을 의지해 남쪽을 향해 앉아야 하고, 신하는 남쪽에 앉아 북쪽을 향해야 한다는 이론을 내세워 경복궁의 위치를 잡았다.

정도전은 경복궁의 이름은 물론, 정전인 근정전, 경복궁의 남문인 광화문 그리고 숭례문·흥인문 등 서울의 모든 궁궐과 문의 이름을 짓고, 수도의 행정 분할도 손수 결정했다. 물론 이 모든 것은 모두 이씨 왕조를 반석 위에 놓고 왕실을 오래 유지하고자 하려는 의지에서 나왔다.

이런 일을 하면서 그는 때로 명나라에 가서 이씨조선 건국의 당위성과 새 왕조의 왕통 등을 알리는 외교를 직접 담당하기도 했고, 전국을 돌며 지방의 구획과 성보城堡의 수축 등을 지정하거나 독려했다.

이성계는 왕위에 오르자 서둘러 세자를 결정했다. 이성계가 세자 결정을 서두른 것은 그만한 까닭이 있었다. 이성계는 앞 왕비 한씨에게서 여섯 아들을 두었는데 이들 왕자들은 모두 새 왕조 건설에 공헌이 있었으나 수성의 책임을 맡기기에는 너무 학문이 얕거나 무장이어서 우락부락했다. 그들은 호시탐탐 왕위를 넘보고 있었다.

이성계는 두 번째 왕비인 강씨에게서 두 아들을 두었는데 그 중 막내인 방석芳碩을 애지중지했다. 그는 남달리 영리한 이 막내둥이를 잘 다듬어 왕위에 앉히려고 세자로 삼았다. 이때도 정도전의 지원이 큰 힘이 되었으며, 정도전은 방석의 교육을 맡기도 했다. 자연히 앞 왕비의 소생들은 정도전 등 권신들에게 감정이 좋지 않았다. 특히 용맹과 지모를 자랑하는 넷째 방간芳幹과 다섯째 방원의 감정은 더욱 들끓었다.

왕자들은 각기 사병을 거느리고 있었다. 이들은 각기 휘하의 사병을 동원하여 아버지의 쿠데타에 참여했었는데, 이씨왕조가 건국된 뒤에도 사병을 해산시키지 않고 왕자 저택의 시위라는 명목으로 그대로 유지하고 있었던 것이다. 이것은 대단히 불안한 요소였다. 특히 세자가 어린 판국이라 불안은 더했다. 정도전은 사병조직을 해산시켰다. 그래도 왕자들 사이에 계속 세자의 자리를 노리는 분위기가 있자, 왕자들을 행정감독 따위의 명목으로 각 도에 분산시키려는 계획도 세웠다.

명나라는 새 왕조에서 일어나는 일을 사사건건 따지고 들었다. 그래서 제기된 것이 요동 정벌이다. 요동은 우리 옛 땅이니 다시 찾자는 계획이었다. 이것은 이성계의 위화도회군으로 실추된 명예를 회복하자는 뜻도 있었으리라. 정도전은 손수 진도陣圖

를 만들어 중앙의 관리는 물론 각 지방의 군사들에게 군사연습을 시켰다. 그러면서 왕자들을 각 도의 절제사로 삼아 군대를 관리하게 할 계획을 세워, 방원은 전라도로, 방번芳蕃(후비 강씨에게서 난 아들)은 동북면으로 보내려 했다. 또한 어떻게든 왕자들의 병권을 완전히 빼앗으려는 계획을 세웠다.

방원의 칼날에 스러지다

이렇게 되면 힘으로만 살아온 왕자들은 한낱 힘없는 바지저고리 꼴이 된다. 이런 계획들이 방원이 풀어놓은 첩자들에게 걸려 모두 방원의 귀에 들어갔다. 이성계는 궁중에서 심한 해소병을 앓고 있었다. 방원은 더이상 때를 기다릴 수 없었다. 방원은 모든 동정을 낱낱이 파악하고 있었다. 더욱이 정도전·조준·남은 등 조정 중심세력의 움직임을 손바닥 들여다보듯 자세히 알고 있었다.

궁중은 왕의 병으로 근심에 싸여 있었고, 정도전 등은 여염집에 모여 있었다. 방원은 형 방의芳毅와 방간을 불러들이고 처남 민무구閔無咎 · 민무질閔無疾과 하수인 이지번李之蕃을 동원했다. 왕자들은 사병혁파 때 무기를 모두 버렸는데 방원의 아내가 감추어둔 철창 따위를 들고 밤 이경에 정도전 일파가 모여 있는 송현(경복궁 동쪽 고개) 남은의 첩집으로 쳐들어갔다.

그곳을 지키는 종들은 모두 잠들어 있었고, 정도전 등은 정자에 불을 밝혀놓고 술을 마시며 담소를 나누고 있었다. 방원 패거리들이 이웃집에 불을 지르자 담소를 나누던 이들은 혼비백산하여 흩어졌다. 방원의 종 소근이 정도전을 끌고와 방원의 발 앞에 무릎을 꿇렸다.

정도전이 말했다.

"공이 예전에 나를 살려주었으니 지금 또 한 번 살려주시오."

그러나 방원은 정도전을 칼로 치라고 명했다. 이방원은 정승 조준을 불러오게 하여 가회방 다리 앞에 무릎을 꿇리고 말했다.

"정도전과 남은 등이 어린 얼자孽子(후처 소생의 방석을 가리킴)를 세우고 우리 형제를 없애려 하므로 우리 약한 자가 먼저 손을 쓴 것이오."

조준은 떨면서 말했다.

"저들이 한 일을 우리는 모르오이다."

방원은 조준 등을 앞세우고 궁궐로 들어갔다. 왕은 궁궐 안 정자에 나가 병을 돌보고 있다가 이 소식을 들었다. 이제李濟가 위사들을 동원해 이들을 치자고 건의했으나 형세가 어쩔 수 없다고 판단하여 "자중自中의 일이니 서로 싸우게 할 수 없다"라며 허락하지 않았다. 방원은 적통의 장자로 세자를 세워달라는 상소를 올렸다. 이성계는 마지못해 둘째 방과芳果(뒤의 정종, 첫째 방우는 이때 죽고 없었음)를 세자로 삼았다.

왕은 세자였던 방석에게 "이제 네가 편하게 되었구나"라고 했으나, 방석은 쫓겨 궁궐 밖으로 나가다가 길가에서 맞아죽었다. 방번은 통진에 유배령이 내려 양화진 나루에서 자다가 맞아죽었다. 방원은 두 아우의 죽음을 비밀에 부쳤다.

이렇게 하여 '제1차 왕자의 난'으로 불리는 이 소동은 끝을 맺었다. 그런데 과연 정도전은 왕자들을 없애려 했을까? 그가 왕자들의 사병을 혁파한 것은 사실이다. 그러나 왕자 제거의 시도는 같은 공신이요 정승으로 있던 조준도 모르는 사실이다. 더욱이 왕자 제거를 모의하면서 군사도 풀어놓지 않고 편안히 담소를 즐겼겠는가? 방원이 왕위를 뺏기 위한 구실을 만들어낸 것이다. 병으로 시달리던 왕은 이때부터 심한 갈등을 느끼고 방원을 미워했다.

이성계는 왕위를 방과(정종)에게 물려주고 함경도 덕원·함흥으로 들어갔다. 그는 세상 인연을 끊고 불교에 귀의하여 참회의 나날을 보냈다. 이성계는 방원이 왕이 되자 상왕에서 태상왕太上王이 되었다. 다섯 아들은 죽고 한 아들은 귀양가고 한 아들은 왕이 되고, 살아남은 셋째 아들은 동생 방원의 눈치만 보고 몸조심하고 있는 처지에서 태상왕 이성계는 왕통을 이은 방원을 몹시도 미워했다.

정도전은 개혁파였다. 그가 비록 고려 왕조를 저버렸지만 조선조로서는 정도전이 없는 새 나라의 건설을 생각할 수 없다. 그가 자신을 '장량'으로 비유했는데, 장량은 나라를 세운 뒤에 "사냥개는 써먹힌 뒤 늙으면 주인에게 잡아먹힌다"며 조정에서 물러나 야인생활을 한 탓으로 목숨을 부지했다. 정도전은 끝까지 일을 벌이다가 비명에 갔다. 뿐만 아니라 방원은 사후의 그를 여지없이 깎아내려 '악명'을 남겼다.

얼마 전까지만 해도 국사 교과서에서조차 그를 경망한 인물, 분란을 일으키는 인물로 써놓아 세상 사람들의 진실의 눈을 현혹시켰다. 그가 정립한 유학의 숭상, 사대의 표방 같은 것이 후대에 와서 폐단을 일으킨 것은 사실이나 이것을 전부 그의 책임으로 돌릴 수는 없다. 고려의 불교도 말기에는 타락했다. 조선의 유교가 후대에 와서 공담으로 흘러간 것을 그의 책임으로 돌릴 수는 없기 때문이다.

적어도 그는 고려말, 정치적·경제적 모순을 바로잡고 사회적 혼돈을 수습하려고 나선 혁명가요, 또 실질적인 통치이념을 정립한 실천적 지식인임을 알아야 하겠다. 그는 죽으면서 이런 시조를 남겼다.

30년 세월 온갖 고난 겪으면서
쉬지 않고 이룩한 공업
송현방 정자에서 한잔 술 나누는 새
다 허사가 되었구나

황희
세종의 평생지기였던 명재상

양녕대군의 친구로서 세종의 세자책봉을 반대

세종은 말년에 궁중에 부처를 모시는 내불당內佛堂을 조성하려 했다. 치자계급이 모두 유자儒者이므로, 세종의 내불당 조성은 큰 반대에 부딪쳤을 게 뻔하다. 집현전 학사들은 일제히 업무를 접고 귀가하여 일종의 데모를 벌였다. 연로한 세종은 텅 빈 전내殿內를 휘둘러보며 비감스런 생각이 들어, 옆에 있던 황희黃喜 (1363~1452)에게 눈물을 흘리며 말했다.

"모든 학사들이 나를 버리고 갔으니, 어찌 하면 좋겠소?"

"신이 가서 달래보겠습니다."

황희는 집현전 학사들을 달래는 데 성공, 끝내 내불당을 조성 했다. 물론 황희도 유자였다. 그런데도 세종의 심중을 누구보다

황희 세종의 왕세자 책봉을 반대하다 귀양까지 갔던 황희. 그러나 세종은 그를 불러들여 성세를 이룩했다. 세종과 황희는 성군과 명신의 대명사로 지금껏 세상에 회자되고 있다.

도 잘 헤아렸고, 늘 세종의 정책수립에 둘도 없는 협조자가 되었다. 세종은 자기를 알아주는 신하는 황희와 박연朴堧 등 서넛이라고 생각할 정도였다.

황희는 고려가 망할 징조가 뚜렷했던 혼란의 시기에 태어나, 세종의 탁월한 정책들이 이룩되고 조선왕조의 나라 기틀이 다져진 뒤에 죽었다. 그의 아호는 방촌厖村, 조상의 고향은 남원(또는 장수)이었으나, 개경에서 태어났다. 그가 성균관 학관으로 있을 때 고려가 망했다. 그는 고려에 대한 충절을 달랠 길 없어 개성 언저리에 있는 두문동杜門洞으로 들어가 은거했다. 평생 벼슬을 돌보지 않고 학문에 전념하기로 작정한 것이다. 그의 아호 '방촌'은 '개짓는 마을'이란 뜻을 지니고 있으니 그의 은거와 연관이 있음직하다. 후세 사람들은 두문동에 들어간 벼슬아치들을 '두문동 72현'이라 부른다.

그러나 유능한 지모를 지닌 인물을 등용하려는 이성계가 유능한 그를 그대로 둘 리가 없다. 그는 끝내 이성계의 끈질긴 간청을 물리치지 못해 뜻을 꺾고 출사出仕를 했다.

황희는 조선왕실에 들어와서 세자를 가르치는 우정자右正字를 시발로 태종 시기에 6조 판서를 두루 지냈다. 그에 대한 태종의 신임은 비할 데가 없었다고 한다. 그는 기밀에 관한 업무를 전담했기에 태종은 "이 일은 나와 경만이 알고 있소. 만약 누설된다면 경 아니면 내가 한 것이오."라고 하면서, 하루 이틀이라도 만나지 못하면 꼭 불러다 만나서는 둘이 수근거렸다. 그는 세종대에 들어와 좌참찬에 기용된 뒤 좌·우의정을 거쳐 영의정이라는 최고의 영록을 누렸다. 특히 그는 정승 자리에는 24년, 영의정자리에 18년 동안이나 재직한 뒤 물러나는 평탄한 생애를 보냈다. 황희는 관로에 들어선 뒤, 단 한 번의 유배와 두 번의 가벼운 파직 밖에 겪지 않았다.

그가 유배당한 것은 양녕대군의 폐위와 충녕대군(세종)의 세자책봉을 극력 반대했기 때문이다. 그는 양녕대군이 적자이므로, 적자를 제치고 지차의 아들로 세자를 삼으면 후세에 큰 환란의 불씨가 된다는 명분을 내세웠다. 그는 또 양녕대군의 인물됨을 잘 알고 있었고, 또 양녕의 두터운 지기이기도 했다. 이때 그는 파주 교하에 유배되었다. 가까운 곳에 두려는 태종의 배려였다.

하지만 벼슬아치들이 그에게 죄를 주어야 한다고 거듭 주장하자, 그의 조상 고향인 남원으로 유배지를 바꾸었다. 태종은 그에게 어머니를 모시고 유배생활을 하도록 특전을 베풀었다. 그는 남원 유배지에서 3년을 보내면서, 문을 닫아걸고 친구들을 만나지 않았으며 글읽기에만 열중했다.

또 그가 파직된 것은, 좌의정으로 있을 때 그의 지인 태석균太石鈞이 대수롭지 않은 일로 투옥되었을 때이다. 그는 사헌부에 태석균의 감형을 사사로이 부탁했다는 탄핵을 받고 잠시 파직되었다. 그는 이 두 가지 경우 말고는 탄탄한 관로를 걸었다.

세종은 자기의 세자책봉을 극력 반대한 황희를 왕위에 오른 지 3년 뒤인 1422년 좌참찬으로 발탁했다. 사사로운 감정을 떠난 인사였다. 그 뒤 두 사람은 평생을 두고 공적으로는 군신의 관계였고 사적으로는 둘도 없는 친구의 관계였다.

황희는 세종 밑에서 좋은 협조자로서, 세종의 빛나는 업적에 조력하지 않은 일이 없었다. 세종이 훈민정음을 창제할 즈음 속유俗儒들의 강한 반대에 봉착했을 때에도, 세종이 내불당을 지으려 하여 집현전 학사들이 불같이 반대를 할 때에도, 천첩 소생들에게 천역賤役을 면제하는 조치를 내리려 하여 양반들이 반발할 때에도 늘 세종을 돕고 세종을 이해하고 감쌌다. 특히 황희는 과학적인 농사 개량과 실질적인 예법 개정에 특별한 공헌을 했다.

작은 일에 너그럽고 큰 일에 엄격한 벼슬아치

그가 죽었을 때 사관은 이렇게 평가했다.

"성품이 관후하고 신중하여 재상으로서 식견과 도량이 있었다. 모습이 풍만해 특출하였고 뛰어나게 총명했다. 가정을 다스림에는 검소했고 기쁨과 노여움을 겉으로 드러내지 않았다. 일을 따질 때에는 공명정대하여 원칙을 살리기에 힘썼으며 마구 뜯어고치는 것을 동의하지 않았다."

『문종실록』 권12, 2년 2월조

인물평가에 짜기로 소문난 실록의 사관이 남다른 찬사를 보낸 것이다. 이처럼 황희는 공무에 있어서나 대인관계에 있어서 늘 관인대도寬仁大度했고, 죄인을 다스를 때에는 늘 가벼운 처벌을 위주로 했으며, 수기치인修己治人의 학문을 게을리 하지 않는 선비요 벼슬아치였다. 흔히 황희라면 무골호인으로 알고 있다. 그는 사실 뼈대없는 사람으로 보일 행동을 하기도 했다. 어느 날, 계집종들이 싸움박질을 했다. 그 중에 한 계집종이 황희 앞으로 달려와 고자질했다.

"저 아이가 제 험담을 하고 다닌답니다."

"네 말이 옳다."

다른 계집종이 억울하다는 듯이 달려와서 말했다.

"대감마님, 거짓말입니다."

“네 말도 옳다.”

옆에서 지켜보고 있던 황희의 아들이 물었다.

“어찌 아버지께서는 이 말도 옳고 저 말도 옳다고 하십니까?”

황희는 아무렇지도 않게 대꾸했다.

“네 말도 옳다.”

이렇게 해서 황희는 무골호인으로 소문이 나버린 것이다. 그러나 그는 결코 뼈대없는 사람이 아니었다. 그는 세상 자질구레한 일들에 대해서는 무심한 눈으로 쳐다보았다. 그러나 나라에 큰 일이 있으면 한 치의 빈틈도 보여주지 않았다. 사실 앞의 두 계집종의 시비나 아들의 참견은 부질없이 따지는 인간사를 풍자한 것이 아니겠는가?

그는 청렴결백했다. 흔히 벼슬자리를 재산을 갈취하는 도구로 삼는 풍토에서 그는 녹봉만으로 가족과 종들의 생활을 꾸려나갔다. 그러다 보니 늘 쪼들리며 살았다. 그는 집 지붕을 제대로 잇지 못해 늘 비가 샜다고 한다. 비오는 날에는 방안에서 책을 읽을 적에 우산을 받쳤다고 한다.

세종이 그의 어려운 생활을 돕기 위해 한가지 작전을 짰다. 곧 날짜를 정해 그날 사대문 안에 들어오는 계란을 몽땅 모아 그의 집으로 보내기로 한 것이다. 그런데 마침 홍수가 나서 계란장수들이 사대문 밖에서 며칠씩 묵은 뒤 계란을 들여온 탓으로 ‘정해진 날짜’에 들어온 계란은 모두 곯아 있었다. 이렇게 해서 ‘계란유골鷄卵有骨’이라는 말이 생겨났다. 4자 성어는 거의 중국의 고사에서 유래하는데 ‘계란유골’만은 우리나라에서 이루어진 고사

성어이다. 사람들은 이것을 청렴결백한 사람에게 내리는 하늘의 뜻이라 숙덕거렸다.

그는 공직자로서의 몸가짐을 철저히 실천했다. 그는 친척이나 친분이 있는 사람에게는 결코 벼슬자리를 주지 않았다. 어디까지나 과거시험이나 능력에 따라 벼슬을 주도록 했다. 그런 탓으로 그는 자기 패거리를 만들지 않았다.

야생마 김종서를 길들인 명조련사

김종서의 사람됨을 잘 아는 황희는 그가 작은 잘못이라도 저지르면 면박을 주기 일쑤여서 김종서는 늘 황희를 똑바로 쳐다보지 못하고 황희의 꾸지람만 들으면 땀을 줄줄 흘렸다고 한다. 왜 그랬을까? 인재를 다듬기 위해서였다. 김종서는 정직하고 용기가 있었지만 근무시간을 잘 지키지 않고 낮술에 취하는 경우가 많았다. 또 훌륭한 자질을 갖추었는데도 무슨 일이고 설치거나 소홀히 하는 흠이 있어 끊임없이 다듬었던 것이다. 황희는 벼슬에서 물러나면서 그 후계자로 김종서를 추천했다.

허균은 황희를 다음과 같이 평했다.

그는 유자도 아니었고 뛰어난 신하도 아니었다. 특히 바른말을 잘하고 성격이 곧아서, 임금 앞에서 아첨하는 말을 하고 돌아서서는 배반하는, 즉 면종복배面從腹背하지 않았을 뿐이다. 세종 때엔 건국 초여서 해야 할 국사가 너무나 많았다. 황희·허조는 왕도에 힘쓰지 않았지만 그 명망으로 높임을 받았다. 한데도 오늘날 나라가 이만큼 안정된 것은 능히 이 두 신하가 보좌를 잘했기 때문이다.

허균이 말한 뜻은, 황희가 뛰어난 인물은 아니었지만, 세종 같은 성군을 만났기에 업적을 이룩했다는 것이요, 또 바른 말로 세종을 보좌했기에 세종의 빛나는 치적에 도움을 주었다는 것이다. 아주 적절한 인물평이다.

세종이 없는 황희를 생각할 수 없다는 허균의 논지는 수긍이 간다. 황희가 만약 '연산군의 신하로 있었다면'을 가정하면 쉽게 납득이 간다. 어쨌든 황희는 조선조 초기에 활동한 훌륭한 정치가로 첫손가락에 꼽힌다. 또 청빈과 근면을 생활지표로 삼은 대표적인 인물로 평가받는다.

그는 아흔이라는 장수를 누렸다. 그가 죽자, 3일 동안 조회를 중지했고, "조정에서나 민간에서나 모두 놀라고 탄식하면서 조상하지 않는 사람이 없었으며 여러 관청의 아전들과 종들도 모두 제물을 차려놓고 제사 지냈으며 이것은 전례가 없던 일이었다."(『문종실록』 권12, 2년 2월조)고 했다.

그러나 그에게는 칭송만이 넘친 것이 아니었다. 비난의 목소리도 적지 않았다. 사관은 또 기록하기를 "성질이 지나치게 너그럽고 집안을 잘 다스리지 못했다. 청렴한 지조가 부족하여 오랫동안 관리 임명을 맡아보면서 뇌물을 받아먹었다는 비난이 적지 않게 있었다"고 했다. 왜 이처럼 상반되는 비난이 나왔을까?

그가 죽기 1년 전, 현직에서 물러나 집에서 병을 치료할 때, 자신의 둘째 아들 보신保身이 벼슬에서 떨려난 지 11년이 지나도록 다시 벼슬길이 열리지 않자 이를 변명하여 구제해 달라는 상소를 올렸다. 그는 자식을 변호하면서 "부정행위를 한 것은 나라 창고의 재물이 아니었고 그 실정이 애매했는데 매질에 못견뎌 인정하고 말았다."라고 했다. 문종은 노신老臣의 요청을 들어주었다.

또 다른 아들 치신致身이 잘못을 저질러 관아에 과전科田(하사 받은 토지)을 회수당했을 때에는 이를 임금에게 건의해 돌려받으려 했다고도 한다. 그의 서자 중생仲生이 죽을 죄를 짓자, 자기 자식이 아니라고 하면서 성을 조趙로 바꾸었다고 한다. 비록 그의 장남 수신守身이 영의정에 오른 명신이었으나 그의 자식들은 대부분 평탄하게 지내지 못한 것 같다. 그렇지만 그가 뇌물을 받았다는 비난은 반대파의 모략으로 보인다. 언제나 어느 지도자라도 반대하거나 모략질하는 세력이 있게 마련이다.

아무튼 후대 벼슬아치들의 청렴을 강조할 때마다 황희의 이름이 어김없이 등장하며 모범의 인물로 제시된다. 조선시대 청렴한 벼슬아치를 뽑아서 청백리로 지정하고 기릴 적에도 언제나 그의 이름이 맨 앞줄에 올랐다. 그가 진정 뇌물 받기를 즐겨 했다면 이런 조작이 쉽게 이루어질 수 없었을 것이다.

오늘날 그의 유적은 파주 일대에 보존되어 있다. 특히 임진강 언덕 위에 있는 반구정伴鷗亭(기러기와 벗하는 정자라는 뜻)은 그가 만년에 임진강 철새들을 바라보면서 유유자적한 곳이다. 오늘날 공

직자의 부패가 늘 말썽을 빚고 있다. 공직자들을 데리고 황희의
유적지를 돌아보게 하는 것도 공직자의 마음가짐을 돌아보게 하
는 한 방안이 되지 않을까?

신숙주
무엇이 충절이고 무엇이 변절인가

세종의 사랑을 독차지한 집현전 학사

신숙주申叔舟(1417~75)는 변절자로 낙인이 찍혔다. 사육신의 충절이 빛을 더하면 더할수록 그는 반비례해서 변절자·겁쟁이 또는 시세를 추종한 자로 붓방아를 받아야 했다. 이것은 말할 것도 없이 그가 어린 임금 단종을 저버리고 씩씩한 기상으로 뻗어가는 수양대군을 받들었기 때문이다. 그의 동료인 성삼문成三問 등이 절의를 지키고 죽은 것과는 달리 그가 새 임금에게 빌붙어서 영화를 누렸다는 것이다.

유가에서는 '절의'를 목숨보다도 중시한다. 이것은 '충'과 같은 개념으로, 아무리 부당한 임금이나 상전이라도 끝까지 받들어야지 찬탈한 새 임금을 받들면 인간의 도리, 신하의 도리를 저버리는 것이다. 절의는 숭상할 만한 것이요, 변절은 매도되어야 할 경우가 많지만 이것이 민족 또는 민중적 차원으로 확대 적용될 때에는 새로운 해석을 해보아야 한다. 이런 뜻에서 신숙주의 경우를 다시 비추어본다.

세종은 문화진흥의 큰 꿈을 안고 집현전을 설치하여 인재들을 모아들였다. 집현전 학사들에게는 온갖 편의를 제공해 학문에만 열중하게 했다. 집현전의 경비를 넉넉하게 함은 물론, 때로는 절이나 집에 돌아가서 공부하게 하고 그 경비를 모두 국가에서 댔다. 이를 사가독서賜暇讀書라 한다. 유생들은 집현전 학사에 뽑히는 것을 무한한 영광으로 여겼다.

신숙주는 스물네 살에 집현전에 들어왔고, 8학사의 한 사람이 되었다. 그는 타고난 학자요 문사였다. 집에 있는 책을 모두 독파한 그는 궁중에 있는 장서각藏書閣의 책을 모조리 읽을 결심을 했다. 그는 입직入直(숙직)할 적마다 장서각에 파묻혀 지냈고, 숙직을 번갈아 하게 되어 있는데도 자청하여 숙직을 도맡아 했다. 그는 숙직하는 동안 책을 높이 쌓아놓고 읽어댔던 것이다.

신숙주 변절의 대표적인 인물로 낙인 찍힌 신숙주였으나, 유능한 학자, 정치가로서 많은 업적을 남겼다. 민족과 민중적 시각에서 그를 본다면 꼭 변절자라고만 할 수 있을지 다시금 생각케 한다.

어느 날 밤, 세종은 내시를 시켜 집현전에 숙직하는 학자가 무슨 일을 하고 있는지 살펴보게 했다. 이때 입직하고 있던 신숙주는 밤이 깊었는데도 촛불을 켜놓고 독서에 열중했다. 내시는 서너 차례나 가서 엿보았는데, 닭이 울고 나서야 잠이 든 모습을 보았다. 내시가 이 일을 임금에게 알리자, 임금은 입고 있던 돈피 갓옷을 벗어 신숙주에게 덮어 주라고 했다. 곤히 잠들었던 신숙주는 아침에 일어나서야 이 일을 알게 되었다. 다른 학자들도 이 소문을 듣고 더욱 열심히 학문에 열중했다. 세종 또한 밤늦도록 학문에 열중했는데, 그야말로 임금과 신하가 서로 경쟁하듯 촛불을 켜놓고 밤을 샜던 것이다.

그는 나이가 들어서도 책읽기를 조금도 소홀히 하지 않았다. 어느 날 세조는 한명회·신숙주와 함께 궁중에서 마음껏 술을 마셨다. 세조가 신숙주에게 자기 팔을 잡으라고 했는데, 신숙주가 몹시 취하여 임금의 소매 속에 손을 넣고 팔을 잡아당긴 탓으로 임금이 "아파, 아파"하고 비명을 질렀다. 연회가 파하고 신숙주가 집으로 돌아가자, 한명회는 청지기에게 일렀다.

"범옹泛翁(신숙주의 자)은 아무리 술이 취해도 조금 깨면 일어나 등불을 켜고 글을 읽고 나서야 자는데, 네가 가서 오늘밤은 글 읽지 말고 자라고 내가 특별히 당부하더라고 전하라."

청지기가 가서 보니 과연 신숙주는 글을 읽고 있었다. 청지기의 말을 듣고 나서야 신숙주는 잠자리에 들었다.

세조도 이때 신숙주의 집에 내시를 보내 글을 읽고 있는지 알아보게 했는데, 내시가 돌아와 "그가 자더라"고 전했다. 한명회는 임금이 신숙주의 동정을 살필 줄 알고 먼저 선수를 쳐서 곯리려 한 것이다. 아무튼 이 정도로 열성이었으니 호학好學의 군주 세종의 눈에 들 수 밖에 없었다.

능통한 외국어로 훈민정음 창제에 크게 기여해

신숙주는 3년 동안 세종의 뜻을 받들어 '훈민정음' 창제에 심혈을 바쳤다. 최항崔恒·박팽년朴彭年 그리고 성삼문 등과 함께 밤잠을 자지 않고 이 일에 매달렸다. 임금은 신숙주와 성삼문을 요동에 귀양와 있는 중국의 음운학자 황찬黃瓚에게 보내 중국의 음운을 연구하게 했는데 이때 이들은 시도때도 없이 요동길을 드나들었다.

마침내 1445년(세종 25) 훈민정음이 완성되었다. 그러자 한문으로 글을 지으며 행세를 하던 벼슬아치와 유학자들이 들고일어나 극력 반대했다.

"몽골·서하西夏·여진·일본·서번西蕃과 같이 중국 문자를 버리고 새 문자를 만드는 것은 오랑캐가 되는 것이다."

그러나 세종은 이들의 어리석음을 타이르고 신숙주를 중심으로 한글을 활용하는 방안을 세우라고 했다. 신숙주는 『운회韻會』를 번역하고 이어 「용비어천가」 등 훈민정음을 사용한 글이나 번역을 도맡아 했던 것이다.

신숙주는 뛰어난 언어학자였다. 그는 종래 설총이 사용했던 이두吏讀는 물론, 중국어·일본어 그리고 몽골어·여진어에 능통했고, 인도어와 아라비아 문자까지도 터득하고 있었다. 실로 그의 언어학 지식이 동원되지 않았다면 훈민정음의 창제는 지지부진했으리라고 말해도 지나치지 않을 것이다. 이에 대해 이런 기록이 전해진다.

공이 중국어·일본어·몽골어·여진어 등의 말에 능통해서 때로 통역을 빌리지 않고도 스스로 뜻을 통했다. 뒤에 공이 손수 모든 나라의 말을 번역했는데 통역들이 이에 힘입어서 스승에게 일부러 배울 것이 없게 되었다.

『연려실기술』「세조조 고사본말」

그는 한글 창제를 위해 언어학 지식을 동원한 것 뿐만 아니라 우리나라 외교를 위해서 여러 나라 말본을 만들어내기도 하는 등 다방면에 걸쳐 능력을 펼쳤다.

훈민정음을 반포한 뒤, 세종은 신숙주를 일본으로 보냈다. 세종이 이종무를 시켜 쓰시마를 정벌한 뒤 일본과의 왕래가 끊어졌는데 그즈음 일본이 다시 끈끈한 외교관계를 맺기 위해 사신을 보내달라고 간청한 것이다.

세종이 신숙주를 서장관書狀官(문서 또는 실무를 관장하는 사신의 한 자리)으로 뽑아 보낸 뜻은 특별한 배려에서 나온 것이다. 일본은 우리의 문화를 늘 숭상했다. 그리하여 신숙주를 통해 우리의 학문과 문화를 일본에 과시하려 한 것이다.

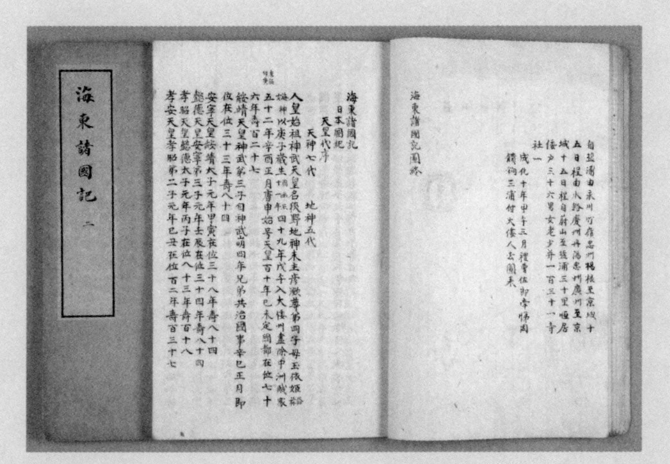

해동제국기 1471년(성종 2)에 신숙주가 일본에 관한 사정을 정리하여 지도와 함께 묶어 편찬한 책. 조선시대에 대일본 외교상 중요한 참고자료가 되었으며 지금도 조선전기 한일관계사 연구의 귀중한 자료로 인용되고 있다.

신숙주가 일본에 도착하자 가는 곳마다 일본의 문사와 승려들이 밀려왔다. 그들은 신숙주에게 시를 지어달라거나 글씨를 써달라고 했으며 학문을 물어오기도 했다. 신숙주는 서슴없이 이에 응답했고 부탁을 들어주었다. 일본의 승려와 문사들은 이 청년 문사의 재주에 흠뻑 빠졌다. 그들은 신숙주를 스승으로 받들었다.

이때 신숙주는 날카로운 눈으로 그들의 동정을 살폈다. 신숙주는 가는 곳마다 산천의 경계와 요해지要害地를 살펴 지도를 작성했고, 그들의 제도·풍속, 그리고 대신들의 족계族系와 각지 영주들의 강약을 기록했다.

공식적인 사행의 소임을 마치고 돌아와 그는 이 모든 내용을 적어 도면과 함께 나라에 바쳤다. 이것이 유명한 『해동제국기海東諸國記』이다. 이것은 최초로 일본의 사정을 적은 책이다. 이 책은 일본 사정을 알고 싶거나 일본에 사신으로 가는 사람들에게 일본안내서가 되었다.

세종은 중국의 문장가 예겸倪謙이 우리나라에 오자, 신숙주와 성삼문을 보내 글을 겨루게 했다. 예겸은 신숙주 앞에서 오금을 펴지 못하고 돌아가 신숙주를 중국의 굴원屈原으로 비겨 칭찬해 마지않았다.

세종은 이렇듯 신숙주를 무척 자랑스럽게 여겼다. 그 뒤 세종은 그를 집현전 학사의 우두머리인 직제학으로 삼았는데 불과 서른세 살의 나이였다. 세종은 "신숙주는 큰 일을 맡길 만한 자이다"라고 말했다고 실록에 기록되어 있다. 그러나 신숙주에게 미처 큰 일을 맡기지 못한 채 세상을 떠났다.

역사의 변혁기, 어느 편에 설 것인가

세종이 죽은 후부터 신숙주에게 새로운 시련이 몰려오기 시작했다. 새 왕 문종文宗은 어질기만 할 뿐 늘 병에 시달렸고 패기라고는 찾아볼 수가 없었다. 이런 속에 신숙주는 또 중국에 가게 되었다. 수양대군이 사은사로 중국에 갈 때에 신숙주가 서장관으로 뽑힌 것이다. 수양대군과 신숙주는 몇 달 동안 먼 이국 땅을 함께 넘나들며 그야말로 의기가 투합했다. 두 사람은 동갑내기였는데 한 사람은 기개가 넘치는 왕자였고 한 사람은 차분한 학자였다.

신숙주는 이때 분명히 보았다. 수양대군의 커다란 포부와 꺼질 줄 모르는 정열, 그리고 인재를 아낄 줄 아는 왕의 재목임을 확인했던 것이다. 두 사람은 척척 뜻이 맞았다. 참으로 이 만남은 한편으로는 두 청년의 꿈이 실현되는 계기였고, 한편으로는 찬탈·변절로 역사의 비난을 받게 되는 갈림길이었다.

이 길에서 돌아와 신숙주는 죽음을 앞둔 문종으로부터 어린 왕자를 잘 돌봐달라는 부탁을 받았다. 문종은 수양대군의 기개를 알고 신숙주·성삼문 등 집현전 학사 출신들에게 어린 왕을 부탁한 것이다.

수양대군은 평소 할아버지 태종의 행동을 마음에 두고 있었다. 태종은 동생을 죽이고 왕이 되었고, 이어 맏아들이 아닌 셋째 왕자 세종에게 왕위를 물려주었다. 만약 세종이 태종처럼 둘째인 수양대군에게 왕위를 물려주었다면 일은 아주 순조롭게 되었을 것이요, 문종이 큰할아버지 정종처럼 아우에게 왕위를 물려주었어도 왕위를 찬탈하는 일은 일어나지 않았을 것이다.

병약했던 문종은 재위 2년 만에 덜컥 죽었다. 어린 단종은 열세 살의 나이로 왕위에 올랐다. 삼촌이 어린 왕을 받들고 종묘사직을 지킨 경우는 역사에서 흔하게 볼 수 있다. 그러나 수양대군은 이 기회를 놓치지 않으려 했다. 당시 왕자들 가운데 수양대군과 안평대군이 명망이 있었다. 특히 안평대군은 글씨와 그림에 능한 문사였으므로 재상 김종서金宗瑞·황보인皇甫仁 등은 그를 따랐다. 이에 맞서 수양대군은 권남·한명회 등을 끌어들였으나 이들은 별 영향력이 없는 인사였다.

한명회는 문사들보다 무사를 사귀라고 수양대군에게 권했고, 수양대군은 한명회의 꾀를 받아들여 '활쏘기'란 명목으로 무사들을 모아 매일 모화관 황학정 등에서 무사들과 어울려 활쏘기와 술잔치를 벌이며 사귀었다. 그러다가 마침내 거사일을 정해, 김종서 등이 안평대군을 받들고 역모를 꾀한다는 핑계를 대어 김종서·황보인을 죽였고, 이어 대신들을 궁궐로 불러들여 반대파를 제거했다. 이때 살릴 사람과 죽일 사람을 적은 '생살부'를 쥔 자는 한명회였다.

이 사건을 계유정난癸酉靖難이라 하는데, 이때 수양대군은 실권을 쥐고 영의정이 되었다. 온 조정은 금방 수양대군의 세력으로 채워졌다. 이때 신숙주는 별다른 역할을 하지 않았지만 수양대군과의 친분 탓인지 동부승지에 제수되었다. 신숙주는 이를 받아들였고, 이어 공신의 호칭이 내려질 때에도 얌전히 따랐다. 이와 달리 성삼문은 집현전을 잘 지켰다 하여 공신의 칭호를 주었지만 부끄럽다고 밥맛을 잃을 정도로 불만을 가지고 있었고, 공신들이 돌아가며 잔치를 베풀 때에도 성삼문만은 잔치를 베풀지 않았다.

현실에 대처하는 두 사람의 태도는 이때부터 달라지기 시작했다. 절친한 동지의 관계가 점차 서로 죽이고 살리는 적의 관계로 치닫게 된 것이다. 수양대군의 세력이 온 조정을 덮어 누르자, 열다섯 살의 어린 단종은 왕위에 오른 지 3년 만에 겁을 먹고 끝내 수양대군에게 옥새를 건네주었다.

신숙주는 도승지로 있으면서 수양대군 즉위를 순순히 받아들였고, 새 왕은 그를 곧 예문관 대제학으로 임명했다. 문사·학자로서 가장 영광된 자리를 얻은 것이다. 그러니 집현전 학사 출신들은 그를 복위 모의에 끼워주지 않았다. 신숙주는 새 왕의 즉위를 중국에 알리는 주문사奏聞使의 소임을 띠고 북경에 가서 맡은 일을 완수했다. 이 공으로 그는 토지와 노비를 하사받았다.

1456년(세조 2)에 들어 단종의 복위 운동이 비밀스럽게 익어갔다. 새 왕 세조의 백부인 양녕대군마저도 여러 종친을 거느리고 임금 앞에 와서 조정의 평화를 위해 단종을 멀리 쫓아버리라고 청했다. 세조는 짐짓 이를 허락하지 않고 단종이 거처하는 곳을 엄히 단속하라고만 했다.

이 해 6월 중국의 사신이 와 창덕궁에서 단종과 함께 잔치를 베풀기로 했다. 복위 세력은 이 틈을 타 성승·유응부로 하여금 운검雲劍을 들고 칼춤을 추게 하면서 세조의 근신들을 모두 제거하기로 했다. 이때 각기 처치할 사람을 맡았는데, 성삼문은 "신숙주는 나의 평생 친구이지만 죄가 무거우니 죽이지 않을 수 없다"고 말하여 신숙주도 처치의 대상에 포함시켰다.

그러나 한명회가 이 잔치에 운검을 들이지 못하게 하여 그들 계획에 차질이 왔다. 이에 거사를 뒷날로 미루자, 진짜 변절자인 김질이 모든 계획을 임금에게 고해바쳤다. 곧바로 성삼문 등이 임금 앞으로 끌려왔다.

성삼문은 신숙주가 임금 곁에 있는 것을 보고 꾸짖었다.

"그대는 옛날 원손元孫을 잘 돌봐달라는 세종의 부탁을 잊었는가?" 이에 세조는 신숙주에게 뒤편으로 피하라고 일렀다. 거사에 가담한 사람은 모두 옥에 갇혔다. 이렇게 신숙주와 성삼문은 생사를 달리했고, 그 이름에 대한 평가 또한 상반되었던 것이다.

이날 신숙주가 집으로 돌아오니 그의 부인이 두어 자 되는 베를 가지고 대들보 밑에 앉아 있었다.

"왜 그러고 앉아 있소?"

"영감께서 성 학사와 형제같이 지냈는데 오늘 성 학사의 옥사가 있어서 영감께서도 그들과 함께 죽었을 줄 알고 자결하려 했습니다."

이 말에 신숙주는 부끄러워 몸둘 바를 몰랐다고 역사책에 기록되어 있다. 이 이야기는 그의 변절을 미워하는 자들이 날조한 것이다. 그의 부인은 이 사건이 있은 뒤 여러 해를 더 살다가 죽었다.

사육신이 죽은 뒤 신죽주도 단종과 관련된 일에 간여하게 되었다. "단종을 서울에 두지 말고 다른 곳으로 옮기라"고 정승들이 연명으로 건의할 때에 그도 동참한 것이다. 또 정승들과 함께 노산군(단종을 강등시킨 칭호)을 서인庶人으로 만들어야 한다고 건의했다. 그 뒤 끝내 노산군이 죽음을 당하게 되자, 그 비난이 정인지와 신숙주에게 쏟아졌다. 그의 처신은 분명히 그 전과는 다른 것이었고, 또 정승의 반열에 있으니 어쩔 수 없는 일이기도 했다.

세조의 신임을 받았지만 늘 외로워

노산군이 죽고 난 뒤 세조는 정치적 안정을 누렸다. 그 밑에서 신숙주는 좌의정·우의정을 거쳐 영의정을 지냈다. 그는 세조의 특별한 신임을 받았다. 세조를 왕으로 추대한 그 공으로 따지면 한명회·정인지 등이 으뜸이다. 그런데도 세조는 이들을 제쳐두고 늘 신숙주를 '나의 위징魏徵'이라 했다. 이 말은 저 당나라 태종의 문화통치에 헌신적으로 노력한 '위징'을 뜻한 것이다. 다시 말해 자신이 당 태종처럼 문화통치를 이루려면 신숙주가 꼭 필요하다는 뜻이었다.

이 말처럼 신숙주는 자신의 모든 역량을 세조의 문화사업에 바쳤다. 후세 왕의 귀감이 될 선대 왕의 말을 모은 『국조보감國朝寶鑑』을 편찬했고, 세종이 국가의 기본질서를 적은 『국조오례의國朝五禮儀』를 교정·간행했으며, 사서·오경의 구결口訣을 새로이 만들었다. 뿐만 아니라 훈민정음을 발전·보급시키는 사업은 그의 손을 거치지 않고는 이루어질 수 없었다. 그의 손으로 불경 등 많은 고전이 번역되었고, 그 간행을 대부분 그가 맡아 해냈다. 성삼문이 죽은 마당에 그도 죽였다면 이 일을 누가 해냈겠는가?

그는 정치가가 아니라 학자였다. 그는 비록 높은 벼슬을 누렸지만 정치적 수완을 별로 부리려 하지 않았고 다만 문화정책에 매달렸다. 이런 일을 할 때야말로 집현전 시절과 함께 그의 득의의 시기였다. 세조는 신숙주를 늘 가까이 두고 다정한 친구처럼 지냈다. 활도 같이 쏘고 시를 주고받았으며 술잔을 나누며 함께 장난을 쳤다.

함경도에 야인이 발호할 적에 세조는 신숙주를 보내 정벌하게 했다. 그 까닭은 신숙주가 젊을 시절 김종서의 종사관으로 그곳에 6진을 개척하고, 또 조정의 잘못된 정책을 바로잡은 경험이 있었기에 내린 조처였다. 이것이 신숙주가 세조가 왕이 된 뒤 그 곁을 떠난 딱 한 번의 사례였다.

신숙주가 하직할 때에 궁궐 담장에 덩굴박이 초라하게 매달려 있었다. 세조가 박을 가리키며 말했다.

"여물 것 같소?"

"뻗어가지도 못하는데 철이 늦었으니 결실이 안 되겠습니다."

얼마 지나자 하나가 여물었다. 세조가 박을 쪼개놓고 시를 썼다.

경은 내 말을 비웃었지만
내 박은 여물었다오
쪼개 잔을 만들어
그지없는 정 보이겠소

세조는 신숙주에게 술을 내려 떠나는 길을 위로했고, 박잔의 모양대로 사기잔을 만들어 이 시를 새기고는 자신의 술잔으로 삼았다. 그는 이 술잔을 항상 곁에 두고 먼 길을 떠난 신숙주를 생각했다. 신숙주가 세조의 기대대로 야인들을 토벌하고 돌아오자, 세조는 그를 영의정으로 삼았다. 늙어가는 나이에 이들의 정은 더욱 두터웠다. 세조는 틈만 나면 신숙주를 불러 농담을 일삼왔다.

하루는 세조가 영의정 신숙주와 막 우의정에 임명된 구치관을 불러들였다. 새로 임명했을 때에 세조는 두 정승을 들라고 했다.

세조 : 내가 오늘 경들에게 물을 것이 있는데 대답을 잘못하면 벌주를 내리겠소. 신정승!

신숙주 : 예.

세조 : 내가 새로 된 정승인 신정승新政丞을 불렀는데 왜 신정승申政丞이 대답하오?

곧 벌주가 내렸다.

세조 : 구정승!

구치관 : 예.

세조 : 내가 묵은 정승인 구정승舊政丞을 불렀는데 왜 구정승具政丞이 대답하오?

또 벌주가 내렸다. 세조는 각기 대답에 따라 신新·구舊라 우기기도 하고, 또 신申·구具라 우기기도 하며 연이어 벌주를 먹였다. 뒤에 가서는 불러도 둘 다 대답이 없자 "임금이 부르는데 신하가 대답하지 않는 것은 예가 아니네" 하고 또 벌주를 주어 끝내 세 사람은 크게 취했다.

이토록 임금과 신하가 허물없이 어우러지는 것은 매우 드문 일이다. 신숙주는 세조가 죽고 난 뒤 예종·성종 때에도 새 임금들을 도와 많은 일을 했다. 『성종실록』을 쓴 사관은 그가 죽은 후 그의 업적을 칭송하고 나서, 그의 단점을 "세조를 섬기면서 받들어 따르기에 힘썼다"고 지적했다. 이 말은 사육신과 단종의 문제를 두고 암시한 표현일 수도 있지만 임금에게 맞서 잘못을 강하게 따지는 성품이 아니었음을 나타내기도 한다.

그는 도통 사람을 죽이거나 권모술수를 부리는 인물이 못 되었다. 그가 사육신에 끼지 않은 것도 어쩌면 이런 성품에서 나왔을지도 모른다. 그러면서 부끄러움을 느끼고 자기성찰을 하기도 했던 것이다. 신숙주는 인정이 많은 사람이었다. 그의 인품을 나타내는 많은 일화가 전해진다.

그가 첫 벼슬길에 나왔을 때, 서리가 그를 꺼려서 직첩을 전해주지 않아 맡은 일을 돌보지 못하게 되었다. 그러자 사헌부에서 이를 알고 서리를 탄핵했다. 이에 서리가 쫓겨날 것을 염려하여 신숙주가 거짓 자복했다.

"서리가 직첩을 전해주었지만 내가 스스로 나가지 않았다"(『성종실록』 6년).

결국 서리는 벌을 모면했고 신숙주는 파직되었다. 이때부터 그의 덕망이 사람들의 입에 오르내렸다.

그가 일본에 갔을 적에 일본이 여자를 바쳐 잠시 데리고 살았다. 그런데 그 왜녀가 임신을 하자 차마 버리고 올 수가 없어서 데리고 배에 올랐다. 쓰시마로 오는 길에 풍랑이 심하자, 배에 탄 사람들이 계집이 배에 타서 용왕이 노해서 풍랑이 인다고 왜녀를 바다에 빠뜨리려 했다. 신숙주는 풍랑이 곧 그칠 것이라고 말하며 한사코 말려 끝내 구했다. 총애하는 여자여서가 아니라 인명을 아낀 것이다.

단종이 죽을 때에 단종 복위를 꾀했던 연루자들의 가족을 모두 종으로 삼아 공신들에게 나누어 주었다. 단종의 비인 송씨도 종이 되었는데 신숙주는 송씨를 자기 집에 보내달라고 요청했다. 허락을 받지는 못했지만 그의 뜻은 딴 데 있었다. 송씨를 잘 보호하기 위한 것이었다. 그는 늘 종들을 따뜻이 대해주었고 종들의 신공身貢(종이 상전집에서 나와 살 적에 몸값으로 바치는 물품 또는 돈)이 밀리거나 내지 않아도 내버려두었다. 어려운 친척에게는 늘 먹을 것을 보내주고 잠잘 곳을 마련해주었다.

김시습은 그가 어릴 적부터 친분을 나눈 후배인데 18세의 나이 차이가 있다. 김시습은 서울에 와도 그를 찾지 않았다. 어느 날 김시습이 서울에 와 머물자, 그 집 주인에게 "김시습에게 술을 많이 먹이라"고 당부했다. 김시습이 술에 곯아떨어지자 가마에 태워 자기 집으로 데리고 갔다. 김시습이 술이 깨어 신숙주 집인 것을 알고 나가려 하자, 손을 잡고 "어째서 말 한 마디 않는가?"하고 안타까워했다. 김시습이 소매를 뿌리치고 말없이 가자, 그는 조용한 눈으로 김시습이 나가는 모습을 지켜보았다 한다.

명예를 잃었으나 문화업적 남겨

이 대목에서 그의 문학을 통해 쌓은 업적도 살펴보아야 할 것이다. 그의 후배인 임원준은 그를 이렇게 평가하는 글을 남겼다.

문장에 능숙한 자가 반드시 정치를 잘 하는 것도 아니요 정치를 잘 하는 자는 본시 문장에 능숙하지 못하나니 두 가지 재능을 겸하기는 더욱 어려운데 신 문충공申文忠公(신숙주의 시호)께서는 타고난 바탕이 뛰어나게 우수하고 덕스러운 인품이 일찍이 이루어져 옛 전적을 열심히 공부하고 문필의 세계에 한가히 노닐어서……

『보한재집』서문

이 평가는 신숙주가 문장에 능숙한 재사로 정치적 업적을 남겼다는 뜻이다. 또 그보다 훨씬 후대의 문사인 김종직은 다음과 같이 썼다.

그가 문장을 지으면 모두 인의와 충신에 근본을 두었고 여유 있고 화창하며 뛰어나고 넓어서 번거롭게 먹줄을 대서 깎고 다듬지 않아도 저절로 법도가 있었다. 비록 붓을 놀려 희롱 삼아 갑작스레 지어도 또한 실로 덕 있는 사람의 말씀이 되었다.

『보한재집』

그는 중국과 일본에 가서 수창외교酬唱外交를 맡았으며 문장의 종류를 가리지 않고 많은 작품을 남겼다. 그는 글을 지을 적에 현학을 자랑하지 않았으며 상투적인 "공자왈 맹자왈"을 읊조리지 않았다. 또 시에서는 용사用事를 거의 쓰지 않고 표현에만 충실했다. 그러므로 난해하지 않았다. 한편 김시습처럼 농민의 고통을 담는 사회시를 쓰지도 않았다. 순수시에 열중했다는 뜻이다.

그는 남원 광한루에 올라 다음과 같은 시구를 남겼다.

뜬 구름같은 부귀 공명 따질 것이 못되니
임천林泉의 홍취 아직 버리지 못하겠노라
인생에 천명 있음 이제야 믿겠노니
공명은 물리치기도 어렵고 구하기도 어려워

그는 부귀 영화의 부질없음을 담담하게 읊조리고 있다. 또 이렇게 읊기도 했다.

세상 속인 공명 만족한 줄 안 지 오래인데
가을바람에 또 고향 생각 나누나.

문사의 기질 또는 인생관이 잘 나타나고 있다. 그의 이런 시 경향은 많은 후배들에게 영향을 끼쳤다. 한편 그는 만년에 들어 결백한 선비의 길, 명리를 멀리하고 한가한 삶을 누리며 문학에 정진하겠다는 뜻을 자주 표방했다. 그리하여 그의 아호를 보한재保閑齋(한가롭게 글 읽는 곳)라고 지었다. 그는 고향 나주로 가서 살고 싶어했다.

역사의 흐름에 떠밀린 인생

아무튼 그는 여느 벼슬아치와는 달리 검소한 생활을 했고, 결코 재물을 탐하지 않았다. 권력을 잡으면 부가 따르는 법이요,

더욱 부당하게 권력을 잡으려는 동기는 재산을 탐한 데에서 나오는 것이 흔한 경우일 것이다. 그러나 결코 그는 부를 탐하지 않았고 공평하게 사람을 썼다는 칭송을 들었다.

그는 죽을 때 자손들에게 장례를 검소하게 하라고 당부했고 자신의 무덤에 책만 넣어놓으라고 부탁했다. 그는 이렇게 인간적인 사람이었고 벼슬아치로서도 결함을 지닌 인물이 아니었다. 나약할지언정 포악하지 않았으며, 현실적이었을망정 술수를 부리지는 않았던 것이다.

그에게 결함으로 지적되는 것은 물론 훼절毁節 실절失節이었고, 이것이 또 사람들의 입방아에 오르면서 곰곰이 따져볼 여지도 없이 윤색되었던 것이다. 사람들은 잘 쉬는 나물을 숙주나물이라 했다. 여기의 숙주는 신숙주의 이름을 뜻한다고 한다.

한 인간의 평가는 전체를 보아야지 국면만 보아서는 제 모습을 볼 수가 없을 것이다. 절의란 누구를 위한 것이냐에 따라 그 내용이 달라질 것이다. 민족과 국가 그리고 한 사회를 위한 것일 적에 애국자도 되고 위인도 된다. 그러나 한 개인을 위한 것일 적에는 그 이해의 각도가 다양해야 할 필요가 있겠다.

신숙주는 목숨을 부지하여 고종명考終命한 대신에 명예를 잃었다. 성삼문은 한 목숨을 바친 대신 청사에 이름을 남겼다. 그러나 여기서 간과해버릴 수 없는 것은 성삼문은 그 이상 이룬 것이 없다는 점이다. 이런 점에서 오늘날 사육신의 문제를 두고 왈가왈부하는 것은 가치관의 혼란만을 가져온다 말할 수 있겠다.

신숙주는 분명히 우리 역사에 크나큰 문화적 업적을 남겼다.

업적보다 절의가 중한지의 문제는 방법과 목적과의 관계처럼 미묘한 것이기는 하지만 그 미묘함이 신숙주에게는 맞지 않는다는 말이다. 신숙주는 역사의 흐름에 떠밀려갔을 뿐, 그 자신의 손을 더럽히지는 않았다. 또 그는 비난받기에는 너무나 인간적이었고 깨끗한 벼슬아치였다. 그의 행적은 보통 사람이면 아무렇지 않게 넘어갔을 정도의 것이었지만, 그가 뛰어난 학자요 또 세종·문종의 총신이었기에 따르는 유명세라고 보아야 할 것이다. 그가 생육신처럼 초야에 묻혀 지냈더라면 역사에 얼마만한 업적을 남겼을까? 왕위를 차지하기 위해 사람을 많이 죽인 세조 밑에서 신하 노릇했다는 것만으로 신숙주를 비난해서는 온당하지 못할 것이다.

여담으로 밝혀두면, 그가 살아남았기에 우리 역사 속의 두 거인이 그의 자손들에서 태어났다. 독립투사인 예관晩觀 신규식申圭植과 민족사가인 단재丹齋 신채호申采浩가 그들이다.

이목
짧고 굵게 산 곧은 선비

목에 칼이 들어와도 할 말은 한다

한재寒齋 이목李穆(1471~98)은 조선조 중기 무렵에 살았다. 곧 그는 사화가 가장 치열하게 일어나던 시대에 산 것이다. 사화란 기골에 찬 선비들이 묵은 세력을 도려내고 새로운 정치와 기풍을 일으키려다가 떼죽음을 당한 것을 말한다. 이들은 개혁정치를 이루어보려고 기성세력에 맞서 그야말로 젊은 기백으로 일신의 안녕을 돌보지 않고 싸웠다.

그러면 기성세력은 어떤 부류인가? 그 당시 높은 벼슬을 대대로 누리고 떵떵거리며 살아오던 훈구파였고, 언제나 왕의 주위에 몰려 요런조런 말로 왕을 꼬드겨 이권을 낚아채는 왕비의 피붙이인 척족세력이었다. 이들이 계속 기득권을 누리고 더 많은 이권을 독차지하기 위해 왕을 꼬드겨 패기에 찬 사류들을 몰아 죽인 것이다. 이목도 바로 사류의 한 사람으로, 스물여덟 청년의 나이로 비명에 갔다.

그는 전주 이씨였는데 그의 할아버지나 아버지는 그리 높은 벼슬을 하지 않았다. 그의 어머니도 직장直長이라는 낮은 벼슬을 지낸 홍맹부의 딸이었다. 그는 어떤 연유인지는 모르지만 영남 학파의 거두인 점필재佔畢齋 김종직金宗直의 문하에서 어릴 적부터 학문을 익히기 시작했다. 김종직은 그때 온 나라에 명망을 떨치던 학자였다. 김일손金馹孫·정여창鄭汝昌 같은 훌륭한 청년 학자들이 점필재의 문하에서 배출되었다.

이목의 호는 한재인데, 어느 때부터 받아 썼는지는 알 수 없다. 다만 김종직에게서 호를 얻은 것으로 보인다. 김종직의 문하에서 그는 선배격인 정여창·김굉필金宏弼 그리고 김일손 등과 어울려 학문을 토론하고 사물에 대한 새로운 눈을 떴다. 이들의 사귐은 한 시대의 학풍을 이루는 것이었으나 한편으로는 그의 생애를 불행으로 몰아넣는 계기가 되기도 했다. 그는 뛰어난 문재를 지니고 열여덟 살의 나이로 진사시에 합격했고, 이어 성균관에 들어 시무時務에 관한 지식을 본격적으로 익히기 시작했다.

이목이 성균관에 있을 적에 마침 성종 임금은 병환으로 몸져 누워 있었다. 대비인 안순왕후(예종의 계비)는 무녀를 시켜 몰래 성균관 벽송정壁松亭 아래서 제사를 지내고 기도를 드리게 했다. 이 사실을 안 이목은 동료 유생들을 데리고 가서 제사를 중단시키고 무녀에게 곤장을 쳤다. 무녀는 대비에게 억울함을 호소했고,

대비는 또 성종에게 일러바쳤다. 성종은 짐짓 성을 내며 그 일을 저지른 유생들의 명단을 바치라고 호령했다. 성균관 유생들은 큰 벌이 내릴까 두려워하여 모두 도망쳤다. 그러나 그만은 꼼짝도 않고 방을 지켰다. 이 사실을 안 성종은 그에게 특별히 술을 내리고 칭찬을 아끼지 않았다. 이때부터 그의 꼿꼿함을 임금도 알게 된 것이다.

그대는 이 늙은이의 고기가 먹고 싶은가

그 뒤 여름 내내 가뭄이 심하게 들었다. 이때 이목은 권신인 윤필상이 정치를 그르친 탓이라고 하면서 "윤필상을 삶아 하늘에 제사를 지내야 비가 내릴 것이다"라는 내용의 상소를 올렸다. 조정의 모든 벼슬아치들이 그 대담함에 깜짝 놀랐고, 또 젊은 그의 기개를 칭찬해 마지않았다. 어느 날 길을 가다가 이목이 윤필상과 마주쳤다. 윤필상이 그를 불러 세웠다.

"그대는 이 늙은이의 고기가 먹고 싶은가?"

그는 아무 대꾸 없이 뒤도 돌아보지 않고 가버렸다. 윤필상은 그 오만한 태도에 울화가 치밀어 더 이상 견딜 수가 없었다. 도대체 젊은 유생이 하늘의 나는 새도 떨어뜨릴 자기 세도에 맞서다니 말이다. 그는 틈만 있으면 이목을 내몰 궁리를 했다.

윤필상이, 대비가 부처를 섬기는 일을 따라야 한다고 임금에게 권고한 사실이 발각되자, 이목은 또 유생들을 이끌고 윤필상을 간귀奸鬼라고 지적하는 상소를 올렸다. 임금이 크게 성이 나서 그에게 죄를 주려 했으나 우의정인 허종許琮이 그의 인물됨을 아까워하여 임금에게 그를 구해줄 것을 극력 간청했다. 그의 도움으로 큰 벌을 받지 않고 공주로 유배되는 정도에 그쳤다. 그러나 그의 명망은 이때부터 조정 뿐만 아니라 온 나라에 울렸다.

그는 성균관에 있으면서 여러 편의 시무책을 지었는데 한결같이 임금이 덕을 닦고 나쁜 신하를 멀리해야 한다는 열렬한 뜻을 담았다. 그리하여 임금도 그를 유달리 아꼈지만 감연히 대신에게 맞서는 그를 귀양 보내지 않을 수 없었던 것이다. 그는 얼마 뒤 귀양에서 풀려났고 이어 문과에 장원했다. 그의 나이 스물네 살, 참으로 앞날이 보장된 창창한 청년이었다. 그는 성균관 전적이라는 벼슬을 받았다가 곧이어 평안도 평사라는 직책을 맡아 중앙에서 쫓겨났다.

원래 언관이나 사관은 곧고 바른 청년 문사들을 시킨다. 그래야만 감연히 임금이나 대신의 잘못을 지적하고 실록 같은 역사책을 기록하면서 조금도 사정私情을 두지 않고 직필로 사실을 기록한다. 그런데 그는 언관이나 사관이 되지 못했다.

무오사화에 연루되어 죽다

그가 벼슬살이를 할 당시는 저 희대의 폭군인 연산군이 왕위에 있었다. 그리고 그의 선배인 김일손이 사관으로 있었다. 김일손은 곧은 붓끝으로 권력을 쥐고 횡포를 부리던 이극돈李克墩 등의 비행을 낱낱이 실록에 기록했다. 이 사실을 안 이극돈이 자기와 관련되는 사실을 빼달라고 부탁했지만 어림도 없는 말이었다. 김일손은 그의 부탁을 일언지하에 거절했다.

이에 이극돈은 김일손 일파의 잘못을 찾기에 혈안이 돼 있었다. 한편 김일손은 사관으로 있으면서 스승 김종직이 지은 「조의제문弔義帝文」을 사초에 올렸다. 그 글 내용은 중국의 초나라 장수인 항우가 어린 의제를 죽이고 왕의 자리를 빼앗은 것을 비웃고 의제의 혼을 위로한 것이다.

이 글을 사초에 실은 의도는 어디에 있었는가? 말할 것도 없이 어린 조카 단종을 죽이고 왕위를 빼앗은 세조를 비유해서 쓴 것이다. 이 사실을 알아낸 이극돈이 연산군에게 일러바쳤다. 연산군 또한 자기의 행동을 낱낱이 지적하고 간언을 일삼는 이들 선비가 못마땅하던 참이었다. 임금은 즉각 이들을 잡아들여 족쳤다. 하지만 특별한 죄가 있을 턱이 없었다. 이들은 결국 아무 죄도 없이 떼죽음을 당했다.

그런데 이목은 어찌하여 여기에 걸려들었는가? 저 변방인 평안도에서 평사라는 한직에 있던 그는 김일손 등이 쓴 역사기록에 참여하지도 않았다. 그런데도 그는 한 패거리라는 이유만으로 서울로 잡혀와 죽음을 당했다. 그는 형장으로 끌려가면서도 얼굴색 하나 바꾸지 않고 노래 한 곡조를 지어 부르고 난 뒤 칼을 받았다.

그가 젊은 나이로 죽게 된 데는 두 가지 이유가 있다.

하나는 불의와 한치도 타협하지 않을 뿐 아니라 불의를 저지른 자는 어느 누구든 맞서는 그의 기질 탓이었다. 그는 상대가 비록 권신일지라도 조금도 타협하지 않았다. 무오사화가 일어났을 적에 평소에 원한이 있던 윤필상이 무고한 그를 억지로 끌어넣었다고 한다. 윤필상은 그가 사형당한 것으로도 모자라 갑자사화 때 또다시 그에게 능지처참陵遲處斬을 내리게 했다.

다른 하나는 신진 학자들과의 사귐이었다. 그가 김종직의 문하에서 정여창이나 김일손 같은 학자들과 어울리지 않았더라면 화를 면할 수 있었을 것이다. 이 학자들의 꿋꿋한 행동은 여러 차례 사화를 불러왔고 또 중종시대의 조광조 일파에게까지 이어졌던 것이다.

산수와 벗하여 살기를 원했건만

그가 남긴 글을 보면 크게 두 가지 내용을 담고 있다.

하나는 현실에 대해 과감히 맞선 것이다. 그는 "덕을 닦는 자는 일어나고 덕을 거스르는 자는 망한다"는 논지를 펴 임금에게 경고했다. 또 여자 때문에 나라가 망한다는 논지를 펴서 왕비와 척족세력에 대한 강한 견제를 시도했다. 그는 또 탐관오리를 뱀에 비유하여 그 간악함·교활함을 말하고 탐관오리를 뱀잡듯 잡아 없애야 한다고 주장했다.

다른 하나는 세상을 조용히 관조하며 살아가는 삶을 노래했다. 그는 '차茶'를 무척 즐겼다. 이런 취미는 이태백이 달을 좋아한 것과 같은 것으로, 차를 통해 자신의 열정어린 내면세계를 침착하게 가다듬었던 것이다. 그는 또 '허실생백虛實生白'을 노래했다. 곧 마음을 비우면 그 속에서 깨끗함이 우러난다고 했다. 온갖 명리를 떠난 무욕의 경지를 탐구한 것이다.

그가 공주에서 귀양살이를 할 적에 지은 시구를 보자.

> 이 생애는 어려운 세상을 만났으니
> 어느 강호에 산들 즐겁지 않으랴
> 푸른 물결 위에는 밝은 달이 비치고
> 푸른 산 머리에는 백운의 관이 씌웠네
> 내가 여기에 와서 돌아가지 않을 것이니
> 어찌 인간이 슬퍼하고 기뻐함을 알랴

이 시는 산수와 벗하여 조용히 살아갈 것을 노래한 것이다. 그런데도 그는 투철한 대결의식으로 정치의 희생물이 되고 말았다. 인간에게는 누구나 양면성이 있지만 끝내 어느 한쪽으로 기울어지고 마는 것인가?

아무튼 그의 사후이기는 하지만 중종반정 이후 모든 명예가 회복되었고 뭇 선비들에게 그는 하나의 귀감이 되었다. 선비정신이 투철한 그는 짧게 굵게 산 표본이었다.

그의 후손들은 대대로 유배지인 공주 일대에 살면서 조상의 음덕을 기리고 있다.

조광조
나라를 뒤흔든 급진주의자의 사지후

스승에게도 할 말을 다한다

조광조趙光祖(1482~1519)는 너무나 곧은 사람이었기에 일찍 부러진 표본의 인물이다. 선비는 물에 빠져도 개헤엄을 치지 않는다는 속담이 있다. 그의 기질이 꼭 그랬다. 사람들은 그를 곧은 선비의 상징으로 여겼다.

조광조는 조선조의 학자요 정치가로, 호는 정암靜庵이다. 감찰 조원강趙元綱의 둘째 아들로 한성에서 출생했다. 그의 고조 조온趙溫은 개국공신으로 '제2차 왕자의 난'에 공을 세웠으며 좌찬성에 오른 명신이었지만 특별히 유학자를 배출한 가학家學이 있던 집안은 아니었다.

조광조는 열일곱 살 때 북쪽의 어천도 찰방으로 부임한 아버지를 따라갔다가 희천에서 유배중인 한훤당寒暄堂 김굉필金宏弼에게서 수학했다. 조광조는 천성이 총명할뿐 아니라 근면 질박하여 한훤당의 문하에서 남달리 두각을 나타냈다. 조광조는 이때부터 시문은 물론 성리학의 연찬에 힘을 쏟아, 스무 살을 전후해서 가장 성실하고 촉망받는 청년학자로 꼽혔으며, 점필재(김종직의 호)의 학통을 이은 한훤당 문하에서 군계일학이 되었다.

한훤당과 관련된 유명한 일화 한 토막이 전해진다.

어느 날 한훤당이 꿩 한 마리를 포수에게 얻어서 말려두었다. 모부인母夫人에게 보내기 위해서였다. 마침 고양이가 꿩을 훔쳐 먹었다. 이를 안 한훤당은 집을 지키는 종에게 지나칠 정도로 심하게 꾸지람을 했다. 이 모습을 지켜보던 조광조가 말했다.

"봉양하는 정성이 비록 간절할지라도 군자의 사기辭氣는 조심해야 할 줄로 압니다. 제가 마음속에 의혹된 바가 있어서 감히 말씀드립니다."

한훤당은 어린 제자의 충고를 듣고는 몸을 일으켜 조광조의 손을 잡고 말했다.

"네 말을 듣고 내 잘못을 깨달았도다. 부끄럽구나! 네가 내 스승이지, 내가 너의 스승이 아니다."(『정암집』 연보)

학문이 깊고 행실이 돈독한 조광조는 관계에 나가기도 전에 벌써 사림파의 촉망받는 선비가 되었고, 스물세 살 때에는 유배되는 몸이 되었다.

1504년(연산군 10) 임사홍任士洪이 궁중 세력과 결탁하여 신진사류의 제거를 꾀했다. 곧 연산군의 생모 윤씨가 폐위될 때 신진사

조광조 중종조에 개혁의 바람을 불러일으키며 나라를 뒤흔든 곧은 선비의 상징 조광조. 그러나 기득권을 거머쥔 권력의 칼날은 그를 내버려두지 않았다.

류인 이극균·김굉필 등이 찬성했다 하여 이들을 처형하게 하고, 나머지 신진사류들을 삭탈관직하거나 유배를 보낸 것이다. 이것을 갑자사화甲子士禍라 하는데, 조광조도 여기에 끼었던 것이다.

중종에게 왕도정치를 역설하다

정계의 현실을 몸소 겪은 조광조는 첫 유배지에서 학문에 더욱 힘쓰면서 때를 기다렸다. 그는 1510년(중종 5) 스물아홉 살 봄에, 진사 회시進士會試에 장원으로 합격하여 본격적으로 관계에 진출했다. 관계에 진출한 뒤, 조광조는 뛰어난 학문과 인격으로 중종의 신임을 두텁게 받았고 사류들의 명망을 한 몸에 모았다.

조광조의 정치관은 유교를 정치와 교화의 근본으로 삼아 왕도정치를 실현해야 한다는 것이었다. 왕도정치의 구체적인 실현방법은 왕이나 관직에 있는 자들, 곧 지도자들이 몸소 도학을 실천궁행해야 한다고 주창했다. 이것을 지치주의至治主義, 도학정치라고 한다.

조광조의 강론을 들은 중종은 그의 주장을 이상정치의 실현방법으로 삼으려고 애썼다. 당시는 폭군 연산군이 정치와 사회를 마구 휘저어놓은 직후인지라, 그 수습방안으로도 조광조의 이상 정치관은 하나의 현실적 대안이 될 수 있었다.

조광조는 중종의 두터운 신임에 힘입어 차례로 수찬·교리·경연시독관·부제학·대사헌 등을 역임했다. 여러 관직을 거치는 동안 그는 혁신적인 정책을 제시하여 중종으로 하여금 이를 실행하게 했다. 그는 참으로 열성적으로 자기 주장을 펴고 설득시켜 나갔다.

첫째, 언로를 활발히 열도록 했다. 언로를 막으면 정당한 중의衆意가 막히기 때문에 국가 흥망에 직결된다고 주장했다. 그리하여 폐위된 신씨(신수근의 딸인 단경왕후)의 복위를 상소하다 유배된 박상朴祥·김정金淨을 풀어주게 하고 이들을 탄핵했던 이행李荇을 반대로 귀양 보내도록 작용했다. 신씨는 연산군의 동생인 진성대군의 아내로 들어갔다. 그녀의 아버지 신수근은 연산군의 매부로 좌의정에 올랐다. 반정 모의가 있을 때 그는 가담하지 않았다. 그는 중종반정이 성공한 뒤 살해되었다. 그녀는 아버지가 죽은 지 7일 만에 왕비 자리를 내놓고 쫓겨났다. 신씨의 복위운동이 신진사류들에 의해 전개되었던 것이나 훈구대신들은 이를 막았다.

둘째, 향촌의 상호부조와 민간의 교화를 도모하려 노력했다. 그는 향촌이 이기주의로 흐르고, 상호부조의 정신과 미풍양속이 해이해지는 것을 안타깝게 여겨 '여씨향약'을 팔도에 실시하도록 한 것이다. 조선시대 향약운동은 이때가 시초이다. 뒷날 이이도 향약운동을 활발하게 전개했다.

그는 교화와 수양의 기본을 『소학小學』에 두고 『소학』읽기 운동을 펼쳤다. 그는 세자 보양관輔養官으로 재직하면서 어린 원자(뒤의 인종)에게 열심히 『소학』을 읽혔다. 어찌나 열성으로 가르쳤는지 다섯 살바기 원자가 『소학』을 줄줄 외웠다. 임금이 매우 만족하게 여기고 조광조의 열성에 감복했다. 향약의 원리도 『소학』의 수양방법을 중심에 두었던 것이다.

셋째, 괴이하고 허황한 신앙을 타파하는 데 앞장섰다. 당시 민속신앙이 일반 서민은 물론 궁중에까지 깊이 뿌리박고 있어서 유교 교화에 큰 장애물이 되었다. 그는 이단배척에 앞장섰다. 우선 궁중에서 도교 행사를 치르는 소격서昭格署의 폐지를 강력히 주장하여 실현시켰다.

소격서는 고려 시기에 궁중에 설치했는데 이씨조선에 들어와 한양으로 도성을 옮길 때 한양 삼청동에 건물을 지어 유지했다. 조광조 일파는 도교는 세상을 더럽히는 이단이요 또 하늘에 올리는 제사는 천자만이 할 수 있는데 일개 제후나라인 조선이 이곳에서 하늘에 제사 올리는 일은 잘못된 것이라고 주장했다. 임금은 이를 쉽게 허락하지 않았다.

1518년 부제학으로 있던 조광조는 부하들을 거느리고 승정원으로 들어가면서 승지들에게 "오늘 윤허를 받지 않으면 물러가지 않겠다"고 말하고 임금을 향해 새벽까지 따지고 들었다. 임금은 마지못해 소격서 혁파를 허락하고 말았다. 조광조의 변설이 너무 강렬하고 길어지자 승지들은 의자에 엎드려 코를 골았고 내시들은 잠을 자지 않고 분주하게 드나들었다. 이 정경을 두고 『사재집思齋集』(김정국의 시문집)에는 "승지들은 모두 싫어하는 생각을 품었고 임금도 또한 듣기 싫어했다"고 기록했다.

이 폐지 주장에는 관계에 있는 인사들의 반대도 컸거니와, 궁중의 비빈 및 궁녀들의 반대가 불길 같았다. 일단 이렇게 하여 소격서가 혁파되었으나 조광조가 죽은 뒤 곧바로 다시 세웠다.

넷째, 현량과賢良科를 두어 숨은 인재등용에 힘썼다. 조광조 등은 임금에게 과거제의 한계를 극복하고 새로운 기풍을 불러일으키기 위해서는 현량과를 실시해야 한다고 주장했다. 1519년 처음 현량과를 실시했다. 현량과의 선출 방법은 유관 기관의 천거를 받아 성품·기국器局·재능·학식·행실·지조·생활태도 등 일곱 가지를 중심으로 뽑아 임금이 참석한 자리에서 대책對策(시무의 대응을 적은 글)만으로 최종 시험을 보여 뽑았다. 사장詞章을 위주로 하는 일반 과거와는 그 선발방법이 달랐다.

현량과가 실시됨으로써 참신 발랄한 30대 소장학자들이 기용되었고 신진사류들이 대거 정계에 참여했다. 하지만 첫번째 실시할 때의 내용을 들여다보면 추천자 총 120명 중에 28명이 최종 선발되었는데 문벌가 집안의 자제가 전체의 절반이 되는 14명, 지역으로는 21명(75퍼센트)이 기호지방 출신이었다. 그러니까 명문거족과 기호지방 인사들이 그 중심을 이루었던 것이다. 이들은 사림세력으로 뭉쳐 훈구파의 기득권에 맞섰다. 현량과를 통해 조광조 세력은 계속 확대되었다.

다섯째, 보수적이고 고루한 훈구파를 외직으로 몰아냈다. 또 반정을 이룩한 정국공신이 너무 많고, 훈적에 잘못 오른 인사들이 있다고 하여 공신 가운데 4분의 3의 공훈을 삭제했다. 이런 꼴을 당한 늙은 훈구대신들은 "젊은 애들이 지나치게 날뛴다"고 큰 불만을 드러냈다. 곧 폭풍이 다가오고 있었으나 신진사류들은 한점 거리낌이 없이 앞으로 내달았다.

반대파에 밀린 혁신정치가

조광조는 혁신적인 제반정책을 단행하면서 한편으로는 권신들의 시비를 분명히 가렸고, 남의 허물을 직언하기를 서슴지 않았다. 그 일례가 남곤南袞에 대한 공격이다. 남곤이 예조판서의 몸으로 왕릉을 돌보고 행사를 주관하는 일을 보러 자청하여 나갔다. 이때 벼슬아치들이 조정에 모여 훈구파의 누구를 논핵하는 일을 벌이게 되어 있었는데 남곤은 이를 피하기 위해서였다.

조광조는 "재상의 용심이 어찌 이같이 사특할 수가 있는가"고 맹렬히 공격했다.

수세에 몰리던 훈구파는 마침내 조광조를 몰아낼 무고를 꾸몄다. 홍경주·남곤·심정 등은 경빈 박씨敬嬪朴氏 등의 후궁을 움직여 궁중의 나뭇 잎에다 '주초위왕走肖爲王' (주초를 합하면 조趙 자가 됨. 곧 조씨가 왕이 된다는 뜻)이란 꿀물을 무수히 바르게 하여 벌레로 하여금 갉아먹게 했다. 궁녀들이 이 글자가 새겨진 나뭇잎을 모아 임금에게 바쳤다. 사실 이는 허술한 조작이다. 벌레는 꿀을 핥아 먹지 잎새를 갉아먹지는 않는다. 인위적으로 글자 모양을 만들어 임금에게 바쳤던 것이다.

또 조광조 일파가 당파를 조직하여 조정을 문란하게 한다고 무고했다. 곧 공신들을 헐뜯어 몰아내고 권력을 잡으려 한다고 끊임없이 모략질을 해댄 것이다.

중종은 조광조를 투옥시켰다. 그러나 조광조는 영의정 정광필鄭光弼 등의 변호로 처형이 면제되고 능성綾城(지금의 화순 능주)에 위리안치되었다. 신진사류들의 상소가 연일 이어져 조정 안팎이 시끄러웠다. 조광조는 유배지에 있으면서 다가올 운명을 알아차렸는지 불평의 말 한 마디 하지 않고 조용히 지냈다. 훈구파의 끈질긴 공격으로 마침내 조광조에게 사약이 내려졌다. 의금부 도사가 사약을 들고 오자 조광조가 조용히 물었다.

"주상께서 신에게 죽음을 내리신다면 합당한 죄명이 있을 것 아니요? 삼가 그 죄명을 듣고 싶소."

도사는 아무런 대꾸도 하지 않았다. 조광조는 뜰에 내려와서 북쪽을 향해 두 번 절을 하고 무릎을 꿇고 사약의 교지를 받았다. 그리고 허락을 받고 집에 편지를 써서 조상의 무덤 옆에 자신을 묻어달라는 유언을 남겼다. 이어 목욕을 하고 옷깃을 가다듬고 자리를 펴고 앉아 시 한 수를 지었다.

> 임금 사랑하기를 어버이 사랑하는 것처럼
> 나라 걱정하기를 집을 걱정하듯 하라
> 청천백일이 아래 땅에 내리 쪼여서
> 밝고 밝게 충성스런 마음을 비치네
>
> 『정암집』 연보

조광조는 사약을 들이켰으나 죽지 않았다. 포졸들이 목을 묶으려 하자 "성상이 미신微臣의 머리를 보호하려 약을 내렸는데 너희들이 어찌 감히 이 따위 짓을 하려 하느냐?"고 질책하면서 독약을 탄 소주를 마시고 누워서 피를 쏟으며 죽었다. 서른여덟 살을 일기로 100년 만에 얻기 어려운 혁신정치가는 이렇게 세상을 떠났다.

죽어서 되찾은 명예

그가 이렇게 젊은 나이로 죽은 것은, 혁신정치로 훈구파의 감정을 산데다, 도학정치에 염증을 느낀 중종이 조광조가 무고한 줄을 알면서도 훈구파의 무고에 암합暗合한 탓이다. 소격서의 폐지로 비빈과 후궁의 미움을 산 것도 이유가 된다. 조광조가 온 나라의 여망을 한 몸에 모은 것이 벌을 받는 동기가 되기도 했다. 그것은 조광조가 귀양길에 오를 때 "거리를 지나가던 모든 사람들이 옷깃을 모으고 절을 했다. 이렇게 인심을 얻은 것이 죄가 된 것이다"(『중종실록』)라는 기록으로 보아 알 수 있다.

중종은 용렬한 자질을 지닌 범상한 인물이었다. 임금에게 도학정치를 끊임없이 설파했으나 임금은 지루하고 귀찮아했다. 더욱이 임금은 조광조 앞에서 자세를 흐트릴 수 없어서 오랜 시간을 꼿꼿하게 앉아 있어야 했고 눈을 들어 조광조를 똑바로 바라보지도 못했으며 무식이 탄로날지 몰라 질문도 마음 놓고 하지 못했다. 그러니 어떨 때에는 조광조가 없어졌으면 좋겠다는 생각을 지니게 되었을 것이다.

그가 무고를 당해 죽자 벼슬아치와 사림 4천여 명이 구신救伸 상소를 올렸고, 사후에는 기대승奇大升의 3차에 걸친 상소를 비롯, 노수신盧守愼·이황李滉 등이 그에게 포상을 내려야 한다는 글을 올렸다. 이이李珥는 조광조와 이황을 문묘에 모셔야 한다는 글을 두 차례 올리면서 "조광조가 도학을 창명하고 이황이 이치를 깊이 파헤쳤다"고 주장했다.

조광조는 선조 초에 마침내 영의정에 추증되었고 문묘에 배향되었다. 조선조 중기에 태어나서 채 이상을 펴지 못하고 서른여덟 장년의 몸으로 죽었지만, 그의 이상정치는 후세의 귀감이 되었다. 그의 학문 태도와 현실 대결의식은 후세 선비들의 사표가 된 것이다.

그러나 그가 주장한 이상정치는 지나치게 유교 관념에 젖어 있었다. 그는 도학을 말하고 인간 수양을 말했지만 현실문제에는 한계를 보였다. 그는 공물의 폐단을 말하고 벼슬아치의 청렴을 지적했지만 신분제도·토지제도의 모순과 비리에 대해서는 한 마디 주장도 내세우지 않았다. 양반의 횡포, 지주의 수탈에는 관심을 기울이지 않았던 것이다. 또 이단을 배척하면서도 유자의 공담은 나무랄 줄 몰랐다.

그는 너무 곧게만 일을 하려 들었고 지나치게 급진적이어서 끝내 뜻을 이루지 못하고 반대파에게 죽음을 당한 것이다. 만약 그가 세종이나 정조를 만났다면 어떤 업적을 남겼을까? 자못 궁금하다.

그의 묘소는 용인 심곡리에 자리를 잡았고 그 언저리에 그를 기리는 심곡서원이 세워져 있다. 그는 죽고 난 뒤에 도학정신의 상징으로 어느 유학자보다도 우러름을 받았다.

4부

정치가의 고민, 명분인가 실리인가

유몽룡/ 유성룡/ 강홍립/ 이덕형/ 김육/
최명길/ 양득중/ 박문수/ 원경하/

옛 역사를 읽고 싶지 않다네
그것을 읽으면 눈물이 흐른단 말일세
군사는 늘 곤욕을 당하고
소인은 흔히 득지得志하거든
저 요순의 아랫시대에
하루도 정치가 잘된 적이 없네
생민이 무슨 죄가 있소?
창천蒼天의 뜻이 아득하구려

　　　　　　(김육)

유운룡
무기장부를 만든 행정의 달인

명재상 유성룡의 친형, 뒤늦게 벼슬길에

유운룡柳雲龍(1539~1601)은 임진왜란 때 큰 활약을 한 유성룡의 형으로 안동 땅 하회에서 태어났다. 그 마을의 촌로들은 곧잘 "형이 더 훌륭했지"라고 말했다. 그만큼 지혜가 뛰어난 인물이라는 뜻이다.

그의 할아버지 유탁과 아버지 유중영은 모두 여러 곳의 수령을 지냈다. 그는 어릴 적부터 아버지의 임지를 따라 여러 번 거처를 옮겨다녔다. 할아버지의 임지에서 산 적도 있으며, 서울구경도 여러 차례 했다.

그는 열여섯 살 때부터 아버지와 할아버지 곁을 떠나 퇴계 이황에게 가서 학문을 익혔다. 이 무렵 이황은 모든 벼슬을 버리고 은둔의 선비로 자처하며 고향에서 제자 기르는 것을 낙으로 삼고 있었다. 뒤이어 동생 유성룡도 이황에게 와서 함께 학문을 익혔다.

그는 스물다섯에 처음 향시鄕試에 응하여 합격한 이래 다시 회시會試에 응시했으나 합격하지 못했다. 서른한 살 때에 다시 향시에 합격하자, 이황은 너무 과거에 연연한다며 나무랐다. 이때부터 다시 과거에 응하지 않았고 벼슬의 뜻을 버렸다. 이와 달리 세 살 아래인 동생 유성룡은 젊은 나이에 과거에 합격하여 조정에서 젊은 벼슬아치로 이름을 떨치고 있었다.

그는 이황이 죽고 난 뒤 서른넷의 나이로 아버지의 권고에 못 이겨 전함사 별좌典艦司別坐라는 배 만드는 일을 감독하는 한직을 받았다. 이나마도 고관 자손에게 주는 음직蔭職 덕분이었다. 그 뒤 한동안 한직을 돌다가 진보현감을 잠시 맡기도 했으며 1584년 마흔여섯 살 때에 인동현감이 되어 나갔다. 동생 유성룡은 판서의 직위에 올라 있을 때였다.

인동현감으로 부임하여 맨 먼저 한 일은 향권鄕權을 쥐고 흔드는 양반 토호들을 다스린 것이다. 토호들은 수령의 지방행정에 협조를 한다는 구실로 조세·부역 따위에 간섭을 일삼고 그 속에서 특권을 누리며 잇속을 챙기기 일쑤였다. 그는 일을 법대로 시행하면서 토호들의 간섭을 일체 막았다. 당시의 지방 상황은 만일 수령이 토호들의 비위를 거스르면 쫓겨나기 십상이었다. 몇몇 토호들은 그를 두고 온갖 모략중상을 일삼았지만 끝까지 버티며 이들의 횡포를 막아냈다.

다음에는 토지나 호구에 따라 부과하는 조세 및 곡물·부역과
환곡의 출납을 문서로 분명하게 정리했다. 당시에는 이런 조세
의 명세를 적당히 적거나 알아보지 못하게 적어 이를 다시 부과
하는 따위의 부정이 횡행하고 있었다. 이러한 폐단을 막기 위해
경위표經緯表를 만든 것이다. 문서에 가로 세로로 줄을 그어, 낼
것과 받을 것 그리고 곡식의 종류 등을 알기 쉽고 분명하게 적도
록 했다. 이는 근대적 부기와도 비슷한 장부로 누가 보아도 알
수 있게 정리해 부정의 소지를 없앴다.

이 경위표 작성에 대해 토호들이 반대하거나 불편하게 여긴
것은 너무나 당연하나 그는 이 일을 꾸준히 밀고나가 많은 성과
를 거두고 그 공평함을 인정받았다.

상급기관인 감사는 다른 고을에도 이 방법을 시행하기 위해
유운룡에게 일을 맡겼다. 그러나 이 일을 추진하던 중 애석하게
도 감사가 갈린 탓으로 중단하고 말았다. 정약용은 이 일이 중단
된 것을 애석하게 여기고『목민심서』「호전戶典 곡부穀簿」에, 곡식
이 들어오거나 나가는 것, 그리고 남아 있거나 소모된 것을 환히
알 수 있는 경위표를 새로 만들어 제시했다. 이 경위표가 유운룡
이 만든 것을 그대로 모방한 것은 아니나 정약용이 여기에서 힌
트를 얻은 것은 분명하다.

만일 조선 중기, 유운룡이 살아 있을 당시 이것이 제대로 시행
되었다면 조선 후기 삼정의 문란 따위의 부정을 막는 데 큰 공헌
을 했을 것이다.

진심으로 사랑받은 목민관

그는 6년 동안 인동현감의 일을 보았다. 이때 정여립 옥사가 일어나 자신의 뜻과는 달리 그 조사관에 뽑힌 탓으로 잠시 고을 원 자리를 비웠다. 옥사가 마무리되자 임금은 다시 그를 재임시켰다. 거의 선례가 없는 조처였다.

7년 동안 수령의 일을 잘 수행하자 서울에 있는 광흥창廣興倉(세미의 곡식을 모으는 창고)의 주부로 뽑혀 올라갔다. 그가 인동고을을 떠나게 되자, 고을 백성들은 그를 기려 공적비를 세웠다. 사실 수령들이 임기를 마치고 떠나면 거사비를 세우는 것이 하나의 관례였다. 그런데 부정으로 행해지는 경우가 많았다. 그러나 유운룡을 비롯해, 토정 이지함이나 순암 안정복과 같은 경우는 사뭇 달랐다. 백성들이 그들의 치적을 마음으로 기린 것이다. 그는 서울로 와서 광흥창의 일을 보다가 한성판윤·평시서령平市署令을 맡게 되었다.

그가 이런 일을 어떻게 해냈는지는 잘 알려져 있지 않다. 그러나 수령 때의 경험을 살려 백성과 직접 부딪치는 일을 맡아보았음은 말할 나위가 없겠다. 특히 장시를 관장하는 평시서령으로서의 업적을 알려주는 한 가지 일화가 있다.

뒷날의 이야기이기는 하나, 그의 동생 유성룡이 서울에서 죽었을 때 집이 가난하여 제대로 초상을 치를 수가 없었다. 그때 평소에 그의 은혜를 입었다 하여 서울 주변의 상인들 수백 명이 몰려와 초상경비를 대고 장례를 치렀다 한다. 만일 유운룡이 부정한 짓을 했다면 이런 일이 있었겠는가? 유성룡이 장시의 일을 중시하여 그 일을 제대로 수행할 사람은 형밖에 없다 하여 그를 책임자로 임명하게 했는지도 모를 일이다.

1592년 4월, 그의 나이 쉰넷에 임진왜란을 만났다. 임금은 북쪽으로 쫓겨가게 되었는데, 이때 그의 동생은 재상의 자리에 앉아 모든 난중의 일을 처리하게 되었다. 유성룡은 임금에게 "형의 벼슬을 해임해 달라"고 호소했다. 자기를 대신해 어머니를 돌보게 하려는 뜻에서였다.

그는 어머니와 식구들을 데리고 태백산 등지로 피난길을 떠났고, 온갖 고초를 겪으며 백성들의 참상을 몸소 목격했다. 일본군이 일시 물러가자, 다시 임시로 풍기군수의 자리를 받았고 이어 원주목사가 되었다.

그는 일본군이 잠시 물러가 있을 무렵, 어머니의 병으로 벼슬을 사양하고 죽령이 영남·호서의 통로로서 일본군을 막기에 좋은 지점이라고 하여 이의 방비를 건의하고 그 아래 큰 진을 두자는 상소를 올렸다. 임금은 이를 가상히 여겨 조정에 불러올려 자문을 얻으려 했으나 일부 인사의 반대로 이루어지지 않았다.

그 뒤 정유재란이 일어나자, 그는 의병 모집에 나서서 왜적 방어의 방책을 강구하기도 하고 뒷날 동생이 주화파로 몰려 곤란한 처지에 놓이자 나라 사정에 비추어 부득이했음을 변호하기도 했다. 그 뒤에도 임금은 그를 승지로 불러올려 곁에 두고자 했지만 과거 출신이 아니라거나 별 재주가 없다는 구실로 일부 인사들이 반대해 이루어지지 않았다.

양진당　안동 하회마을에 있는 양진당은 유운룡의 집으로 매우 오래된 풍산 유씨 종가이다. 유운룡의
아버지인 입암 유중영의 호를 붙인 입암고택이라는 편액이 걸려 있다.

『징비록』 집필을 돕다

그는 예순이 넘어 조용히 고향 하회에 와서 나날을 보냈다. 이
때 아우 유성룡도 모든 관직을 버리고 고향에 와서 임진왜란 경
험을 기록하는 일을 시작했다. 이것이 유명한 『징비록』이다.

『징비록』 내용 중 일부는 유운룡의 조언이 담겨 있다. 그는 오
랜만에 아우와 함께 지내며 한가한 나날을 보냈다. 이런 유운룡
을 두고 민중들 사이에 많은 일화가 떠돌았다. 유성룡을 큰 인물
로 키운 것은 그였다는 것이다. 또 많은 조화를 부릴 줄 아는 도

인이라고도 했다.

어느 날 간첩인 일본의 중이 그를 찾아왔다 한다. 그는 중이 바로 일본의 간첩임을 알아차렸다. 그 중이 하직하고 갈 적에 그가 조화를 부렸는데, 그 중은 밤새도록 달아나려 했으나 뱅뱅이 걸음질만 쳐서 쳇바퀴 위만 돌았다는 것이다. 이런 일화는 민중들이 만들어낸 것이다.

민중들은 그를 이렇게 우러러보았다. 오늘날 이권과 부정에 눈이 어두운 많은 공직자들 특히 부정으로 얼룩진 시장·군수의 모습을 보면서 명리를 떠나 민중을 위해 봉공한 한 인물의 삶을 더듬어보았다.

유성룡
온건과 타협의 명재상

신임은 얻었으나 곧은 말은 적었다

유성룡柳成龍(1542~1607)이 고향 하회에서 죽었다는 소문이 도성에 퍼지자, 도성의 늙은 아전들과 종로의 장사치들 수천 명이 묵사동墨寺洞(오늘날 남산 밑 언저리)으로 모여들었다. 이들은 주인이 살지도 않는 빈집에 몰려와 통곡을 했다. 이 빈집은 바로 유성룡이 살던 집이었다. 이들은 유성룡의 살림이 가난하여 장례 치를 경비조차 없다는 말을 듣고 너도나도 삼베를 가져오거나 한푼 두푼 거두어 장례 경비를 모았다. 벼슬아치는 호랑이나 이리쯤으로 보던 세상에 어떻게 이런 일이 일어났을까? 그것은 말할 것도 없이 그들이 유성룡을 마음으로 추앙했기 때문이다. 앞으로 그의 행적을 더듬어보면 이런 일이 이해되고도 남을 것이다.

유성룡이 죽은 뒤에 날카롭기로 이름난 실록의 사관은 이렇게 그를 평했다.

천자天資가 총명하고 기상이 단아했다. 학문을 열심히 익혀 종일 단정히 앉아 있으면서 몸을 비틀거나 기댄 적이 없으며, 남들을 대할 적에는 남의 말에 귀를 기울여 듣고 말수가 적었다.

하지만 칭찬의 말 외에도 그의 한계를 지적하기도 했다.

이해가 앞에 닥치면 동요를 보였기 때문에, 임금의 신임을 오래 얻었으나 곧은 말을 드린 적이 별로 없고, 정사를 오래 맡았으나 잘못된 풍습을 구해내지 못했다.

『선조실록』권211, 40년 5월조

이로 보면 그는 총명했으나 과격한 성품은 아니었으며, 정치적 이해가 걸릴 경우나 조정에 분란이 있을 때, 처신을 적당히 한 것으로 평가된다.

어느 날 조정에서 선조 임금이 신하들에게 말했다.

선조 : 과인을 예전의 성군인 요·순과 폭군인 걸·주에 비긴다면 어느 쪽이겠는가?

정이주 : 요·순과 같은 군주올시다.

김성일 : 걸·주와 같사옵니다.

선조는 안색이 확 변하며 떨떠름한 표정을 지었다. 이에 유성룡이 나섰다.

둘 다 바른 말입니다. 정이주는 장차 전하의 성덕을 바라는 뜻이요, 김성일은 전하께 경계를 드리는 말인 줄 아옵니다.

부드럽게 어색한 자리를 누그러뜨린 것이다. 이런 유성룡이었으니, 그의 정치적 행각도 이로 미루어 짐작할 만하다.

이황의 학교에서 학문을 익혀

그는 경상도 의성 땅 사촌리에서 태어나 어려서부터 아버지의 임지를 따라다니며 글을 배웠다. 그가 이웃 고을 안동의 도산陶山에 가서 글을 배운 것은 스물한 살 때였다. 이때에 퇴계 이황은 벼슬을 버리고 고향에 돌아와 서숙을 열고 제자들을 기르고 있었다. 특히 이황의 문하에는 조목趙穆과 김성일金誠一 등 고제高弟들이 그의 선배로 활동했다.

그가 주자의 『근사록近思錄』을 들고 이황에게 요목要目을 물어 나가자, 이황은 "이 젊은이는 하늘이 낸 사람이다"라며 칭송했다. 그리하여 선배인 조목과 김성일, 그리고 또 다른 고제인 정구·김우옹과 함께 퇴계학파의 줄기를 잇게 된 것이다.

그는 3년 남짓 이황 밑에서 글을 읽고 벼슬길에 나섰다. 그가 생원시와 문과에 합격하여 성균관에 들었을 때나 낮은 벼슬아치가 되고나서는 스승 가까이에서 글을 익힐 수 없었다. 특히 명나라에 서장관으로 다녀오고 인사권을 쥔 이조정랑을 지내는 바쁜 몸이었으니 말이다.

그가 이황을 만난 지 7년 만에 이황이 세상을 떠났다. 그는 이듬해 장년의 나이에 접어든 서른 살에 말미를 얻어 안동 낙수洛永의 서쪽 언덕 밑에 스승의 학문을 전수하기 위해 서당을 지으려 했다. 결국 이 뜻을 이루지는 못했지만, 이 '서쪽 언덕'의 뜻을 따 서애西厓라는 호를 지어 불렀다.

일찍이 이황은 임금의 간곡한 만류를 뿌리치고 학문을 위해 고향에 돌아왔다. 그는 자신의 관에 '처사'라고만 쓰지 벼슬 이름은 쓰지 말라고 당부했다. 진심으로 산림처사를 표방한 것이다. 그러나 그의 문인들은 조목 등 몇 사람을 제외하고는 대체로 벼슬길에 나와 활동했다.

유성룡도 곧 서당 짓는 일을 거두고 다시 벼슬길에 나왔다. 그 뒤 서른두 살 때 부친상을 당하여 3년 동안 복상한 기간, 그리고 홀어머니의 봉양을 위해 고향 가까운 곳의 벼슬자리를 원하여 서른세 살 때 1년 남짓 상주목사를 지낸 것과 그 뒤 잠시 경상관찰사를 지낸 것 외에는 중앙의 요직에서 거의 떠난 적이 없었다.

그는 순탄한 벼슬길에서 도승지·대제학·이조판서 같은 요직을 거쳐 1590년(선조 23) 우의정에 올랐다. 마흔여덟 살로 정승의 반열에 들어선 것이다. 그의 출세는 문벌의 덕을 본 것도 아니고 이황의 후광을 입은 것도 아니었다. 그의 능란한 처세, 신중한 몸가짐 탓이라고나 할까? 물론 선조의 남다른 신임도 작용했다.

이즈음, 조정은 동인·서인으로 갈라져 다툼질을 하고 있었는데, 그는 동인에 속했지만 상대 당파에 대해서도 늘 온건한 태도를 취했다. 동인이 강경파인 북인과 온건파인 남인으로 갈라질 때에 그는 온건파인 남인에 속했다.

그가 정승으로 있을 당시 정여립의 모반 사건으로 동인들이 무수히 걸려들었다. 동인에 속한 벼슬아치들이 속속 쫓겨나거나 귀양가거나 죽음을 당했지만 그는 소용돌이에 휘말리지 않고 끝내 자리를 지켰다. 그의 이름이 연루자들 속에 끼여 있을 때에는 자핵소自劾疏를 올려 자신을 변호했다. 위기를 무사히 넘기고 자리를 지키고 있는 그에게 동인으로부터 "무고하게 당하는 동인들에게 한 마디 변호하는 말을 내지도, 한 사람도 구제하지도 않았다"는 비난이 쏟아졌다(『선조실록』 권211, 40년 5월조).

임진왜란 때 이순신과 권율을 추천하다

유성룡은 또 하나 중대한 일에 손을 쓰지 않을 수 없었다. 도요토미 히데요시豊臣秀吉가 일본을 통일한 뒤, 그동안 중단되었던 통신사를 파견해 줄 것을 여러 차례 요구해왔다. 이를 놓고 조정의 의논이 분분할 때 그는 통신사를 파견하여 저들의 속셈을 알아봐야 한다고 주장했다. 특히 왜가 내침하면, 우리가 맞서 싸울 수 없는 조건을 들고 그 대비책을 세워야 한다고 건의했다. 그의 의견은 첫째, 삼남지방에 연거푸 흉년이 들어 민심이 안정되어 있지 않고, 둘째, 변방의 방비가 허술하여 적을 막을 군사력이 부족하고, 셋째, 왜적의 동향을 탐지하여 대책을 세워야 한다는 것이다.

그의 의견에 따라 성격이 온순하고 침착한 황윤길, 곧고 기개가 넘치는 김성일, 이들을 조화시킬 수 있는 허성을 통신사 일행으로 파견했다. 그런데 통신사 일행이 가져온 일본의 국서에 담겨 있는 "군사를 거느리고 명나라에 들어갈 터이다"거나 "명나라를 정벌할 터이니 길을 빌리자"는 따위의 내용을 놓고 조정은 또다시 의견이 분분했다.

각각의 의견이 팽팽히 맞설 때 유성룡은 커다란 회의에 빠졌다. 그는 결코 "왜적이 쳐들어오지 않는다"는 말을 믿을 수가 없었다. 사실 조정의 대신들도 많은 의구심을 가졌고, 선조도 이 문제에 대해 무척 고심했다. 선조는 정승 박순에게 만일 왜구가 쳐들어오면 도원수감이 누구겠느냐며 인재를 구하고 있었다. 박순은 비록 신분이 미천하나 지략이 뛰어난 정개청을 기용해보라고 권고했다(『연려실기술』「선조조 고사본말」).

유성룡은 이순신을 천거했고 권율을 기용하라고 했다. 선조는 정읍현감 자리에 있는 낮은 벼슬아치인 이순신을 일약 전라좌수사로 삼아 바다를 맡기고, 형조정랑인 권율을 의주목사로 삼아 육지의 방비를 맡게 했다.

끝내 임진왜란이 터졌다. 선조는 허겁지겁 몸을 빼서 서울을 떠나 개성에 이르러서 유성룡을 영의정에 임명하고 난의 수습을 온통 그에게 맡기려 했다. 그러나 반대파는 쫓겨가면서도 "화의를 주장하여 나라를 그르쳤다"고 그를 매도했다. 곧 통신사의 파견을 주장하고 왜의 국서 내용을 명나라에 알려야 한다고 한 주장을 두고 몰아붙인 것이다. 이리하여 서울이 함락되는 시기에 그는 파직되었다. 실로 안타까운 일이었다. 그러나 그는 정승이 맡는 임시직인 도체찰사都體察使의 소임을 띠고 군량미를 거두어들이고 의병봉기를 격려하는 한편 명나라와의 파병 교섭을 추진했다.

그는 겁쟁이 선조가 중국 요동이나 함경도로 처소를 옮기려 할 때 의주에 머물러 있으면서 관군과 의병에게 반격의 기세를 격려해야 한다고 주장, 이를 관철시켰다. 그는 "대가大駕(임금이 타는 수레)가 우리 땅 밖으로 한 걸음이라도 나가면 조선 땅은 우리 것이 되지 않습니다"라고 절대절명의 순간에 모처럼 대들었던 것이다. 선조는 유성룡의 강경한 요구를 속으로는 싫었으나 받아들이지 않을 수 없었다. 사실 민중들은 선조의 어가에 돌멩이를 던지고 소리를 지르는 등 저항의 기세를 보였다.

영의정에 올라 전후의 혼란기를 수습

그는 동분서주하면서 평양 탈환에 앞장섰고 서울 수복에 만전을 기했다. 그는 조정이 서울로 돌아온 뒤인 1593년 10월, 다시 영의정에 임명되었다. 그에게 난의 수습을 위한 모든 책임이 주어진 것이다. 그는 잠시도 쉴 틈 없이 군국軍國의 일을 처리했다.

그가 차례로 추진한 전란 수습책을 몇 가지로 나누어 알아보면 이러하다.

첫째, 새로 속오군束伍軍을 창설해 양반 자제들에게도 병역의 의무를 모두 지게 했다. 둘째, 노비와 승려 등 천민들도 군대에 복무하게 하고 그 조건으로 천민신분을 면제해주며, 공을 세우면 벼슬을 주는 제도를 실시했다. 셋째, 지역 특산물인 공물 납부를 현물로 하지 않고 쌀로 대신하게 하고 부과 기준을 토지 소유의 정도에 따르게 했다. 실제 종래 양반과 양반에 딸린 노비들은 군대의 의무를 지지 않는 특권을 누렸으며 공물을 현물로 바치다보니 폐단이 많았다.

한편으로 그는 화의를 강력하게 주장하고 추진했다. 그는 왜 화의를 서둘렀을까? 이것은 따질 것도 없이 도탄에 빠진 민생을 구제해야 했고 텅 빈 국가재정으로는 더 이상 전쟁을 수행할 수 없었기 때문이다. 그의 바른 양심은 왜적의 유린은 물론, 명나라 군대가 부리는 횡포도 견딜 수 없었던 것이다. 또다시 그에게 비난이 쏟아졌다. "원수를 잊고 치욕을 참는다"고 반대파가 들고 일어난 것이다.

이순신이 어명을 어기고 출병하지 않았다고 조정에서 죄를 논란할 적에는 동료인 정탁鄭琢을 통해 변명하게 하고 자신은 뒷전으로 물러났다. 이에 또 "대신의 뼈대가 없다"고 벼슬아치들이 그를 비난했다.

시련은 연이어 닥쳐왔다. 난이 채 끝나기도 전인 1598년, 명나라의 경략經略 정응태가 명나라 황제에게 "조선이 왜와 짜고 명나라를 공격하려 한다"고 무고한 것이다. "이 일로 명나라에 변무辨誣해야 한다"는 주장이 대세였지만 그는 여러 가지 사정을 들어 이를 만류하는 수습책을 밀고 나갔다. 이에 북인들이 들고 일어나 그의 미지근한 태도와 함께 주화오국主和誤國한 죄를 공격했다.

유성룡은 영의정이 된 지 5년 만에 끝내 자리를 내놓았다. 관직을 삭탈당하고 고향 하회로 돌아온 것이다. 파직의 표면적 이유는 명나라 『대명회전』에 이성계 아버지의 기록이 잘못되었으니 이를 바로잡으려 보내는 변무사辨誣使를 자청하지 않았다는 것이요 난중에 원수와 강화를 주장했다는 것이다. 이는 순전히 억지였다.

사실 그가 조정에서 쫓겨나게 된 간접적 동기는 두 가지를 지적할 수 있다. 무엇보다 선조의 변덕이 살아났던 것이다. 선조는 난중에 이순신을 처단하려 하기도 했고, 치솟는 유성룡의 민중적 인기를 시기했다. 그를 죽일 구실은 하나도 없었으니 조정에서 몰아내는 것으로 마무리했던 것이다. 게다가 특권이 배제된 양반 무리들의 앙갚음이 그 배경에 도사리고 있었다.

임진왜란이 끝난 뒤 그가 추진했던 정책은 다시 원점으로 돌아갔다. 양반의 특권은 다시 살아났고 승려와 노비들에게 약속한 면천免賤과 벼슬 주는 약속은 하나도 지켜지지 않았다. 공물을 쌀로 환산하고 토지 소유를 기준으로 하는 제도도 사라졌다. 다만 광해군이 그 효용성을 인정해 일부 지역에서 대동법大同法을 실시했을 뿐이다.

고향으로 돌아와 『징비록』을 쓰다

그 풍진 세상을 벗어나 얼마 만에 고향에 돌아와 유유자적한 생활을 누리게 되었던가? 그러나 강산은 유린되었고 그의 가산도 말이 아니었다. 많은 노복을 거느리는 신분에 먹을 것이 모자라 죽으로 끼니를 이어야 했다.

그는 벼슬살이의 모든 번잡함을 떨쳐버리고 자성의 마음으로 임진왜란 회고록 집필에 몰두했다. 이것이 명저 『징비록懲毖錄』이다. 『징비록』 집필에 열중할 때 그의 관직이 복구되고 또다시 벼슬이 내려졌지만 그는 단호히 거절했다. 그는 가난한 삶을 자족하며 『징비록』을 완성했다. 『징비록』의 내용은 앞에 일본과의 교린관계 사실을 간단하게 적고 임진왜란이 일어난 뒤부터 끝날 때까지 7년의 사실을 기록했다. 그 서문에 이렇게 적었다.

나는 늘 지난날 전란의 일을 생각하면 황송함과 수치스러움에 몸 둘 바를 모른다. 이에 한가한 가운데 그 듣고 본 바를 기술했다.

스스로 반성하는 자세를 가지고 글을 써나갔던 것이다. 책 이름 '징비懲毖'는 중국 고전인 『서경』에 나오는 말을 빌렸다. 곧 "미리 잘못을 뉘우치고 경계해서 뒤의 환란을 대비한다"는 뜻이다. 그는 다시 이런 참담한 전쟁이 일어나서는 안 되며 미리 대비하는 자세가 있어야 한다는 의지를 드러낸 것이다. 이 책은 임진왜란의 전개과정과 여러 대책을 알아보는 데 귀중한 사료가

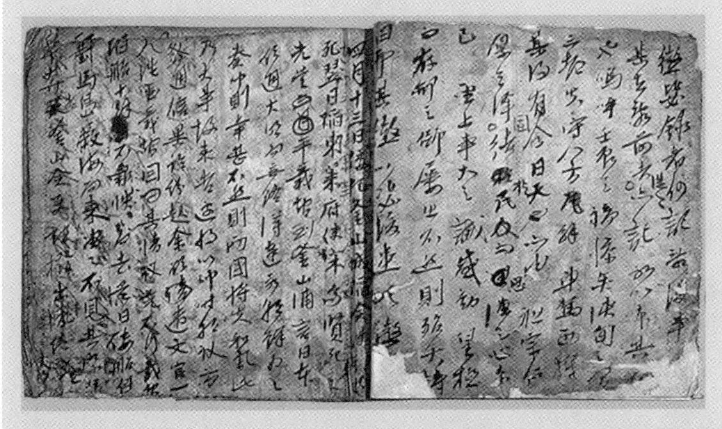

징비록 임진왜란 7년 간의 사실을 기록한 이 책은 임진왜란을 연구하는 데 가장 기본적인 자료로 평가 받고 있다.

되고 있다.

그가 병들어 누워 있다는 소식을 듣고 임금은 궁중의 의원을 보내 병을 다스리게 했지만 그는 예순다섯을 일기로 세상을 마쳤다. 그가 고향에 돌아온 지 10년 만에 죽자, 도성의 백성들이 그의 서울 집으로 달려가 호곡했던 것이다. 그가 청렴결백하고 백성의 고통을 늘 염두에 두었기에 서울의 백성들은 너도나도 부모의 초상을 당한 것처럼 슬퍼했고, 가난한 주머니를 털어 장례비를 냈던 것이다.

그의 온건과 타협의 몸가짐이 높은 벼슬을 누리는 밑천이 되었고, 그의 총명과 판단력이 난국을 수습하는 수완이 되었지만, 그에게 쏟아진 비난도 만만치 않았다. 더욱이 그의 선배이자, 동문수학했던 조목은 그의 미지근한 태도에 분개하여 절교하기도 했고, 같은 조정의 동료인 정인홍과는 원수 사이가 되어 서로 공격을 늦추지 않은 적도 있다. 그러나 이황의 수제자로, 조정의 명신으로, 난국을 수습한 정치가로 그의 이름은 역사에 길이 남을 것이다.

그의 후손들은 안동 풍천의 하회마을에 자리를 잡고 살아왔는데 오늘날 전통가옥 등 많은 민속적 자료를 간직하고 있어 사람들의 발길을 끌고 있다. 2007년은 그의 서거 400주년이 되는 해였다. 그를 기리는 발걸음이 병산서원에 이어졌으며, 여러가지 기념사업도 펼쳐지고 있다.

강홍립

실리외교로 전쟁을 조율하다

광해군, 무관 강홍립을 오른팔로 삼다

나라에 큰 전란이 일어나면 역설적으로 명장이 태어날 좋은 조건이 된다. 우리나라는 잦은 외침 탓으로 많은 명장이 배출되었다. 조선조는 비록 문관 위주의 관료사회였지만 임진왜란 때에는 이순신이 있었고, 병자호란 때에는 임경업이 있었다. 시대적으로 그 중간에 드는 강홍립姜弘立(1560~1627)은 여러모로 따져볼 때 불행한 장수였다. 그는 명장의 바탕을 지녔고 조정 정책에 충실한 장수였는데 왜 핍박을 받아야했을까?

그는 경기도 시흥에서 태어났다. 그의 아버지와 할아버지는 높은 벼슬을 누리어 그는 비교적 유복한 성장기를 거쳤다. 그의 할아버지 강사상姜士尙은 우의정을 지냈고 그의 아버지 강신姜紳

은 우찬성을 지냈다. 문벌을 중시하던 그 시대에 그의 앞날은 탄탄할 것처럼 보였으며, 다른 동료들의 부러움을 살만했다.

그는 정해진 과정대로 젊은 나이에 알성문과調聖文科(임금이 보이는 최종 과거시험)에 급제하여 벼슬길에 나섰다. 그가 본격적으로 벼슬길에 나섰을 때에는 임진왜란이 끝나 나라가 안정된 것처럼 보였다. 그는 이만저만한 벼슬을 지내다가 1605년 도원수 한준겸의 종사관(실무책임자)이 되었다. 그는 문관으로서 도원수 휘하에 들어 용병술을 배웠다. 이때부터 그는 병사 관계의 일에 종사하게 되었고 군대의 지휘, 병법의 요령을 배웠다. 이것이 계기가 되어 그는 장수의 길로 들어서게 된 것이다.

광해군이 왕위에 오르자, 그는 광해군이 왕위에 오른 사실을 알리는 소임을 띠고 명나라에 다녀왔다. 그 뒤에도 또 한 차례 뛰어난 외교관 이덕형을 따라 명나라에 다녀왔다. 그는 북경을 드나들면서 명나라는 꺼져가는 태양이라는 생각을 갖게 되었다.

광해군에게는 자신의 뜻을 실행시켜줄 훌륭한 인재가 필요했다. 광해군은 후궁의 몸에서 태어나 같은 어머니를 둔 형 임해군을 제치고 어렵사리 왕위에 올랐기 때문에 늘 위태로운 마음을 떨쳐버릴 수가 없었다. 더욱이 광해군은 임진왜란을 일선에서 몸소 겪었는데, 당시 만주에서 한창 힘을 떨치고 있는 여진 세력에 대해 눈길을 뗄 수가 없었다. 이런 마당에 조선 조정에서는 늙은 호랑이 명나라에 대한 사대의 분위기가 임진왜란 이후 예전보다 더욱 팽배해 있었다.

광해군은 국내외에 걸쳐 위기상황이 전개되고 있다고 보았다.

광해군은 왕위에 오르자 만주 일대 여진족의 동정을 상세히 살펴
도록 해 그쪽 사정을 누구보다 잘 알고 있었다. 이런 때에 광해군
의 눈에 든 사람이 바로 강홍립이었다. 강홍립은 남병사南兵使(함경
도 북청에 둔 무관직으로 국경지방 방비의 책임을 맡은 벼슬)로 있으면서 그쪽
방면의 동정을 낱낱이 알고 있었다. 그는 여러모로 병권을 잘 처
리하고 전술을 잘 구사해 벼슬아치들에게서 신임을 얻고 있었다.

광해군은 강홍립을 중용할 마음을 먹고 그를 주목했다. 그를
우선 한성부 부윤으로 삼아 임금 가까이에 두어 임금의 뜻을 알
게 했고, 진녕군晉寧君으로 봉해 임금의 신임을 내외에 알렸다.
이것이 어찌 보면 그를 불행의 길로 이끈 단초가 되었다.

광해군의 뜻에 따라 적군에 투항

이럴 즈음 여진은 더욱 힘을 떨쳐 국호를 후금後金이라 하고,
누르하치가 후금 황제의 위에 올라 명나라에 맞섰다. 천자의 나
라를 자처하는 명나라로서는 참을 수 없는 굴욕감을 느끼고 있
는 판에 후금은 요동 일대를 무력으로 차지했다. 명나라는 이를
응징하지 않을 수 없었다. 특히 요동은 전략적 요충지이다. 이곳
을 차지하는 세력이 중원中原(북경을 중심으로 한 중국의 본토)을 차지하
는 경우가 많았다.

명나라는 후금 정벌계획을 세우고 조선에 원병을 요청했다. 임
진왜란 때 도와준 은공을 갚으라는 뜻도 이 원군 요청 속에 포함

되어 있었다. 광해군은 나라의 사정이 허락하지 않는다든지, 왜구가 다시 침입할 조짐이 있다든지 하는 핑계를 대며 원병을 미루었다.

1618년(광해군 10)에 들어 명나라의 원병 요구는 강경했고, 사대 은의를 내세우는 조정 대신들의 여론 또한 억누르기만 할 수도 없어 마침내 원병을 보내기로 결정했다. 도원수를 강홍립, 부원수를 김경서金景瑞로 임명하고 포수 3천 500명을 중심으로 1만 3천 명 가량의 군사를 파견하기로 한 것이다. 고려 때 몽골과 연합군을 편성해 일본정벌에 나섰던 일이 있는데, 이 파병은 아마도 역사상 두 번째에 속할 것이다.

강홍립은 문관 출신이고 그 아래는 모두 무관 출신이었다. 강홍립은 어떤 연유에서인지 도원수의 직책을 세 차례나 거듭 사퇴했다. 그의 사퇴는 아마도 이런 뜻이 개재되어 있었을 것이다. 첫째, 앞으로 그의 향배에 대해 조정의 비난을 면할 수 있는 사전 포석으로 보인다. 둘째, 앞으로 사건의 전개에 따라 명나라에 변명할 구실을 만들어두려는 것으로도 보인다.

그가 사퇴를 표명할 때마다 광해군은 간곡한 당부를 했다. 여러 조정 중신들이 있는 자리에서 강홍립은 자기의 재주로는 이 일을 감당할 수 없다고 표명했다. 광해군은 거듭 당부했다.

일이 위급하니 사양하지 말고 일을 처리하라. 속히 내려가서 군사를 거느리고 능히 계책을 써서 내 근심을 풀어달라.

『광해군일기』 권131, 10년 8월조

강홍립은 마침내 출정길에 나섰다. 그가 만약 형조참판이라는 문관의 직책을 누리며 조정에서 지냈더라면 그의 앞날은 평탄했을 것이다. 하지만 그는 어려운 역정의 첫발을 내디뎠다. 강홍립이 이끄는 군대가 8월에 서울을 출발하여 평안도에서 머뭇거리다가 압록강을 건넌 것은 7개월이 지난 뒤였다. 그는 계속 명군의 동정을 살피고 후금의 눈치를 보며 행동했던 것이다.

강홍립은 명군과 합류하고 있는 처지에서도 양식이 떨어졌다거나 무기가 모자란다는 등의 핑계를 대고 명군의 뒤에 처져 따라가며 앞장서지 않았다. 한편 그는 명군 몰래 밀사를 후금의 장수에게 보내 명나라의 강요에 의해 출병했음을 알리고 조선은 후금과 적이 될 이유가 없다고 밝혔다.

명나라 군대가 후금군에게 패한 뒤 강홍립 부대는 후금군과 전투를 벌이면서 적당히 싸우는 체하다가 투항하고 말았다. 1619년 3월 4일 투항한 다음날, 그는 후금군과 화의를 맺었고 또 그 다음날에는 누르하치를 만나 조선의 뜻을 전했다. 후금과의 형식적인 전투에서 종사관 김응하 등이 전사하기도 했으나 조선의 주력 부대는 별다른 희생이 없었다. 강홍립·김경서 등은 후금에 억류되었고 그 아래의 장수들은 송환되었다. 이때부터 강홍립은 8년 동안 억류생활을 하게 되었다.

강홍립은 광해군이 은밀하게 당부한 관형향배觀形向背(형세를 보아 행동을 결정하는 것)의 전술을 충실하게 구사했다. 그는 임무를 완벽하게 수행하여 많은 군사를 살렸으며 전쟁을 방지했다. 이 뜻을 누가 바르게 알아줄 것인가?

강홍립이 투항했다는 전갈이 오자, 멋속을 모르는 평안감사 박엽은 강홍립의 가족을 모두 잡아 가두었다. 또 강홍립의 첩자 姜子를 삭주에 감금해두고 조정에 보고했다. 조정의 벼슬아치들은 명나라를 배반하고 투항한 장수 강홍립을 역장逆將으로 다스려야 하며 그의 가족은 모두 주살해야 한다고 들고 일어났다. 그러나 광해군은 강홍립의 가족을 서울로 데리고 오게 해, 서울에서 물품을 하사하는 등 평안히 지내도록 조처했다. 중신들은 놀라움을 금하지 못했으며 강홍립에게 죄 주자는 소동도 수그러들었다.

조선과 후금 사이에서 외교수완 발휘

이 모든 과정은 광해군의 계획대로 이루어진 것이다. 곧 명나라에 대해서는 겉으로 복종하는 체하면서 책잡힐 빌미를 주지 않고, 후금에 대해서는 명의 강요에 의해 출병했을 뿐, 그들과의 우호를 계속 지키겠다는 양면의 계책에서 나온 것이다. 강홍립은 광해군의 계획을 충실히 이행했다. 그뿐만 아니라 억류되어 있는 강홍립은 계속 조정에 밀서를 보냈다.

그는 그곳의 사정을 낱낱이 염탐하여 적거나 그곳 장수들의 동태를 상세하게 적은 종이를 노끈으로 꼬아 보내기도 하고 말 안장에 넣어 보내기도 했다. 그가 올린 비밀 장계를 통해 조정에서는 후금의 동정을 알아냈고 그에 따라 정책을 세워나갔다. 이

중생활을 해야하는 억류생활은 하루도 편할 날이 없었다. 그러나 양면외교를 펴던 광해군이 끝내 쫓겨나면서 조선과 후금 사이에 새로운 양상이 전개되었다.

광해군이 쫓겨난 이유는 두 가지로 나누어볼 수 있다. 첫째는 친명사대파 또는 모화주의자들에 의해 쫓겨난 것이다. 명나라에 대한 은의만을 내세우는 존명사대파는 오랑캐인 후금(뒤에 '청'으로 바꿈)과 결코 야합할 수 없다는 생각을 가지고 있었다. 둘째는 서인들에 의해 쫓겨난 것이다. 광해군은 동인 또는 동인에서 갈라진 대북파를 주축으로 정권을 다졌는데, 소외된 서인들이 군사를 동원해 광해군을 축출한 것이다.

이른바 인조반정으로 정권을 잡은 서인은 후금에 강한 적의를 보였다. 후금의 사신을 죽이려고 위협하기도 하고 도망쳐온 명나라 장수 모문룡에게 황해의 가도에 근거지를 제공하고 쌀 60만 석을 공급하기도 했다.

이런 마당에서 누르하치가 죽고 그 아들 태종이 들어섰다. 태종은 중국을 전면적으로 치기 전에 후환이 되는 조선을 먼저 치기로 했다. 1627년, 후금은 대군을 이끌고 조선으로 쳐들어왔다. 이를 정묘호란이라 부른다. 강홍립도 후금의 군사를 따라들어왔다.

후금의 군사가 쳐들어오자, 인조는 허겁지겁 강화도로 들어가고 왕세자는 길을 달리해 전주로 갔다. 이때 강홍립은 막후에서 외교수완을 발휘해 화의를 성립시켰고, 조선과 후금은 '형제의 나라'로 약속하고 강화를 맺었다. 이 화의가 성립되자, 후금은 인질로 억류되어 있던 강홍립·박난영 등을 송환했다. 오랜 억류 생활이 끝났지만 그의 몸은 병이 깊었다.

역사 속에서 반드시 재평가를 받아야

그런데도 존명사대파는 그를 들볶았다. 역장이라거니 역신이라거니 하면서 그를 내버려두지 않았다. 그는 그리워하던 고향 집의 마루에 앉았어도 한시도 편할 날이 없었다. 그의 목숨은 경각에 달려 있었다. 앞뒤 사정을 어느 정도 알고 있는 인조는 그에게 죽음을 내리지 않고 벼슬만 떼어버렸다. 이런 등쌀에 못 견뎌 그는 고국에 돌아온 지 3개월 만에 마침내 파란 많은 삶을 끝마쳤다.

강홍립이 죽자 인조는 그의 관직을 복구시키고 초상비용을 내리도록 조치했다. 인조는 그의 처신을 상당히 이해했으며 아무 대비도 없이 전쟁을 부르짖는 존명사대파를 마음속으로는 싫어했다. 그러나 이 조치에 대해 조정의 벼슬아치들이 벌떼처럼 들고일어나 그 부당함을 지적했다. 인조도 어쩔 수 없이 위의 조처를 철폐했다(『인조실록』 5년 7월조).

그 뒤 조정에서는 더욱 심하게 후금을 적대관계로 대하다가 마침내 1636년 병자호란을 불러와 삼전도의 치욕을 겪고 '형제의 나라'에서 '군신의 나라'로 굴복하고 말았다. 광해군이 폐출된 뒤에는 정묘호란이 일어났고, 강홍립이 죽고 난 뒤에는 병자

강홍립의 초라한 무덤 강홍립은 "관형향배하라"는 광해군의 밀명을 충실히 따른 장수였으나 광해군이 쫓겨난 후 후금에 항복한 장수로서 극심한 탄압을 받았다. 광해군의 실리외교에 대한 재평가 못지 않게 그에 대해서도 새롭게 조명해 보아야 할 것이다.

호란이 일어났던 것이다. 이것이 과연 우연일까?

강홍립의 후손들은 온갖 핍박을 받으며 살아야 했고 몰락을 거듭했다. 임경업林慶業은 쓰러져가는 명나라를 위해 신명을 바친 공로로 조정의 융숭한 대접을 받았지만 강홍립은 극심한 탄압을 받았다. 그의 후손들은, 그의 문집과 그에 대한 기록을 후손들이 관악산 연주암 주변에 묻었다고 말한다(강희영 『도원수 강홍립』). 오늘날까지도 그 흔적을 찾을 길이 없어 그의 자세한 행적을 더듬기가 어렵다. 근래에 시흥 땅 난곡에 있던 그의 무덤을 옮겼는데, 그의 시신이 부패하지 않고 온전한 모습을 간직하고 있었다고 한다. 키는 6척 장신이었다고 목격자들은 전한다. 아직도 그의 한이 서려 있기 때문일까?

오늘을 사는 우리는 역사 속의 인물에 대해 여러 각도에서 조명할 필요가 있다. 강홍립도 그런 인물의 하나라 하겠다. 오늘날 그가 역사적으로 재평가를 받은 탓인지 많은 답사자들이 서울 관악구 신림동 난곡의 진주 강씨 묘역에 있는 그의 무덤을 찾고 있다.

이덕형
임진왜란의 일급외교관

관포지교를 나눈 오성과 한음

한음漢陰 이덕형李德馨(1561~1613)은 인품이 넉넉하고 남다른 우국충정과 금도襟度를 지닌 명신이요, 외교가였다는 평가를 받았다. 많은 인사들이 임진왜란을 겪으면서 풍파에 휩쓸리고 비난에 시달렸으나 이덕형만은 드물게도 입방아에 별로 오르내리지 않았다. 그는 분쟁을 일으키지 않는 인물이었다.

그가 태어날 때는 나라가 정치적·사회적으로 혼란한 시기였다. 위로는 연이은 사화가 일어나고 뒤이어 당쟁의 조짐이 보이기 시작했다. 또 척신 윤원형의 발호가 극심했다. 아래로는 각지에서 토호의 작란과 도적이 횡행했다. 나주의 토호 김응란과 황해도 의적 임꺽정이 그 대표적인 경우이다.

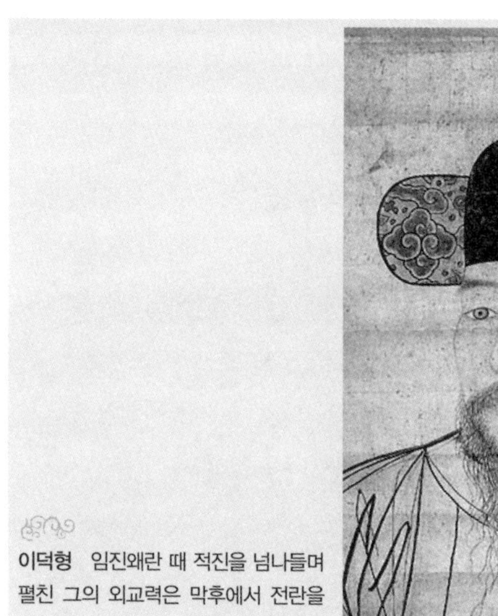

이덕형 임진왜란 때 적진을 넘나들며 펼친 그의 외교력은 막후에서 전란을 극복하는 데 많은 공헌을 했다. 동아대 학교박물관 소장 초상화이다.

　역사 인물에 조금이라도 관심이 있는 이들은 어릴 적에 동화나 만화를 통해 오성과 한음의 따뜻한 우정과 유머러스한 장난을 알고 있을 것이다. 오성은 이항복, 한음은 이덕형을 가리킨다. 그런데 실제로는 이항복이 이덕형보다 다섯 살 위였으니 형뻘이다.

　이들은 다 같이 포천 출신으로 함께 서당에 다녔으며 이항복의 장인이 된 권율의 지도를 받기도 했다. 그런 탓으로 두 사람은 벼슬길에 나와서도 뜻을 같이해 우정을 저버리지 않았으며 정치적 노선의 지향도 달리하지 않았고 명나라 외교에도 힘을 보탰다.

이덕형이 벼슬자리에 나와 활동하던 시기, 짧다면 짧은 50여 년 동안 많은 역사적 사건들이 있었다. 동·서의 치열한 당쟁, 정여립의 모반 사건, 미증유의 대전란인 임진왜란 등이 연이어졌다. 또 그가 죽을 무렵은 임진왜란 뒤에 필연적으로 유발된 사회 전반의 파탄, 광해군의 정치적 마찰, 대외적으로는 명나라가 꺼져가고 후금이 강력하게 등장하던 시기였다.

임진왜란을 지휘하다

그러니 이덕형이 산 기간은 조선조 중기에서도 가장 어려운 시기였다. 이런 시대상황 속에서 이덕형은 1580년(선조 13) 스무 살의 나이로 별시문과別試文科에 급제한 것을 시발로 하여 관계에 몸을 담았다. 교리·대사성 등을 거쳐 1592년 임진왜란 때에는 예조참판 겸 대제학이 되었다. 서른한 살의 젊은 이덕형은 이때부터 정치가로서의 수완과 외교가로서의 능력을 발휘하기 시작했다.

일본군은 동래를 함락시킨 뒤, 파죽지세로 경상도를 휩쓸며 북상하고 있었다. 이때 일본군 측에서는 조정의 화전 교섭 제의를 다 물리치고 이덕형만 만나고 싶다고 했다. 한양의 벼슬아치들이 허겁지겁 북쪽으로 달아나고 있을 때, 이덕형은 길을 남쪽으로 돌려 전선에 나가 있었다. 그는 밀양에 내려가서 단신으로 적진에 들어가 일본의 배신을 힐책하고 물러나왔다.

일본군은 평양성 함락을 앞두고 또 한 차례 이덕형을 만나자고 제의했다. 이덕형은 종자 두어 사람만을 데리고 회담장소인 임진강 한가운데로 나갔다. 일본 측에선 안면있는 중 겐소玄蘇와 야나가와柳川調信 등이 나와 명나라를 치러 가는 데 길을 비켜주고 협조해달라고만 강요했다. 이덕형은 조금도 굽힘없이 한마디로 거절하고 물러나왔다.

그는 이때 일본군이 우리나라와 강화를 한다고 해서 물러가지 않을 것을 간파했다. 그는 이 사실을 조정에 보고하는 한편 선조를 정주까지 호종扈從했다. 그는 이항복과 함께 명나라에 구원병을 청하자고 강력히 주장했다. 이 의견이 받아들여져 이덕형은 청원사가 되어 명나라로 건너갔다. 명나라는 국내의 사정으로 구원병 보내기를 주저하고 있었다. 그러나 이덕형은 명나라가 결국은 구원병을 파견할 것이라는 판단을 내리고 온갖 설득 끝에 친조파인 병부상서 석성石星을 움직여 끝내 구원병 파견을 성공시켰다.

명나라 총대장 이여송李如松의 부대가 압록강에 당도하자 이덕형이 접반관이 되어 접대를 맡았다. 그는 오만무례한 이여송을 여러모로 달랬다. 이때 고니시 유키나가小西行長가 평양을 점령하고 있었다. 이여송이 평양 탈환작전을 벌일 때 이덕형은 또 다른 막역한 친구요 선배인 평양관찰사 이원익과 긴밀한 연락을 취하여 탈환작전의 원활을 기했다. 평양 탈환의 성공은 전란 중 처음 기록한 조명 연합군의 승리였다.

이덕형은 1593년 병조판서가 되어 전쟁을 지휘했으며 임진왜란이 끝날 무렵인 1598년에는 서른여덟 살의 장년으로 우의정에 승진했고, 이어 좌의정을 역임했다. 1601년에는 경상·전라·충청·강원도의 사도도체찰사四道都體察使가 되어 지방을 순행하면서 민심 수습에 나섰다.

난이 끝난 뒤에 온 나라에 역질과 기근이 돌아 그렇잖아도 전쟁에 시달린 민중을 괴롭혔고, 풍기는 극도로 문란해 있었다. 이때를 당하여 그는 네 도의 도체찰사로서 민중의 구호사업과 민심의 수습, 그리고 지방군대 정비에 심혈을 기울였다. 난이 끝난 뒤 호성공신扈聖功臣(난에 선조를 호종한 신하들)이 녹훈될 때 그의 친우인 이항복과 이원익은 1, 2등에 이름을 올리게 되었으나 그는 애써 사양했다. 사실 그는 잠시 왕을 호종했을 뿐 그의 뜻은 언제나 전선을 달리거나 명나라에서 교섭을 벌이고 있었던 것이다. 그는 할 일을 다 했을 뿐, 녹훈은 전혀 염두에 두지 않았다.

다른 각도에서 보면 호성공신을 서둘러 녹훈한 것은 순서도 틀렸고 사리에도 맞지 않는다. 선조 자신이 북쪽으로 파천할 때 민중은 돌을 던지면서 저항의 기세를 보였다. 전선으로 달려가야 할 벼슬아치들이 북쪽 안전지대로 도망치는 경우도 허다했다. 그런데도 난중에 임금을 모셨다고 하여 내시들을 공신으로 올리면서도 정작 전투에서 공을 세우고 죽어간 장수들은 뒷전으로 밀어놓았다. 이덕형은 이를 못마땅하게 여겼으나 어찌해 볼 도리가 없었다.

원만한 성품, 부드러운 리더십

마침내 1602년 이덕형은 정치가로서나 벼슬아치로서 최고의 영록인 영의정이 되었다. 이덕형은 4년 동안 영의정의 자리에 있으면서 전쟁으로 피폐된 나라를 바로잡기에 힘썼으며, 인맥으로는 남인 계열에 들었으나 당색에 조금도 흔들리지 않고 정직하고 바른 정사를 폈다. 이 과정에서 친구 이항복의 협조가 그를 받쳐주었다. 그 뒤 이덕형은 잠시 영의정 자리에서 물러나 있다가 1608년 광해군이 즉위하자 진주사로 명나라에 다녀온 뒤 다시 영의정에 복직되었다. 그러나 그는 광해군이 여러모로 빚어내는 마찰을 몸소 겪고 보면서 관계에 있고 싶은 생각이 조금도 없었다.

이덕형은 마침내 최초이자 마지막인 삭직削職의 아픔을 겪었다. 1613년 대북파의 충동에 광해군은 영창대군을 제거하고 인목대비를 폐모하려 했다. 이덕형은 이원익·이항복과 함께 이를 극력 반대하다가 벼슬에서 떨려나게 된 것이다. 그는 곧장 행장을 꾸려 양근楊根에 내려가 은거하다가 그곳에서 세상을 떠났다.

이처럼 그가 살던 시대는 다난했으나, 개인적으로는 순탄한 길을 걸었다고 볼 수도 있다. 그는 현관주의자는 아니었으나 온갖 현관을 지냈으며, 탁월한 지도력이 있었던 것은 아니었으나 주위는 늘 그에게 심복했고, 권모술수형 정치가가 아니면서도 시세는 늘 그의 편에 서 있었다. 이는 그의 인간적 풍모와 원만한 성품 탓이었다. 친구 이항복이 명신 권율을 장인으로 두어 부러움을 샀다면, 이덕형은 영의정을 지낸 북인 이산해李山海를 장인으로 두었다. 관계에서는 이산해의 보이지 않는 권위에 힘입은 바도 컸다.

"시대가 영웅을 만든다"는 말이 있듯이 임진왜란 때는 제제다사濟濟多士가 널려 있었다. 임진왜란을 치러낸 첫째 공로자로 서애 유성룡과 충무공 이순신을 꼽는다. 그 다음은 3리李라고 한다. 3리란 이원익·이항복·이덕형을 말한다. 이 세 사람은 각기 개성과 특징을 지니고 있으면서 절친한 사이였다. 그들 가운데 이원익이 맏형이었다.

이원익(1547~1634)은 체구는 남달리 작으면서도 굽힐 줄 모르는 의지와 솔직 대담성, 그리고 소탈한 성격을 지니고 있었다. 이항복(1556~1618)은 기지와 해학, 재기발랄한 명민함을 지니고 있으면서 남을 사랑하고 인정이 넘치는 인간적인 인물이었다. 이덕형은 위풍이 당당하고 언변이 뛰어났으며, 언제나 상대에게 호감을 주면서 상대를 압도했다. 이 세 사람은 남다른 교분을 지녔고, 또 영의정을 번갈아 역임하면서 숱한 일화를 남겼다.

이원익은 오리梧里 정승으로 통했고, 이항복은 오성鰲城 대감으로 불렸다. 이덕형은 이항복과는 동문수학의 벗이었다. 이덕형은 세 사람 중 나이가 제일 적으면서도 먼저 높은 벼슬을 얻었고 제일 먼저 세상을 떠났다. 이항복은 이덕형이 죽은 5년 뒤, 인목대비 폐모논의에 반대하다가 북청의 배소配所에서 죽었다. 이원익도 폐모논의에 반대하다가 홍천에 유배되었으나 인조반정 뒤 영의정에 추대되었고, 이괄李适의 난과 정묘호란을 겪고 난 뒤 죽었다.

세 사람의 나이는 이원익·이항복·이덕형 순이었으나 죽은 연대는 이덕형·이항복·이원익 순이다. 그들의 인생관과 현실에 대응하는 방법은 같았으나 태어나고 죽은 순서는 그 반대였다.

사람의 성품이 너무 예리하고 재주가 있다고 하여 리더십을 갖춘 것은 아닐 것이다. 원만한 성품과 인간관계가 지도력 형성에 중요한 요소가 됨을 이덕형과 그 동료들을 통해 잘 알 수 있다.

김육

대동법을 주창한 개혁사상가

민중을 위해 무엇을 할까

잠곡潛谷 김육金堉(1580~1658)은 격동기에 살았던 인물이다. 어린 나이에 임진왜란을 겪고 장년에는 왕이 뒤바뀌는 인조반정을 목격했으며, 늙은 나이에는 병자호란을 맞이했다. 그는 이런 역사경험 속에서 벼슬아치로서 자신의 역할을 충분히 해낸 인물로 꼽힌다. 이런 소용돌이 속에서 민중의 비참한 생활에 눈길을 돌리고, 늘 이들을 위해 '무엇을 할까'를 고심했다. 그는 이런 시를 쓴 적이 있다.

옛 역사를 읽고 싶지 않다네
그것을 읽으면 눈물이 흐른단 말일세

김육　민생이 도탄에 빠진 난세에, 민생의 안
정을 위한 많은 정책을 주장하여 실현시킨 대
표적인 인물이다.

군자는 늘 곤욕을 당하고

소인은 흔히 득지하거든……

저 요순의 아래시대에는

하루도 다스림이 잘 된 적이 없네……

생민이 무슨 죄가 있소?

창천의 뜻이 아득하기만 하구려

지난 날도 이러했거늘

오늘의 일이야 어떻겠는가

그의 일념이 어디에 있는지를 여실히 보여주는 시이다. 그는 청풍 김씨라는 명문가에서 태어났다. 그의 5대조 김식金湜이 현량과에 합격한 뒤 개혁정치를 하려다가 죽음을 당했는데 이를 늘 자랑스럽게 여기면서 어린 시절을 보냈다.

그는 명문가의 아들이 흔히 밟는 과정대로 젊은 나이에 벼슬길에 들어섰다. 그러나 대북파가 정권을 쥐고 있던 광해군 치하에서 그의 벼슬길은 순탄하지 못했다. 그는 대북파와 반대되는 서인 집안의 자손이었고 더욱이 서인의 맹장 척화대신 김상헌金尙憲의 제자이기도 했던 것이다.

그는 대북파의 영수인 정인홍과 문묘배향 문제를 놓고 패기 있게 한바탕 싸움을 벌인 끝에 대과大科(벼슬아치가 마지막 보는 시험) 응시자격이 박탈되었다. 젊은 김육은 정인홍의 주장과는 달리 조광조·이언적·이황을 문묘에 모셔야 한다는 주장을 폈다.

초가삼간에 살며 농사를 짓다

김육은 쓸쓸한 기분을 안고 가평의 고향 마을 잠곡리로 돌아왔다. 그는 잠곡에서 손수 밭을 갈면서 살았다. 거처는 방 둘, 부엌 하나 딸린 초가삼간이었다. 그는 밭갈이할 소가 없어서 남의 소를 빌려 갈이를 했다.

어느덧 서른다섯 살의 장년이 되었다. 다음해에 자격박탈이 해제되었지만, 그는 벼슬길에 나가는 것을 단념했다. 그리고 고향 마을의 이름을 따서 스스로 호를 잠곡이라 하면서 본격적으로 은둔생활을 시작했다.

어느 날 신익성申翊聖이 김육의 집을 찾아왔다. 신익성은 선조의 부마로 귀한 신분의 선비였다. 김육은 신익성과 인사를 나누는 등 마는 등 밭갈기를 멈추지 않았다. 빌려온 소를 빨리 돌려주어야 했기 때문이다.

김육은 밭을 다 갈고 난 뒤 밭 두덕에서 기다리고 있는 신익성을 초가삼간으로 데리고 갔다. 그는 신익성을 방안에 두고 혼자 분주하게 바깥으로 나가더니 김이 무럭무럭 나는 돼지고기 한 덩이와 막걸리 한 방구리를 들고 왔다. 부엌에서 도마와 칼을 들고 와서 손수 썰어 신익성에게 먹으라고 권했다.

두 사람이 주거니받거니 술잔을 돌리는데 아랫 방에서 애기 우는 소리가 들렸다. 그의 아내가 해산을 해서 아들을 낳은 것이다. 신익성이 놀라 일어서려 하자 소매를 잡으면서 동네 할아범이 국밥을 마련했으니 먹고 가라고 잡았다. 다시 주저앉은 신익성이 제안했다.

"마침 내게 어린 딸이 있으니 이도 좋은 인연이오. 우리 사돈 맺읍시다."

두 사람은 웃으며 혼인을 약속했다.

두 집안의 아이가 자라 혼인을 맺어 실제로 사돈 사이가 되었다. 김육이 37세 때 이야기라고 한다.

이 이야기를 통해 김육의 삶의 모습을 짐작할 수 있을 것이다. 그의 이런 실천적 삶을 통해 개혁정책이 이루어질 수 있었다.

죽은 사람에게도 세금을 매기는 부정부패

김육은 몸소 농사를 지으며 농민들의 생활에 관심을 기울였다. 뼈 빠지게 농사를 짓고도 이 명목 저 명목으로 양식을 뜯겨 끼니를 이을 먹을거리조차 없는 백성들. 그는 현실을 외면하고 성리학과 같은 관념의 세계로 빠져드는 선비들을 못마땅하게 여겼다. 김육은 현실문제에 깊은 관심을 기울이기 시작했다. 앞에서 예로 든 시는 이 무렵 지은 것으로 보인다.

달도 차면 기우는 법, 권세도 이와 다를 바가 없다. 인조반정으로 대북파가 밀려나고 서인 정권이 들어섰다. 김육은 40대 중반의 나이에 다시 조정으로 불려나왔다.

그는 1624년(인조 2) 충청도 음성 고을의 원으로 부임했다. 연부역강年富力强한 나이의 의욕에 불타는 관인에게 최초로 한 고을의 행정이 맡겨진 것이다. 그러나 음성은 내세울 것이 없는 작은 고을에 지나지 않았다. 그는 부임하여 가장 먼저 고을의 조세 사정, 구실아치(아전)들의 행패, 농민들의 부담, 토호의 횡포 따위를 점고했다. 그가 야인의 처지에서 농촌을 바라보던 때보다도 현실은 더욱 암담했다.

음성현은 두 개의 면만을 관할하고 있었는데, 그나마 백성들이 수탈에 견디다 못해 도망쳐서 거의 비어 있었고, 논밭도 갈아부칠 사람이 없어 황폐해져 있었다. 그나마 남아 있는 사람들은 굶주림에 부황이 들고 역질이 돌아 구렁을 채울 정도로 죽어갔다. 이런 마당에 온갖 명목의 부세賦稅를 독촉하는 문서들이 빗

발치듯 날아들고 있었다. 이런 명목의 쌀을 내라, 저런 명목의 베를 내라, 무슨 제사가 있으니 공물을 바쳐라, 궁중에 들일 약재를 내라고 재촉해대는 것이다. 한 집안의 식구가 도망가고 없으면 가까운 일가붙이와 이웃집에 그 몫을 씌우고 있었다.

> 현에 도착한 뒤에 경내를 두루 살펴보고 묵은 밭을 알아보았더니 잡목만 우거진 밭인데도 아직도 조세를 매기고 있었고, 잡초가 무성한 집터인데도 계속 호세를 거두고 있었습니다.

「음성현진폐소」

김육은 고을의 실정을 낱낱이 임금에게 써서 올렸다. 그는 조금도 숨김없이, 그리고 조정대신들의 못마땅한 눈길도 무시한 채, 자기 고을의 비정을 상소하면서 그 대책을 요구했다.

그는 이 따위 부정 정도는 자기 손으로 뿌리 뽑을 수 있으나 제도의 문제만은 자기 힘으로 어쩔 수 없다고 지적했다. 그리고 음성의 폐단을 바로잡기 위해서는 행정관할의 불균형도 시정해야 한다는 의견을 제시했다. 곧 이웃의 충주목은 40여 면을 거느리고 있는데 그 관할인 죽산·진천은 120리나 떨어져 있어 행정이 제대로 이루어지지 않고 백성의 고통도 심하니 음성 옆에 붙어 있는 두 면을 음성현에 떼어주면 백성들의 부담을 균형 있게 바로잡고 토호와 대지주들의 횡포도 바로잡을 수 있다고 건의했다.

김육은 자기의 능력을 시험하고 앞으로 조정의 정책을 세우는 데 하나의 실험으로서 건의한 것이다. 그러나 그의 요구는 묵살

되었다. 미관말직의 작은 고을 원의 목소리에 조정의 기득권세력은 귀를 기울이지 않았을 뿐만 아니라 오히려 그의 개혁의지를 반대하고 있었다.

김육은 음성의 비리를 바로잡지 못한 채, 1년도 못 되어 다시 중앙정계로 나왔다. 수령의 임기를 채우지 않고 갈아치우는 것은 늘 있는 일이었다. 그 동안 김육은 증광문과增廣文科 시험에 장원 급제하여 높은 벼슬아치가 될 수 있는 요건을 갖추었다. 김육은 언관言官의 소임을 맡아 조정에서 활동했다.

공물의 폐단을 바로잡아야 나라가 산다

김육이 서울에 온 지 몇 년 지나지 않은 1627년 정묘호란이 일어났다. 그 뒤 계속해 후금과 충돌을 빚다가 1636년에는 청나라 군사들이 대규모로 침입해온 병자호란이 일어났다. 병자호란이 일어나던 해 그는 동지사로 중국에 다녀왔다. 그는 북경에서 꺼져가는 명나라 조정을 보았고 오랑캐라 얕보던 여진족이 청국을 세워 욱일승천하는 기세로 중국을 제압하는 국제질서의 판도를 목격했다. 조선은 청나라와 군신의 관계를 맺는 굴욕을 당하는 참이었다.

그는 1638년 충청도관찰사가 되었다. 그가 현감으로 일할 때보다 두 난리를 겪고 난 뒤의 농민생활은 더욱 비참했다. 전쟁으로 국가의 재정이 텅텅 비자, 농민들에게 지워진 부담은 또한 더욱 늘어갔다. 그 부담은 토지에서 받아내는 전세와 군대의 경비를 대는 군정, 국가의 일에 동원되는 부역, 그리고 특산물을 관아에 바치는 공물 따위가 중심을 이루고 있었는데 그 중에서도 공물의 폐단이 가장 컸다.

공물의 폐단은 늘 비정으로 꼽혔다. 공물이란 특정 지방의 특산물을 바치는 것인데 특산물이 아닌 것을 바치게 한다거나 분량을 과중하게 매기는 경우가 허다했다. 두어 가지 보기를 들어보자. 제주도에는 전복이 나지 않는 데도 전복을 그곳 공물로 지정하게 되면 전복의 생산지인 남해안 일대에서 사서 바쳐야 했다. 순천부 관할의 율촌은 밤나무를 많이 재배하여 지명까지 '밤골'로 불렀다. 그런데 밤을 수확할 때에 구실아치들이 싹 쓸어가는 바람에 마을사람들의 손에는 남는 것이 없었다. 오히려 이 때문에 괴로움만 당하는 마을사람들은 아예 밤나무를 다 베어버렸다.

공물은 비록 지방특산물을 바치는 것이나 농민들은 제때에 내기 어려워 중간상인들에게 의뢰했다. 중간상인들은 관권과 결탁하여 방납防納(공물을 대신 바치고 그 대가를 받는 것)을 일삼았는데 그 중간 이익이 열 배를 오르내릴 정도였다. 김육은 이 공납을 쌀과 베로 환산하여 한 가구마다 베 한 필, 쌀 두 말로 통일할 것을 건의했다. 이것을 대동법이라 한다. 대동법은 광해군 시기에 제정해 경기도·강원도 등 일부에서만 실시하고 있었다.

김육은 대동법을 충청도만이 아니라 전라도·경상도 등지로 확대하여 실시해야 한다고 줄기차게 주장했다. 그는 조세의 불편, 방납의 폐단, 대지주와 토호와 상인들의 비리를 조금도 주저

함 없이 지적했다. 그러나 당시 대지주들의 이익을 대변하고 있던 김집金集 등의 벼슬아치들은 늘 그의 주장을 가로막았다.

그의 경제정책은 한걸음 더 나아가 용전론用錢論으로 발전하기도 했다. 돈의 전면적 사용으로 농산물·공산품의 유통을 원활히 해야 한다는 것이다. 또 나라에서 받는 물품도 돈으로 환산해서 받아들여야 한다고 주장했다. 당시의 시장경제에서 주로 시골에서는 물물교환의 형태가 성행하는 것을 막고 현물로 받는 국가 공납의 폐단도 줄게 되는 이점을 역설했다. 또 길을 잘 닦아 말이나 사람으로 짐을 나르기보다 수레를 이용할 것을 줄기차게 내세웠고 원활한 관개를 위해 수차水車의 전면적 보급을 주장했다. 또 그는 백성의 굶주림을 풀어주기 위한 방책을 적은『구황촬요救荒撮要』, 돌림병을 막는 처방을 적은『벽온방辟瘟方』등을 편찬하여 간행해서 보급했다.

그는 또 청나라를 쳐서 원수를 갚자는 북벌론이 효종과 송시열 등에 의해 제기될 때에 민생의 문제를 해결하지 않고 국가재정을 튼튼히 하지 않고서는 이것은 한낱 공염불에 지나지 않는다고 반대했다. 그러나 그의 경제적 혁신정책은 번번이 묵살되었을 뿐만 아니라 지주의 이익을 옹호하는 세력들과 현상유지를 내세우는 벼슬아치에 밀려 벼슬을 빼앗기고 조정에서 쫓겨나는 지경에까지 이르렀다.

그는 양주에서 1년 남짓 은거하다가 효종의 부름을 받고 다시 조정에 나왔다. 그의 몇가지 정책이 효종의 인정을 받아 부분적으로 실시되었다. 그는 70세가 넘은 나이에 마침내 영의정의 자리에까지 올랐다. 그가 줄기차게 주장하던 대동법이 이윽고 충청도에서 실시되었으며, 국가의 공납도 일부 돈으로 받아들이는 제도도 만들어졌다. 돈의 유통을 원활하게 하기 위해 민간인에게 주전鑄錢(규격에 맞게 돈을 만드는 것)을 허가하기도 했다. 참으로 집념과 정열로 이룩한 성과였다.

두 번째 영의정이 된 1654년 그는 대동법의 확대 실시를 위해 더욱 노력했다. 이어「호남대동사목湖南大同事目」을 조목조목 적어 전라도에서 대동법을 실시하게 하려고 효종에게 바쳤다. 이에 대해 조정에서 다시 격렬한 논의가 벌어졌다. 애석하게도 그가 이 논의중에 죽자 대동법의 전국적 실시는 보류되었고 다른 개혁정책들도 흐지부지되고 말았다.

유형원에게 이어진 개혁사상

그는 민중의 고통을 풀어주기 위해 생애를 바쳤던 사람이다. 조선조의 벼슬아치들 대부분은 자기네들의 특권을 누리는 데에만 열중하고 자기들 세력을 길러 정권을 잡는 데에만 정열을 쏟았다. 또 이理니 기氣니 공리공담을 왁자하게 벌이며 도학자로 자처하면서 민생문제를 외면하는 썩은 유생들도 많았다. 김육은 기득권을 버리고 몸소 민중과 호흡을 같이하면서 그 개선방안을 끊임없이 찾았다. 이러한 인물을 역사에서 찾기란 그리 흔하지 않다.

그러나 그의 주장들이 점진적인 개량에 초점을 두었다는 사실은 부인할 수 없다. 그는 전면적인 제도 개혁을 내세우지 못했고, 체제 자체의 모순구조에 대해서는 큰 관심을 기울이지 못했다는 한계를 지니고 있다. 조선조의 신분구조에 따른 특권, 토지를 독점하는 원인들에 대해서는 그리 명석한 견해를 보이지 못했다는 점을 두고 하는 말이다.

그래도 그는 공리공담을 일삼지 않았고 일신의 영욕을 떠나 국가와 사회의 이익을 위해 헌신했다. 그의 저서들은 사변의 것이 아니요 현실문제를 다룬 것들이 대부분이다. 더욱이 그는 책들을 널리 보급하기 위해 활자까지 새로 만들어 인쇄하여 돌렸다. 다시 그가 지은 유감有感을 한번 감상해 보자.

세상 일 차마 말 못하겠지만
슬픔 어찌 끝 간 데 있으랴
봄바람에 두 줄기 눈물 쏟으며
혼자 산골에 누워 있네

그의 개혁사상은 그보다 40여 년 뒤에 태어난 반계磻溪 유형원柳馨遠에게로 이어져서 실학의 선구자가 되었다. 그의 자손들인 김우명金佑明·김석주金錫冑 등이 뒤에 당쟁에 휘말려 그의 사상을 계승하지 못한 것은 또다른 불행이라 할 수 있다.

최명길
나는 척화파도 주화파도 아니다

실천학문인 양명학에 관심을 기울여

병자호란은 우리나라 2대 전란에 속한다. 임진왜란 때는 7년 동안 전쟁을 치렀다. 병자호란은 불과 40여 일이었는데도 그 피해는 임진왜란과 맞먹을 정도였다. 더욱이 임진왜란 때에는 항복한 일이 없었지만 병자호란 때에는 군신의 맹약을 맺는 치욕스런 항복을 했던 것이다. 이 호란을 겪으며 이를 수습한 최명길 崔鳴吉(1586~1647)을 역사에서는 주화파라고 부른다.

그의 아버지 최기남崔起南은 서인에 속한다. 그는 이이·성혼의 제자가 되어 관계에 발을 들여놓았는데, 두 계열의 제자들이 서인에 속했던 탓으로 자연스레 서인에 속하게 된 것이다. 그의 아버지는 때로 정치 일선에 나서기도 했지만 정계의 중심인물은 아니었다. 최기남은 영흥부사라는 한직을 맡은 적이 있는 한미한 벼슬아치에 지나지 않았다. 그런 탓으로 그의 집안은 당쟁의 참화를 입지는 않았다.

최명길은 최기남의 둘째 아들로 태어나 아버지의 후광은 별로 없었으나 어릴 적부터 가정의 배경으로 하여 서인의 노장들을 접촉할 기회가 많았다. 그는 일곱 살 때 임진왜란을 겪었다. 비록 어린 시절이었지만 남달리 총명한 그는 이 난중에 이리저리 피해다니며 암담한 현실을 느꼈을 것이다. 난이 끝났을 때 그는 당대의 석학이요 대정치가인 오성 이항복과 상촌 신흠에게 나아가 본격적으로 학문을 익혔다. 그는 스무 살의 약관으로 초시에 합격한 뒤 연이어 문과에 급제, 벼슬길에 들어섰다.

정계는 복잡하게 돌아갔다. 선조 말년부터 서인들은 정계에서 소외되었고, 광해 연간에는 대북파가 득세하여 서인들은 숨도 제대로 쉬지 못했다. 이때 그의 아버지는 대북파의 정책에 맞서다가 끝내 벼슬이 떨어져 가평의 농장에서 은둔생활을 하게 되었는데, 청년 최명길도 폐모론의 기밀을 누설했다고 하여 조정에서 쫓겨났다.

20대 후반의 최명길은 장유·이시백 같은 벗들과 어울려 혹은 산방山房을 찾아서, 혹은 절간을 찾아서 시문을 짓고 학문을 토론하며 세월을 보냈다. 특히 그는 장유와 함께 당시 이단으로 치던 양명학陽明學에 심취했던 것으로 알려져 있다. 종래의 명분을 중시하는 주자학보다 행동적이고 실천적인 양명학에 관심을 기울인 것은 그의 정치철학에 깊은 영향을 주어 뒷날 그의 정치적 판단에 큰 기준이 되었다.

광해군 축출에 가담했으나 그의 외교노선은 계승

그의 친구 이시백의 아버지요, 그의 아버지와 친구가 되는 이귀 등이 광해군을 몰아내는 음모를 꾸미고 있었다. 그즈음 광해군은 후금과의 마찰을 피하기 위해 명나라를 돕는 원병을 이끌고 간 강홍립을 후금에 투항하게 했고, 또 국내에서는 광해군을 옹호하는 대북파가 인목대비의 폐모 논의를 제기하여 분란을 일으켰다.

명나라를 떠받들던 서인들은 패거리의 새로운 결속을 다지고 정권을 잡기 위해 광해군을 몰아내려 했던 것이다. 최명길의 장인인 장만의 집에서 거사하여 이른바 반정을 성공시킨 서인들은 오랜만에 정권을 잡았다. 소장세력인 최명길 등도 협조한 공로로 완성군完城君이라는 공신 봉호를 받았다.

그는 반정을 계기로 조정에 다시 나와 인사권을 쥔 이조의 요직을 두루 거쳤다. 그는 단숨에 이조좌랑에서 이조참판까지 올라 그야말로 득세의 기회를 잡았다.

더욱이 반정 다음해인 1624년 이괄의 난이 일어나 장인인 도원수 장만을 도와 큰 공을 세움으로써 그는 정계의 핵심인물로 부상했다. 그는 대동법 시행, 양전量田 추진, 부세와 군제 개혁, 서자들의 관계 진출 등의 일에 앞장섰고, 그 밖에도 크고 작은 정책을 조정에 건의했다.

특히 반정 뒤에도 공을 놓고 시비를 벌였는데 서인들이 또다시 이를 계기로 분열하여 당쟁이 일어나자, 최명길은 양쪽의 조정에 힘썼다. 그가 이때 주장한 것이 '양시양비론兩是兩非論'이다. 둘 다 옳은 점이 있고 둘 다 그른 점이 있으므로 이를 조절해야 한다는 것이다.

그가 당론을 조정하기 위해 무진 노력을 기울이던 중 새로운 국면을 맞이하게 되었다. 후금의 문제로 당론을 벌일 여념이 없게 된 것이다. 이제 정권 차원이 아니라 나라가 망하느냐, 유지되느냐의 기로에 놓인 것이다.

1620년대 중반에 들어 후금은 우리에게 형제의 맹약을 맺자거나 명나라에 등을 돌리고 후금에 협조하라는 따위로 외교적 압력을 넣었다. 조정 벼슬아치들 사이에는 후금에 맞서자는 척화론이 들끓었다. 이것은 광해군을 몰아낼 때 내건 명분이기도 했는데 최명길은 과감히 새로운 이론을 내세웠다. 곧 변통變通의 논리였다. 변통이란 새롭게 전개되는 현실에 맞추어 때로는 명분을 굽혀서라도 나라를 구해야 한다는 주장이다. 다시 말해서 명나라의 적인 후금과 겉으로는 화약을 맺고 안으로 군대를 양성하여 앞날을 대비하고 명에 대한 의리를 저버리지 않는다는 것이었다.

이것은 바로 광해군이 추구한 실리외교를 조금 절충하여 '친명親明'의 관계는 유지하고 '화금和金'을 추진해야 한다는 것이었다. 그러나 그의 주장이 먹혀들어갈 분위기가 아니었다. 그의 주장은 고집이 드센 존명파의 세찬 반대에 부딪쳤다. 끝내는 척화파의 주장대로 후금의 사신을 쫓아 보냈다. 존명파·배금파·척화파는 한 묶음이었다.

최명길이 쓴 항복문서를 찢은 김상헌

1627년 조선으로 쳐들어온 후금의 군대를 피해 인조는 강화도로 들어갔다. 인조는 힘에 눌려 어쩔 수 없이 최명길 등의 강화 권유를 받아들여 '형제의 맹약'을 맺고 말았다. 후금의 군대가 물러난 뒤 최명길에게 비난이 쏟아졌다. 그의 정치적 위치가 흔들리고 있었다. 그러나 인조는 그를 감싸 전후의 일을 처리하라고 경기관찰사로 임명했다. 일단 조정에서 한 발 물러나 있게 한 것이다.

후금은 국호를 '청'으로 바꾸고 조선에 계속 "조공을 하라"거나 "청을 황제의 나라로 받들라"고 요구해왔다. 조정에서는 이 문제를 놓고 논란을 벌였다. 특히 1636년에 들어 청나라의 요구는 아주 강경했고, 요구를 듣지 않으면 다시

삼전도비 청나라 황제 앞에 무릎을 꿇은 인조. 한나라의 임금으로서 이보다 더한 치욕이 있었을까? 지금도 말없이 서 있는 삼전도비는 아직도 우리에게 역사의 한 장면을 증언하는 현재이다.

내침하겠다고 엄포를 놓았다.

최명길은 병으로 집에 누워 있다가 이 소식을 듣고 왕에게 만언萬言의 상소를 올렸다. 이것이 유명한 '병자봉사丙子封事'인데, 여기에서 그들의 요구를 들어주어 나라를 일단 구하고 난 뒤에 힘을 길러야 한다고 했다. 그러나 이 주장도 조정의 절화론絶和論에 막혀버렸다.

이 해 겨울, 청나라의 대군이 밀려들자 인조와 조정 대신들은 남한산성으로 들어갔고 비빈과 종친들은 강화도로 들어갔다. 남한산성에서 버티는 한 달 동안 성 안팎의 사정은 말이 아니었다. 먹을 것이 떨어진 것은 물론 연일 성 언저리에서 청군이 백성들을 도륙내고 있었던 것이다.

최명길은 청의 진영을 오가며 화의에 앞장섰다. 그는 죽음을 무릅쓰고 온갖 수모를 겪으며 난국을 화의로 건지려 했다. 그러나 척화파는 심지어 칼을 꼬나들고 면전에서 그를 죽이려 했다. 임금은 척화파를 누르고 주화파인 최명길·장유 등을 감쌌다. 이런 분란 속에서 최명길은 눈물을 흘리면서 항복문서를 손수 써야 했다. 이때 김상헌이 들어와서 항복문서를 빼앗아 북북 찢어버렸다. 그가 통곡하면서 말했다.

"명망 있는 선비의 아들로 어찌 이런 것을 할 수 있소?"

최명길은 찢어진 종이를 주워 맞추며 말했다.

"대감은 찢으나 나는 주워 맞추리다."

척화파는 계속 칼을 들고 주화파의 목을 베겠다고 설치고 있었다. 그러나 사정은 어쩔 수 없지 않은가? 존명 의리를 밥처럼 먹고 사는 자들과 존명 의리를 잠시 접고 살길을 찾아보자는 자들, 어느 쪽이 나라와 백성을 위한 방책이겠는가?

이렇게 해서 치욕의 항복이 이루어졌다. 끝까지 목숨을 걸고라도 본질을 굽히지 않는 것이 '대의명분'이라면, 그 본질을 지키기 위해 때로는 방법을 바꾸어 융통성을 발휘하는 것이 '권도權道'이다. 최명길의 타협적 노선도 권도였다. 이렇듯 어렵게 난이 끝나자 소현세자와 봉림대군 그리고 김상헌·홍익한 등 척화파가 청나라로 끌려갔다. 인질로 잡혀간 것이다. 포로로 끌려간 백성도 수를 헤아리기 어려울 정도였다.

최명길은 이때도 만언의 상소를 올렸다. 이것을 '정축봉사丁丑封事'라 하는데, 국내의 정치를 일대 혁신하여 자강을 토대로 나라를 지키고 군사의 힘을 길러 명과 협력하여 청나라에 복수하자는 것이었다.

인조는 난국을 수습하라는 뜻으로 그를 정승의 반열에 올리고 1637년 영의정을 맡겼다. 그는 인질로 끌려간 척화대신과 포로 석방을 교섭했다. 그러는 한편으로 독보라는 중을 명나라에 보내 그쪽 정세를 살피게 했고 쫓겨온 명나라 군대를 도와주었다. 그는 최고의 관직에 있으면서 동분서주하며 뒷수습을 했다.

명분보다 실리를 취하겠다

그가 취한 이율배반적인 계책은 청나라가 박아둔 첩자에 의해 모두 발각되었다. 청나라는 조선 조정의 동정을 환하게 꿰고 있었다. 그리하여 그도 1642년 청나라의 수도 선양으로 끌려가는 몸이 되었고, 김상헌이 갇혀 있는 감옥 옆에 갇히게 되었다. 그는 2년 동안 모진 고초를 겪은 끝에 김상헌과 함께 풀려났다. 청나라는 그들이 풀려날 적에 청나라 황제가 있는 쪽을 향해 절을 하라고 강요했다. 김상헌은 허리가 아프다고 핑계대고 끝내 절을 안 했지만 최명길은 서슴없이 절을 했다. 그는 외형 따위에는 구애되지 않고 오직 자신의 마음을 믿었던 것이다.

> 청음淸陰(김상헌의 호)의 척화는 수경守經 한 가지였으나 나의 주화는 지경知經하여 달권達權한 것이다. 나의 마음은 고리같이 둥글어서 돌아갈 줄을 안다.
>
> 『지천집遲川集』

'수경'은 근본을 지킨다는 뜻이지만 '지경'과 '달권'은 근본을 알지만 적절하게 방편을 쓴다는 것이다. 얼마나 자신의 행동에 신념을 가졌다는 말인가? 그의 행동철학은 바로 양명학을 수양한 데서 나온 것이라고 평가한다.

선양에서 돌아온 그는 현직에서 은퇴했다. 그리고 죽을 때까지 2년 동안 저술에 몰두하며 자기 반성의 시간을 가졌다. 시국이 어느정도 조용해지자 다시 그에게 비난이 쏟아졌다. 그가 오랑캐와 손을 잡았다는 것이요, 명나라를 향한 의리를 저버렸다는 따위의 비난이었다.

이와 달리 김상헌과 같은 척화파는 높임을 받았다. 김상헌 일파는 이념논쟁보다 정치투쟁을 전개했다. 최명길은 외로운 처지였다. 다만 명문장가요 그와 늘 뜻을 같이하던 장유는 그를 알아주었지만 그보다 일찍 죽었기에 그는 더욱 외로운 만년을 보냈다.

그가 죽고 난 뒤 그의 후손들은 이런 비난 때문인지, 척화파와 당파를 달리했다. 곧 척화파의 후손들이 대부분 노론이 되었을 때에 이들은 소론이 되었던 것이다. 이들 후손들은 양명학의 계통을 이었고 뒷날 강화학파江華學派의 줄기를 이루었다.

척화파와 주화파, 이 관계를 규정하기에 앞서 당시의 현실은 너무나 절박했다. 어느 것이 옳고 어느 것이 그르다고 감히 우리 뒷사람들은 말할 수 없었다. 그러나 외침에 여지없이 무너지면서도 명분만을 먹고 살 수 없는 것이요, 국력을 기르지 않고 기개만을 떠들어보아야 나라를 파멸로 이끌고 말 것이다.

최명길은 광해군을 몰아내는 대열에 섰었지만 실리와 타협을 추구한 광해군의 외교노선을 충실히 계승한 외교가였다. 그리고 외침에 적절히 대응하는 외교전통을 세웠다고 평가할 수 있을 것이다.

전란에 대한 풍부한 내용이 담긴 그의 시문집 『지천집』은 강홍립의 경우와는 달리 다행히도 온전히 남아 있다. 묘소는 청원군 북이면 대율리에 있고 1702년에 묘소 앞에 신도비가 세워졌다. 영의정을 지낸 그의 손자 최석정과 증손자인 최창대의 글씨를 새겨 신도비를 세운 것이다.

양득중
시골선비, 영조와 만나다

영조를 도와 현실 개혁을 주장하다

덕촌德村 양득중梁得中(1665~1742)은 갖가지 사회 모순이 전개되는 조선 후기, 전라도 땅 영암에서 태어났다. 당쟁이 한창 치열하던 숙종·경종 연간에 활동했으며, 탕평책으로 당쟁이 마무리되던 때에 죽었다. 그는 현실을 정확히 꿰뚫어보고 과감하게 그 비리를 고발하며 살았다.

그는 시골의 향반鄉班 출신인데다가 정여립 역모 사건 이후 역향으로 몰려 소외받던 전라도 태생이었다. 이런 처지이고 보니 벼슬길은 단념하는 것이 오히려 좋았을 것이다. 어릴 적부터 그는 성리학에 깊이 빠졌다. 스무 살 이전에 벌써 성리학 관계의 글을 썼고, 그 나름대로 성리학에 대한 견해를 지니고 있었다.

그는 시골에서만 글을 익힐 수가 없어 여기저기 유명한 스승을 찾아다녔다. 전라도 일대만이 아니라 충청도나 서울에까지 와서 유명한 인사들을 찾아 학문을 익히고 현실에 눈을 떴다. 그의 총명과 도타운 학문은 곧 학자들에게 인정을 받았다. 특히 충청도 노성에 가서 명재明齋 윤증을 만나서는 특별한 꾐을 받았다. 윤증은 누구인가? 송시열의 제자였다가 뒤에 스승과 길을 달리하여 소론의 영수로 추대되어 시골에 묻혀 학문에만 열중한 선비였다.

그는 서울 근방에 와서 현석玄石 박세채朴世采의 제자가 되었다. 박세채는 높은 벼슬을 지내기도 했거니와 학자로 이름이 높은 노론의 거두였다. 윤증과 박세채를 스승으로 삼게 된 것은 그의 총명과 학식 탓이었다. 두 스승을 통해 그는 중앙정계 인사들을 알게 되었고 특히 소론계의 거두들을 소개받았다.

그는 서른세 살 때 남구만南九萬·박세채 등의 추천으로 벼슬길에 나가게 되었다. 인사권을 맡은 좌랑 등의 벼슬을 받았으니 곧 출세 길이 환하게 열리는 것 같기도 했다. 특히 당시는 변덕이 많은 임금 숙종이 남인들을 제거하고 폐비 민씨를 복위하고 소론 남구만을 영의정으로 앉힌 뒤였다. 그는 비록 벼슬길에 나왔지만 본격적으로 관료의 길을 걸은 것은 아니다. 더욱이 당쟁이 치열한 마당에서 그의 벼슬길이 순탄할 리가 없었다.

그는 벼슬살이를 하는 한편 윤증에게서 학문을 익히기에 골몰했다. 그는 마흔한 살 때에 아예 공주의 덕촌으로 이사를 했다. 이곳은 스승 윤증이 있는 곳과 5리쯤 떨어진 곳이다. 뒤에 이곳

마을 이름을 따서 호를 삼았다.

그 뒤 회인현감으로 나가기도 했지만 숙종이 죽을 때까지 10년이 넘도록 노·소론의 피나는 당쟁을 보면서 몸조심하고 살았다. 한때는 뒷날 영조 임금이 된 연잉군을 가까이 모셨다. 그와 영조와의 만남은 뒷날 그의 현실관을 피력하는 데 큰 도움을 주었던 것으로 보인다.

1725년 경종이 죽고 영조가 왕위에 오르자, 그는 용이 바람을 얻은 격이 되었다. 그는 사헌부 장령이나 사복시정 같은, 높지는 않으나 임금을 가까이에서 모시는 벼슬을 얻었다. 영조가 임금이 된 뒤, 노론이 한때 크게 득세했으나 온건파 소론도 중용하는 분위기였다. 그는 남구만의 비호를 받아 신변의 위험을 덜 느끼며 자기의 뜻을 펼 수 있었다.

영조는 왕위에 오른 뒤 크게 두 가지 일을 추진했다. 하나는 나라가 나날이 힘이 빠지고 민중이 유리걸식하는 현실을 보고 이를 바로잡으려 애를 썼다. 둘째는 당쟁이 치열하여 벼슬아치는 분열하고 왕권이 땅에 떨어진 현실을 수습하려 했다. 영조는 이를 도와줄 신하들이 필요했다.

북벌론은 허구입니다

그는 때로 벼슬자리에 있으면서, 때로는 재야에 있으면서, 임금에게 당찬 건의를 했다. 그 중에서 몇 가지를 들어본다.

첫째, 그는 실학을 제창했다. 허위에 가득 찬 학문을 깨고 실질적인 시책을 펴기 위해서는 '실사구시實事求是' 넉 자만이 필요하다고 했다. 이를 무시하고 부질없는 공론만 일삼으면 폐단은 고쳐지지 않고 새로운 변화에 대처할 수 없다고 주장했다.

토지제도를 비롯한 온갖 폐정을 고쳐야 하는데, 그 해결책은 유형원의 『반계수록』을 따라야 한다고 건의했다. 곧 유형원의 주장 대로 토지를 고르게 소유하고 노비대우를 개선하고 군사제도와 과거제도를 고쳐야 한다는 것이다. 그는 안정복과 함께 『반계수록』의 간행을 추진했다. 이 책이 간행되자 영조의 분부에 따라 조정의 벼슬아치는 물론 지방의 수령까지 이 책을 읽고 정책에 도움을 얻었다.

이런 모습은 그가 전통적 성리학자에서 실학자로 전환한 것을 의미한다. 그는 나이가 들어서는 성리학에 관한 저술을 별로 내지 않고 실학적 면모를 보였다.

둘째, 시대적 모순에 대해 과감한 시정책을 건의했다. 그는 죽은 자에게도 군포를 징수하거나 도망가고 나면 이웃에도 징수하는 인징隣徵을 엄하게 막아야 한다고 건의했다. 또 신역身役(장정이 군대에 동원되는 것)이 규정대로 한 번만 나가지 않고 많으면 열 번까지 나가기 때문에 장정들이 이를 피하려고 애쓰는 현실이니 이 제도를 또한 엄격하게 시행해야 한다고 했다. 그의 주장은 벼슬아치나 권세가들의 질시를 안중에 두지 않고 과감하게 현실모순을 고발한 것이다.

셋째, 탕평책에 대해 건의했다. 그는 당쟁을 막고 바른 정치를

시행하기 위해서는 임금의 마음이 똑바르고 의리를 중히 여겨야
만 당쟁이 없어진다고 했다. 그는 임금과 대화하는 자리에서 "오
늘 한 가지 일을 행하고 내일 한 가지 일을 행할 적에 일마다 의
리대로 따른다면 모든 사람들이 기뻐하며 진실로 복종할 것이
니, 이렇게 되면 탕평은 기약하지 않아도 저절로 될 것입니다"고
간했다. 곧 임금 자신이 자기 관리를 철저히 해야 한다는 것이
다. 당쟁의 폐단을 막지 않으면 국가의 원기도 없어지고 왕도가
설 수 없다고 역설했다.

넷째, 북벌론의 허구를 폭로했다. '북벌론'이란 무엇인가? 조
선은 병자호란 때 청나라에 패해 굴욕적인 항복을 하고 왕자가
볼모로 잡혀갔다. 그때 볼모로 잡혀갔던 왕자 효종이 왕위에 오
르자, 임금은 복수를 위해 애를 태웠다. 곧 청나라로 쳐들어가
보복전을 펼치려는 계획을 세웠던 것이다.

송시열이 이에 동조하여 북벌론을 주장했고 이의 일환으로
"대의를 밝히고 오랑캐를 친다明大義 攘夷狄"고 부르짖었다. 여기
에서 '대의를 밝힌다'는 것은 명나라를 멸망시킨 청나라를 쳐서
명나라에 의리를 다하자는 것이다. 나라가 북벌론으로 술렁거리
는 가운데 군사제도를 개편하여 훈련도감을 두고 이완李浣을 대
장으로 삼아 그 준비를 서둘렀다.

그런데 이를 빙자하여 송시열 등 노론은 정권을 잡아 흔들었
고 사문난적斯文亂賊(주자학을 반대하는 사람을 적으로 보는 것) 등의 명목
으로 반대파를 제거했다. 그런 탓으로 북벌이 가능한지 불가능
한지는 제쳐두고라도 북벌을 빙자하여 세력을 잡으려 한다는 비

난도 만만치 않게 일어났다. 북벌의 실현 가능성이 전혀 없음을 뒷날 박지원은 소설 「허생전」에서 갈파했다. 양반자제들은 군대에 나가지도 않고, 군사를 기르는 준비도 제대로 하지 않으면서 북벌을 떠벌린다고 허생의 입을 통해 이완을 크게 꾸짖었던 것이다.

이 문제에 대해 양득중도 일관되게 반대 이론을 폈다. 1740년(영조 16)에 그는 「명대의변明大義辨」을 지었다. 그는 송시열 등이 북벌론을 주장한 것은 반대파를 제거하여 세력을 잡으려는 구실에 지나지 않으며 설령 이 일을 추진하더라도 나라가 망할 수밖에 없다고 주장했다.

낮은 말을 하며 예물을 바쳐서(병자호란 때 항복한 일) 겨우 목숨을 이었는데 하루아침에 갑자기 국경을 닫고 조약을 끊는다면 전쟁의 꼬투리가 우리로부터 시작되는 것이다. 전쟁의 꼬투리가 이미 우리로부터 시작되면 강화의 길이 끊어진다. 강화의 길이 끊어지고 국경을 막을 계책을 이루지 못한다면 나라가 망하지 않고 무엇을 기다리리오.

이 밖에도 그는 여러 가지 현실적 이유를 들어 그 허구를 폭로했다. 이 글은 떠들썩하던 북벌론이 잠시 잠잠해진 뒤에 지은 것이지만, 그 당시 북벌론은 하나의 이데올로기가 되어 함부로 반대를 표명하지 않으려는 풍조가 있었다. 더욱이 청나라를 옹호하는 것은 남한에서 1950년대 북한의 정책을 옹호하는 것만큼 어려웠던 것이다.

그런데도 그는 조목조목 이를 따졌고, 송시열이 주장하고 효종이 동조한 내용을 함께 열거하여 비판했던 것이다. 이 글은 오늘날까지 북벌론의 실상을 알려주는 주요한 자료가 되고 있다.

시대에 맞서 현실을 분석한 지성인

양득중은 일흔여덟의 나이로 세상을 떠났다. 그는 당쟁의 소용돌이에서 용케 살아남았고 시골 출신으로는 드물게 임금의 신임을 받았으며, 이름 있는 스승을 모시며 학문을 익혔다. 그는 성리학자로 일생을 마치거나 또는 높은 벼슬을 누릴 행운을 얻었지만 굳이 이에 연연하지 않는 꼿꼿한 선비의 모습을 보여주었다. 그리고 바른 말과 바른 현실관으로 세상을 살아갔던 것이다.

그는 굳이 따지면 소론 계열에 속했고 소론의 거두 윤증을 평생 따랐다. 그가 실학자의 면모를 보이며 북벌론의 허구성을 용감하게 폭로한 것은 한 지성인의 모습을 보여준 것이다. 시대에 맞서 현실을 정확히 분석하는 용기는 어느 때고 값진 것이리라. 오늘날 그의 북벌론에 대한 글을 되새김질하는 뜻도 현실문제와 관련이 깊을 것이다. 역대 독재정권 때의 반공이데올로기가 현대판 북벌론이 아니겠는가?

박문수

암행어사의 대표 브랜드

농담을 즐기는 유쾌한 선비

박문수朴文秀(1691~1756)는 암행어사로 역사에 이름을 날렸다. 조선시대에 수많은 암행어사가 있었지만 박문수를 첫 손가락에 꼽는다. 그런 탓으로 그에 얽힌 일화와 민담이 무수히 널려 있다. 먼저 그의 가정 내력을 알아보자.

그의 출생지도 이설이 많다. 경상도 고령에서 태어났다는 설, 경기도 평택에서 태어났다는 설, 충청도 천안에서 태어났다는 설 따위가 있다. 그러나 여러 기록을 종합해 보면 천안시 북면 은지리에서 태어났다는 설이 맞을 것이다.

그의 본관은 고령이었으며 그의 집안은 대대로 명문이었다. 그의 증조할아버지는 박장원朴長遠이다. 박장원은 효종·현종 연

박문수　민간에 무수히 전하는 그에 얽힌 일화와 민담이 모두 사실만은 아닐 것이나 고통받는 백성들에게 암행어사 박문수의 존재는 암흑 속 한줄기 빛과 같았으리라.

간에 벼슬아치로 이름을 떨쳤다. 박장원은 서인 계열이었는데 때로는 남인의 탄핵을 받아 삭직되거나 귀양살이도 했지만, 지방의 관찰사를 역임하기도 하고 판서를 지내기도 했으며 마지막에는 개성부유수로 봉직하다가 세상을 떴다. 그는 벼슬살이하면서 일을 공평하게 처리하고 민정을 밝게 살폈다는 명망을 얻었다.

그의 아버지 박항한朴恒漢과 할아버지 박선朴銑은 높은 벼슬자리에 나가지는 않았으나 학자·문장가로 이름을 떨쳤다. 이들은 초야에 묻혀 당쟁으로 편할 날이 없는 조정을 멀리하고 수양과 학문연구에 몰두하며 몸을 깨끗이 했던 것이다. 박문수는 할아버지와 아버지의 훈도를 깊이 입었다.

그는 아홉 살 무렵 아버지가 죽어서 홀어머니 밑에서 자랐다. 그는 서당에 다니면서 공부보다 놀기를 더 좋아하고 장난꾸러기로 말썽을 부리기 일쑤였다. 우스갯소리를 잘하고 재치 있는 소년이었다.

그는 몇 번 과거시험에 낙방을 하다가 서른이 넘은 늦은 나이에 문과에 장원 급제하여 사관史官이 되었다. 그가 명문의 집안에서 늦은 나이에 벼슬자리에 나온 것은 아마도 당시의 정세나 가정환경과 관계가 깊을 것이다.

그의 집안은 서인이 노론·소론으로 갈릴 적에 소론의 편에 섰고, 경종 연간 노론과 소론이 크게 싸울 때에는 온건파 소론으로 지목되었다. 피비린내나는 당쟁의 와중에 강경파 소론이 득세하여 신임옥사(사화) 등을 일으켜 많은 선비와 벼슬아치들을 죽였다.

이런 북새통 속에 그가 조정에 뛰어든 것이다. 그는 세제世弟이면서 대리청정을 하고 있는 영조를 모셨다. 따라서 그는 누구보다 영조의 착잡한 심정을 잘 헤아리고 있었다. 그는 영조의 말벗이 되어 영조의 신변을 보호했다. 강경파 소론은 틈만 있으면 영조를 해치려 했다. 현실이 이러하니 청년 박문수의 앞날도 점치기 어려웠다. 더욱이 그가 떠받들고 따르던 이광좌李光佐도 정치적 시련을 겪고 있었다.

살얼음판 같은 분위기 속에서도 그는 늘 우스갯소리를 잘해 영조와 그 주변 사람들을 웃겼는데, 때로는 이로 인해 점잖은 벼슬아치로부터 빈축을 사기도 했다.

수령들은 떨고 백성들은 환호하고

끝내 병에 시달리던 경종이 아들 없이 죽어 영조가 대신 왕위에 올랐다. 이제 그의 출세 길도 탄탄할 법했다. 그런데도 그는 벼슬자리를 물러나야 했다. 영조를 떠받들던 노론이 집권하자 비록 온건파에 속하기는 했지만 소론 계열로 꼽히는 그도 벼슬을 빼앗기고 쫓겨났던 것이다. 그는 고향으로 돌아와 울적한 심사를 달래며 아버지·할아버지와 같이 학문에 열중하기로 결심했다. 그는 모든 것을 잊고 유유자적한 마음을 가지려 했다.

그러나 세상이 또 한번 바뀌었다. 1727년(영조 3) 이른바 정미환국丁未換局이 일어난 것이다. 영조가 왕위에 오를 당시 노론이 큰 공을 세웠다. 그들은 정권을 움켜쥐고 조정을 그들 인사들로 채웠으며 사사건건 임금의 비위를 거스리며 제멋대로 일을 처리했다. 이들에게 싫증이 난 영조는 마음을 달리 먹고 노론을 몰아내고 소론의 영수 이광좌를 영의정으로 등장시켰다. 온건 소론이 집권하면서 이광좌는 박문수를 불렀다. 박문수는 3년 만에 조정에 나와 다시 영조의 주변에 있게 되었다. 영조는 이때도 그를 남달리 아껴주었다.

영조는 근신인 박문수에게 1731년 호남지방 어사의 직책을 주어 굶주리는 백성을 돌보게 했다. 그는 이 임무를 훌륭하게 해내 많은 칭송을 받았다. 첫 어사의 소임을 잘 해낸 것이다.

연이어 함경도의 기민을 구제하고 영남지방을 돌아보게 했다. 여러 사정을 감안하여 청렴하고 사리에 밝은 박문수를 자주 어사 또는 암행어사로 보냈던 것이다. 박문수의 발길이 닿는 고을의 수령들은 몸을 벌벌 떨었고, 백성들은 암행어사 박문수가 자기 고을에 나타나기를 손꼽아 기다렸다. 그는 가는 곳마다 벼슬아치나 수령의 부정과 백성의 억울함을 풀기에 온 힘을 기울였다. 그의 일처리는 너무나 공정하고 과감해서 누구나 혀를 내둘렀다.

그가 경상도 지방 바닷가를 돌아볼 적에 마침 비가 많이 와서 홍수가 졌다. 바다에 집채가 떠내려 오고 그릇·목재 따위가 바닷가에 가득 밀려와 쌓였다. 이 물건들이 북쪽에서 떠내려온 것을 본 박문수는 강원도 지방이나 함경도 지방에 큰 홍수가 났다고 생각했다. 이곳 제민창濟民倉의 곡식 3천 석을 북쪽으로 실어 나르도록 결정하고, 그 사실을 뒤에 조정에 보고했다. 이런 처리는 나중에 큰 문책이 따를 수 있는 위험이 있었다. 주변 사람들이 이 조치를 적극 말렸다.

"조정의 명령도 없이 곡식을 다른 도로 옮기면 뒷날 문책이 따를 것입니다."

"북도 백성들이 살아날 수 있는 길은 오직 경상도의 곡식을 옮겨주는 길밖에 없소!"

그는 서슴없이 곡식을 배에 싣고 북쪽으로 가게 했다. 그때 함흥에 있는 함경감사는 큰 수해를 당했으니 경상도의 곡식으로 구제해달라는 글을 조정에 올린 참이었다. 그러던 차에 어느 날 바다를 바라보니 깃발을 꽂은 많은 배들이 곡식을 가득 싣고 연이어 포구에 닻을 내리고 있는 것이 아닌가. 감사는 깜짝 놀랐다. 조정에 곡식을 요구하는 글을 보낸 지 며칠도 되지 않아 곡식이 도착한 것이다. 보통 한 달이 넘게 걸려야 도착하는 것이 관례였다.

이 곡식은 적시에 각 고을에 보내져 이곳 백성들을 굶주림에서 살려냈다. 박문수는 문책은커녕 오히려 밝게 처리했다는 칭찬을 받았다. 그곳 사람들은 큰 감동을 받아 함흥의 만세교 다리 앞에 그를 기리는 송덕비를 커다랗게 세웠다. 골골마다 송덕비가 있지만 대개 부정한 관리가 자기의 청렴을 드러내기 위해 강제로 세운 것이었다. 그러나 이 송덕비만은 예외였다. 함흥사람들은 이 비석을 소중하게 돌보았다고 전한다(『국조인물지』).

그 뒤 그는 충청도에 어사로 나가기도 하고 함경도 어사, 경상도 균세사均稅使(조세를 감독하고 공평하는 하는 소임)로 나가기도 하면서 기민饑民의 구제와 세금징수의 공평을 위해 정열을 바쳤다.

현명한 재판관

그가 암행어사로 다니면서 겪은 일화 두어 가지를 들어보자.

그는 종 돌쇠를 데리고 전라도 완주지방을 지나고 있었다. 길가에서 한 미역장수를 만났는데 미역 팔 생각은 하지 않고 사람을 찾고 있었다. 그 미역장수는 미역을 팔러 나간 형이 돌아오지 않아 찾는다고 했다. 그와 돌쇠는 그 장수와 함께 돌아오지 않는 미역장수의 형을 찾아 헤맸다. 그러던 중 어느 산골에 있는 수상

한 큰 집을 발견했다.

박문수가 그 장수의 미역을 몽땅 사 짊어지고 그 큰집 앞에 가서 "미역 사려"를 연달아 외쳤다. 어느 여인네가 통곡을 하며 나오더니 자기 남편이 죽었는데 염습을 해달라고 부탁 하면서 새끼줄을 주었다. 새끼줄은 썩어 있었다. 박문수는 돌쇠에게 단단한 새끼줄을 몰래 가져오게 하여 시체를 묶었다. 그 여인네는 자기 집안은 시체를 절벽에 떨어뜨린다며 시체를 지고 절벽으로 가달라고 했다.

박문수는 시키는 대로 절벽으로 갔는데 그때 묶인 사람이 새끼줄을 끊으려 했으나 썩은 새끼줄이 아니어서 꿈쩍도 못했다. 이 부부는 절벽에서 장수들을 죽이고 그 물건을 차지하는 수법을 써왔던 것이다. 미역장수의 형도 그 수법에 걸려 죽은 것이다. 박문수는 이들 부부를 잡아 관가에 넘겼다.

한번은 박문수가 무주 땅 덕유산에 이르러 밤길에 산속을 헤매다가 등불이 켜진 집을 찾아갔다. 그 집의 노인은 젊은이에게 죽여달라고 소리치고 있었다. 그 내막을 알아보니 그 마을 구천동은 구가와 천가가 살아 구천동이라 부르는데 자기만이 유가라고 했다. 유가 노인의 아들이 천가 며느리와 간통을 했다 하여 그 대신 유가 며느리를 빼앗아 가겠다는 것이다. 그리하여 온 식구가 죽기로 작정했던 것이다. 박문수는 어사 출두를 외치며 등장해 이 일을 해결해 주었다.

박문수가 10년이 지난 뒤 구천동을 찾아가자 못 보던 큰 집이 들어서 있었다. 그 사연을 알아보니 천가가 죽고 난 뒤 동네사람들이 많은 재물을 가져다주어 유가는 부자가 되었고 젊은이들을 훈도하고 동네사람들을 잘 이끌고 있다고 했다.

뒷날 영조는 이 이야기를 듣고 칭찬을 아끼지 않았다고 한다.

조선 말기에 떠돌던 『박문수전』에는 이런 일화들이 무수히 담겨 있다. 이는 사실인지 아닌지를 떠나 민중의 애정이 담긴 이야기이다. 때로는 박문수를 골려주었다는 이야기, 때로는 박문수가 실수를 저질렀다는 이야기도 섞여 있다.

곧은 말 때문에 자주 벼슬살이에서 쫓겨나

그는 여러 지방을 다니며 백성의 큰 고통이 무엇인지를 알았다. 그는 호조판서와 병조판서로 있으면서 이와 관련된 폐단을 고치기 위해 힘을 기울였다.

그 몇 가지를 알아보자.

하나는 양역良役의 폐단이었다. 양인 신분을 가진 사람은 군인의 의무를 지거나 군인의 경비를 대는 일을 일정기간 해야 했다. 그런데 각 고을에서 사사로이 장정들을 끌어다 일을 시키면서 정군正軍 동원을 게을리했다.

또 하나는 각 궁방전의 절수折受(토지를 떼어줌)였다. 임금의 아들·딸이 태어나면 평생 먹고 살 토지를 떼어주게 마련이다. 그 방법은 어느 일반의 경작지를 떼어 나라에 낼 세금을 그 몫으로 주는 것이다. 백성들은 이 몫을 내고 그 농사 경비까지 내는 경

우가 흔했다. 이에 궁중의 경비가 규정도 없이 과다하게 지출되
거나 절도없이 내주기도 하는 폐단을 바로잡았다. 이의 규정을
만들어 지출을 일정하게 줄였던 것이다.

박문수는 병조판서와 호조판서가 되어 폐단을 바로잡고자 노
력했고, 또 임금에게 열렬하게 이를 주장했다. 그러나 썩은 벼슬
아치들은 경비염출의 방법을 핑계대며 엉뚱하게도 그를 몰아세
웠다. 그는 충주목사로 좌천되는 문책을 당했다. 판서가 목사가
되는 예는 역사에 거의 없다. 이런 수모를 당했는데도 그는 말없
이 목사직을 훌륭히 해내고 돌아왔다. 한편 비리를 일삼는 안동
서원을 철폐한 적이 있는데 이로 해서 병조판서의 자리에서 떨
려나서 풍덕부사로 좌천되기도 했다.

그가 호조판서로 있을 적에 임무를 잘 수행한 사실도 전해진
다. 원래 궁궐의 건물들은 5년에 한 번씩 보수하고 3년에 한 번
씩 수리하며 봄·가을에는 헐어진 곳이 있나, 새는 곳이 있나를
보살피는 규정이 있다. 박문수는 이 일을 몸소 감독하면서 담을
쌓을 적마다 그 일을 맡은 벼슬아치의 이름과 장인의 성명을 담
벽에 써놓았다고 한다. 성 쌓을 적에 담당자의 이름을 적는 관례
를 적용한 것이다. 이는 그 유래를 알리고 뒷날 사람들에게 참고
자료를 제공하기 위한 것이었고, 잘한 것을 기리고 잘못한 것을
바로잡기 위한 것이었다.

그는 어영대장 등 군사 관련의 일도 여러번 맡아보았는데 군
졸들의 고통을 남달리 알아준 탓으로 하급 군졸들의 환심을 크
게 샀다. 그는 늘 군졸들의 옷과 먹을거리를 보살펴서 군졸들은

그를 부모와 같이 대했다.

박문수는 이인좌 등이 난을 일으켰을 때 진압 책임자 오명항吳命恒을 따라 크게 공을 세웠으며, 그 뒤 참찬에 이르기까지 높은 관직을 역임했다. 그러면서도 벼슬이 떨어지기도 하고 좌천이 되기도 하고 한때 귀양살이도 했다.

그를 유명하게 한 것은 높은 벼슬자리나 임금의 총애도 아니요 학문이나 문장도 아니었다. 늘 백성을 사랑하는 마음, 민중의 고통을 덜어주려는 마음 때문이었다. 백성들은 그 고마움의 표현으로 그에게 얽힌 일화를 입에서 입으로 전했다. 암행어사 박문수를 백성들은 은인으로 생각한 것이다.

이러한 풍모는 그의 강직한 성품에서 나온 것이다. 그는 임금을 만나는 자리에서도 허리만 약간 굽히고 큰 절을 하지 않고 부복도 하지 않으면서 얼굴을 똑바로 쳐다보았다고 한다. 다른 벼슬아치들이 이를 나무라면 영조는 임금과 신하가 너무 딱딱하게 지내면 서로 흉허물 없이 대화를 나눌 수 없다고 이르고 "부복하지 말고 얼굴을 들어 바라보라"고 했다. 그 임금에 그 신하였다 할 수 있겠다.

박문수가 죽었을 때 사관은 이렇게 기록했다.

임금의 돌봄이 날로 높아져 벼슬자리가 숭현崇顯에 이르렀다. 나라 일을 돌봄에는 마음을 다해 게으름을 피우지 않았으며 병조·호조의 판서를 지낼 적에는 바로잡아 고친 것이 많았다. 여러 번 병권을 잡아서는 사졸들의 환심을 샀다. 그러나 경연의 자리에서는 때때로 우스개 말을 늘어놓아 조잡한 병통이 있었다.

『영조실록』 권87, 32년 5월조

그가 죽어 시호를 올릴 때 그의 강직함을 염두에 두었던지, 그의 직언에 넌덜머리가 났던지, 아니면 일부러 골리려 했던지 담당 벼슬아치가 "곧은 말 잘하는 사람"이라는 뜻의 직간공直諫公이라 지어 올렸다 한다. 영조는 이를 보고 웃으면서 "충성스럽고 곧은 사람"이라는 뜻의 충헌공忠憲公으로 고쳐주었다.

오늘날 관리의 부정이 늘 말썽이 되고 유능한 관리보다 눈치 보는 관리가 판을 치는 마당에 박문수 같은 청렴하고 강직하고 유능한 인물을 떠올려보는 것도 의미 있는 일이다.

박문수는 고령 박씨 어사공파인데 박정희 전 대통령이 직계 후손이라고 한다. 그리하여 박씨 일가는 박정희 전 대통령이 박문수의 곧은 정신을 배웠다고들 말한다. 과연 그럴까.

원경하
영조의 조력자, 정조의 스승

검소한 왕족

영조는 후궁의 몸에서 태어난 왕자이다. 그의 형인 경종이 나이가 들어도 아들이 없고 병도 잦아, 왕위 계승이 그에게 떨어지는 것은 시간 문제였다. 그런데도 소론은 경종을 감싸고 노론은 영조를 내세워 정권을 탈취하려 했다.

영조는 목숨이 위태로운 경우를 여러 번 당했고 당파의 음모를 진저리칠 만큼 겪었다. 그가 마침내 왕위에 오르자 그의 왕위 계승에 공을 세운 노론은 반대파인 소론에게 탄압을 가했다. 영조는 처음엔 노론을 중용했으나 그들이 지나치게 보복을 주장하자, 온건파 소론을 기용하고 노론을 억눌렀다.

영조는 탕평책湯平策을 내걸었다. 이를테면 파당을 없애는 정책을 추진한 것이다. 많은 세력을 거느리고 있던 노론은 이 탕평책을 반대했고, 소수파인 온건 소론은 탕평책을 지지하여 노·소론의 권력균형을 유지하려 했다. 실제로는 탕평책의 대상에서 실세한 남인과 북인이 제외된 것이다.

원경하元景夏(1698~1761)는 탕평 중에서도 대탕평을 주장하고 나섰다. 곧 모든 당파가 고루 조정에 등용되어야 한다는 것이다. 그는 노론 계열이면서도 노론의 일방적인 독주에 반대하고 공평한 인사정책을 주장했던 것이다.

원경하는 효종의 딸인 경숙공주의 손자이다. 그의 할아버지인 원몽린元夢麟은 어떤 인물이기에 부마가 되었던가? 그의 가계도를 보면, 원두표(좌의정·서인 영수)→원만리(평안도관찰사)→원몽린(도총관·부마)→원영귀(목사)→원경하로 이어진다. 그의 고조부가 원두표이다. 원두표는 서인의 중심인물로 인조반정에 가담하여 공을 세웠고, 서인이 원당原黨·낙당洛黨으로 갈릴 적에 원당의 영수가 되었다. 이런 권세가였으니 손자가 부마로 뽑힐 수 있었다. 원경하의 아버지는 왕의 외손자로서 총애를 받아 목사 같은 관직을 지냈으나 젊은 나이에 죽었다.

원경하는 경종·영조와는 진외가로 6촌 사이이다. 원경하는 부유한 가정에서 할머니의 사랑을 듬뿍 받으며 자라났다. 그는 남다른 총명으로 다른 손자들보다 할머니의 사랑을 더 많이 받았다. 어릴 때부터 글 읽기를 좋아하고 검약한 생활을 몸에 익혔다. 그는 나들이할 때에 비쩍 마른 말을 타고 다녔으며, 여느 사람들이 말에 온갖 치장을 하는 것과는 달리 말안장에 아무런 장식도 하지 않았다. 옷과 신발도 늘 검소하게 차리고 다녔다. 그가 서울 거리를 다니면 많은 사람들이 여느 여염집 자제로 알고 대했다가 그가 공주의 손자라는 것을 알고는 모두 놀라고 존경했다.

원경하가 과거에 합격한 뒤 세자의 경호를 맡는 부솔副率이라는 벼슬을 얻은 것은 서른여덟 살 때였다. 신분에 비해 아주 늦은 벼슬길이었다. 그는 비로소 네 살 위의 형뻘인 영조를 자주 대하게 되었다. 그가 부솔로 있을 적에 있었던 일이다.

이유라는 선비가 벼슬자리 하나 얻으려고 여기저기 기웃거렸다. 이유는 소년시절에 안면이 있는 원경하를 찾아와 이런저런 애기를 주고받다가 물러갔다. 원경하는 심부름꾼에게 맑은 물을 떠와 이유가 앉았던 자리를 말끔히 청소하게 하고 이렇게 말했다.

"속된 무리가 감히 내 자리를 더럽혔구나."

이 소문은 금방 시정에 파다하게 퍼졌다. 이로 해서 그에게 정상배들이 함부로 접근할 수 없었던 것은 말할 나위도 없다. 그는 부솔이 되던 해 정시문과에 장원하고서야 제대로 정언·교리 등의 벼슬을 얻었다.

영조와 마음을 나누는 사이

이즈음 영조는 탕평책을 본격적으로 밀고나가기 위해 탕평을 주장하는 조현명趙顯命·송인명宋寅明 같은 대신들을 중용했다. 그러나 진정한 탕평책을 밀고나가기 위해서는 친위세력이 필요했다. 이때 유난히 눈에 띈 인물이 바로 원경하와 박문수였다. 영조는 원경하를 승지로 발탁했다. 원경하는 승지로 있으면서 영조의 뜻을 받들어 영남의 퇴계 계열 인사를 조정에 뽑아 쓰게 했고, 북인에게도 벼슬길을 터놓아야 한다고 역설했다.

당시 조정은 노론이 절대다수였고 온건 소론이 때때로 득세하는 분위기였다. 원경하는 진정한 탕평은 인재를 고루 쓰는 것이라고 역설했다. 남인과 북인도 들어 쓰고 그들의 불만을 풀어주어야 한다고 주장했다.

영조는 자기의 심중을 알아주는 원경하를 무척이나 신임했다. 조정의 모든 일을 그와 의논했는데, 그의 논리정연하고 공평한 건의는 대부분 왕에게 가납되었다. 이에 힘입어 그는 조정에 나온 지 10년 만에 박문수의 뒤를 이어 인사권을 쥔 이조판서와 병권을 쥔 병조판서 같은 요직을 두루 거쳤다. 그의 인사정책은 늘 공평했지만 예전의 동료였던 노론은 기회만 있으면 그를 헐뜯기에 바빴다.

송인명에 의해 그에게 부제조라는 원로직이 추천되었는데, 이 벼슬을 받으면 정승의 반열에 오르게 되는 것이 관례이다. 그런데 영의정 김재로金在魯가, 그는 아직 이 반열에 들 나이가 아니라고 우겨

영조 어진 영조는 자기의 심중을 알아주는 원경하를 무척이나 신임하여 조정의 모든 일을 그와 의논했는데, 그의 논리정연하고 공평한 건의는 대부분 왕에게 가납되었다.

끝내 이 자리를 얻지 못했다. 그 뒤 1747년(영조 23) 노론 계열인 김양택이 상소를 올렸는데 이런 구절이 있었다.

"위로 임금의 뜻에 맞추어 신임을 얻어서 지나치게 벼슬을 얻고는 못할 짓이 없는 모양을 보인 자가 조정에 있사옵니다."

영조는 김양택을 불러 그런 자가 누구냐고 힐문했다. 김양택은 서슴없이 원경하·박문수라고 대답했다(『영조실록』권65, 23년 3월조).

그가 죽자 실록의 사관은 이렇게 썼다.

그가 오광운吳光運의 무리와 함께 조정에서 대탕평을 부르짖어 벼슬아치와 벗들이 모두 수치로 여겨 서로 왕래하지 않았다.

『영조실록』권97, 37년 5월조

이것이 편파적인 기록임은 두말할 것도 없다. 이만큼 그의 주장은 같은 계보에게서도 미움을 받았던 것이다. 이어 사관은 그의 검소한 생활을 기록하면서 "그러나 내심은 음험하여 다른 사람과 어울리기가 어려웠다. 경대부라도 자기에게 아부하지 않는 자는 헐뜯어서 말을 하여 남아날 사람이 없었다"고 곧바로 헐뜯기도 하는 따위로 실상과 다른 기록이 전하는 것이다.

그러나 그가 추진한 일은 이것과는 사뭇 달랐다. 영조는 그를 헐뜯는 말에 귀를 기울이지 않았을뿐 아니라 헐뜯는 자들을 억눌렀다. 영조는 원경하와 박문수를 세손世孫(뒤의 정조)의 사부로 삼아 다음 왕을 이을 세손의 몸가짐과 학문을 가르치게 했다. 신변이 위태로운 세손을 보호하기 위한 조치였다.

시정의 폐단을 고치는 데 주력하다

그는 대탕평을 추진한 일 이외에 두 가지 큰일을 해냈다. 첫째는 군역 비용으로 내는 신포와 공물을 쌀로 환산해 바치는 대동미의 양을 감하게 한 것이다. 신포는 장정 머릿수에 따라 일정량을 내게 되어 있었지만 그것이 과중하거나 부정으로 징수되어 백성들이 많은 고통을 받고 있었다. 대동미도 부담이 과중할뿐 아니라 중개인들의 농락이 많았다. 이에 그는 1차로 경기지방부터 그 부담을 줄여야 한다고 임금에게 건의하여 관철시켰던 것이다.

다음은 과거의 폐단을 시정한 것이다. 시관試官들은 모두 서울의 권세가가 맡아, 과거 보는 유생들을 실력보다 정실로 뽑아 합격시키는 폐단이 무수히 저질러지고 있었다. 이 문제에 대해 그는 시관을 지역과 당색을 가리지 말고 고루 차출해야 한다고 건의하여 이를 실현시켰다.

그는 끝내 정승의 반열에 서지 못하고 예순에 봉조하奉朝賀(2품 이상의 퇴임한 벼슬아치에게 종신토록 그 품계에 맞는 녹을 주는 특례)가 되어 실직에서 물러나왔다. 그는 파벌에 희생되어 정승자리를 얻지 못한 것이다.

그는 실직에서 물러나온 지 2년 만에 병을 얻어 죽었다. 반대파는 그가 병을 얻자 '울분 탓'이라고 모략질을 했다. 분한 마음도 없지 않았을 것이리라. 그가 죽자 영조는 친히 제문을 지어 죽음을 위로했다. 그리고 원경하의 아들 원인손元仁孫에게 전라

감사를 시켜 보내면서 원경하에 대한 보답의 뜻을 나타냈다. 원인손도 아버지의 뜻에 따라 당파에 휩쓸리지 않고 정조 아래에서 탕평책의 실현에 심혈을 기울였다.

원경하는 출신배경이 좋았지만 그것에 기대지 않고 늦은 나이에 벼슬길에 들어섰다. 그는 또 문장에 능하고 과문科文(과거과목의 글)에 뛰어났지만 늦은 나이에야 과거에 응시했다. 대부분의 벼슬아치들은 권력을 쥐기 위해 당쟁을 벌이고 현실적인 이해를 계산하여 탕평책을 내세웠지만, 그는 끝까지 사심 없이 대탕평을 밀고나갔다. 그를 반대하는 세력은 그에게 온갖 비난을 퍼부었다.

이천보李天輔는 노론의 인물로 그와 절친한 친구였으나 그의 대탕평에 불만을 품고 절교했다. 이 둘 사이를 두고 다시 시비가 붙었는데 이천보를 따르는 자들을 이붕李朋, 원경하를 따르는 자들을 원붕元朋이라고 지목하여 또 다른 당파를 지었다. 그야말로 고질이었다. 그 뒤 이천보가 죽었을 때 원경하가 제문을 지어 남달리 조문을 보낸 일을 두고는 뼈대가 없다고 비웃어댔다.

그가 민중의 고통을 생각하여 조세를 감면하려고 노력한 일과 권문세족만이 부정으로 과거에 합격하는 폐단을 바로잡는 일에 심혈을 기울인 일을 가지고도 반대파는 인심을 얻고 명망을 낚으려는 행동이라고 비난했다.

공평한 마음과 곧은 행동이 현실이해에 따라 각기 다른 평가가 내려질 수도 있다는 본보기일 것이다. 그에게 병조판서가 내려졌을 적에 벼슬아치들의 보통 관례대로 하면 두세 번 사양하는 척하면서 받았는데도 그는 그냥 널름 받아들였다. 그는 형식적인 것을 싫어하는 솔직한 성품이었다. 그는 타협과 균형을 위해 노력했지만 노론은 노론을 두둔해주지 않는다고 비난했고, 남인은 다른 당파라고 백안시했다. 세상의 여론이란 때로 이상야릇한 것이기도 하다.

그러나 오늘날 그의 행적은 역사의 교훈이 될 것이다. 그의 이름을 역사에게 다시 찾아보는 것은 이런 데에 뜻이 있는 것이다. 그는 남달리 왕의 신임을 얻고 또 높은 벼슬을 누렸는데도 그 누구보다 청렴하게 산 모습을 보면 그의 뜻을 알 만하다.

그의 묘소는 현재 성남에 속하는 분당 사송동에 있다. 묘소도 그의 검소한 생활태도대로 깔끔하고 소박하다.

5부

구중궁궐 여인의 눈물

인현왕후 / 정순왕후 / 철인왕후 /

이렇게 서로 미워하고 투기하며 벌인 인현왕후와 장희빈의 사랑싸움은 도대체 어디에 그 빌미가 있었던가? 그것은 변덕 많은 한 남성의 장난이었고, 여인들은 권력의 소용돌이에서 희생당한 것이다. 두 여인을 두고 남정네들은 권력을 잡는 도구로 이용했고 또 희생양으로 삼았다.

인현왕후

사랑과 권력의 틈바구니에서

민씨 세력의 힘으로 왕비가 되었으나

우리는 자주 방송 연속극에서 왕비들의 이야기를 듣고 보게 된다. 왕비들이 이렇게 자주 등장하는 것은 그만큼 시청자들의 관심을 끌기 때문일 것이다. 하지만 그 이야기에 담겨진 내용은 한결같이 시기와 질투로 채워져 있어서 눈살을 찌푸리게 한다.

비극적인 삶을 산 왕비로 흔히 인현왕후仁顯王后(1667~1701)를 꼽는다. 역사 기록을 보면 그녀는 말로 표현하지 못할 정도로 착하고 인자한 성품을 지녔다고 하였다. 이에 비해 그녀의 연적이었던 희빈 장씨는 천하에 둘도 없는 악독하고 간교한 여인으로 그려지고 있다. 과연 그런가? 한번 꼼꼼하게 따져보기로 한다.

숙종 연간에 들어 민씨들이 세력을 잡았다. 그 중에 민유중·

인현왕후가 쓴 한글 편지 　인현왕후와 희빈 장씨의 이야기는 인자한 부덕의 대표로서 인현왕후의 이미지를 재생산해왔지만, 결국 두 여인 모두 변덕 많은 임금(숙종)을 지아비로 둔 희생양이었던 셈이다.

민정중 등이 좋은 벼슬자리를 얻어 권세를 잡았다. 인현왕후는 이 민유중의 딸로 서울 새문 밖 반송방盤松坊(지금의 평동)에서 태어났다. 그녀의 어머니는 영의정을 지내고 도학자로 이름이 높던 송준길宋浚吉의 딸이었다. 그녀는 어머니를 어릴 적에 여의었고 외조부 송준길에게서 부덕을 익히며 글을 배웠다. 그녀의 어릴 적에 관한 기록을 보면 '현미賢美'니 '부덕'이니 하는 표현을 써가며 대단한 칭찬을 아끼지 않고 있다.

　그녀의 나이 열다섯 살 적에 왕비인 인경왕후仁敬王后가 갑자기 죽었다. 인경왕후는 숙종의 첫째 왕비로 궁중에 들어왔다가 스무 살의 나이로 죽은 것이다. 숙종과 인경왕후는 스무 살 동갑내기였다. 이 동갑내기들이 이리저리 얽혀서 조정을 분란케 만들고 하나의 기구한 운명을 연출해내고 있었다.

관례에 따라 대왕대비 조씨는 온 나라에 왕비를 뽑는 간택령을 내렸다. 그러나 무슨 사정인지 간택령에 따른 복잡한 절차를 모두 생략했다. 공식 간택령을 위배한 결정이었다. 외조부인 송준길은 영의정 자리에 앉아 있으면서 그녀를 경쟁자 없이 간택하게 작용했다. 곧 서인들이 세력을 잡고 있으면서 서인의 딸로 왕비를 삼게 한 것이다. 바로 새 왕비 인현왕후는 정치적 장난에 놀아나는 대상이 된 것이다. 1681년(숙종 7)에 일어난 일이다.

이는 뒷날 서인 또는 노론들이 국혼國婚을 놓치지 않는다는 선례를 만들어냈다. 이들 당파는 왕비를 자신들 계열의 딸로 들여 권력을 잡는 방편으로 삼으려 했다. 태종 연간에 처음 간택령을 시행할 적에는 높은 벼슬아치나 권세가의 딸을 들이지 않는 규정을 두었다. 외척의 발호를 막으려는 의도였다. 그런데도 이때는 이 규정을 무시했다. 그 결과 19세기 문벌정치의 시기에 들어 안동 김씨 세력은 자기네 딸을 왕비로 들이고 척족정치를 펴는 밑천으로 삼았다.

장희빈에 밀려 친정으로 쫓겨나다

열다섯 살의 왕비 민씨는 변덕 많은 젊은 왕을 받들고 그 많은 궁중의 비빈들을 거느리고 대왕대비와 왕대비를 받드는 막중한 책임을 맡게 되었다. 아무리 든든한 친정의 배경을 업고 부덕을 갖추고 총명한 그녀라 할지라도 어린 그녀에게는 여간 힘겨운 일이 아닐 수가 없었다.

인현왕후의 궁중생활은 새벽에 일찍 일어나 윗전殿(대비들의 처소)에 문안드리는 것과 같은 궁중 법도에 따른 일상적 일 말고도 친정에 안부편지를 보내는 일 따위로 매일매일 이어지고 있었다. 이런 일은 어린 그녀에게 귀찮고 번잡했겠지만 사실 개미 쳇바퀴 돌 듯 단조로운 생활이었을 것이다.

이런 생활이 1년 반쯤 지난 뒤 궁중에 큰 일이 벌어졌다. 왕이 스물둘의 나이로 천연두를 앓게 되었다. 더욱이 아직 대를 이을 왕자가 없었던 처지여서 왕대비는 창황망조하여 초겨울인데도 냉수를 끼얹어 목욕재계하고 삼신에 빌기를 잠시도 그치지 않았다.

왕의 천연두는 나았으나 왕대비(현종의 비인 명성왕후)가 건강을 해치는 무리를 거듭하여 이내 죽었다. 그녀는 어린 나이로 이런 일을 모두 치다꺼리해야 했다. 그런데 이 왕대비가 죽고 난 뒤, 궁중에서는 새로운 문제가 일어났다. 곧 궁인 장옥정張玉貞과 얽힌 분란이 꼬리를 물고 일어난 것이다. 장옥정은 역관을 지낸 중인 집안의 딸이었으나 아버지가 일찍 죽어 고아와 다름없었다.

처음 장옥정은 입궐한 뒤, 일개 궁인으로 지내다가 인경왕후가 죽고 난 뒤 임금의 눈에 들었다. 장옥정은 빼어난 미모에다가 여자의 애교를 지닌 궁인이었다. 임금의 승은承恩(임금과 잠자리를 하는 것)을 입은 장옥정은 오만한 행동을 보이며 다른 궁인들을 깔보기도 하고 억누른 탓으로 왕대비 눈 밖에 나서 궁중에서 쫓겨났다.

그러나 왕의 승은을 입은 후궁이 여염집에 있는 것은 법도가 아니었다. 어쨌든 장옥정은 숙종의 종조부뻘 되는 숭선군崇善君의 집에 의탁하고 있었다. 장옥정은 숭선군을 통해 로비를 벌인 끝에 그녀를 미워한 왕대비가 죽고 나자, 대왕대비(인조의 계비인 장렬왕후)에게 줄을 대서 다시 궁중에 들어오게 되었다. 이때 왕비도 왕의 승은을 받은 여인을 여염집에 놓아둘 수가 없다고 하여 장옥정을 궁중에 들어오게 요청했다.

장옥정은 궁중에 들어와 다시 왕의 총애를 받았다. 왕은 나이가 서른 살이 다 되었는데도 후사가 없어서 다시 후궁으로 숙의 김씨를 맞아들였다. 어쨌든 왕비나 숙의 김씨에게서도 왕자가 태어나지 않았다. 거기에다가 대왕대비는 장옥정만을 사랑하고 왕비에게는 눈길을 돌리지 않았다. 왕의 밤길은 언제나 장옥정의 처소로 쏠렸고 장옥정의 내명부內命婦의 품계를 계속 높여주어 소의昭儀가 되었다. 소의는 왕비 다음의 세 번째쯤 서열에 드는 내명부 자리가 아닌가? 더욱이 왕은 장소의에게 궐내에 화려한 별당을 지어주어 특별한 총애를 보인 반면, 왕비는 거들떠보지도 않았다.

숙종은 유난스런 변덕쟁이었다. 그의 성격은 안정되지 않아 신하들을 의심해 당쟁을 조장하기 일쑤였다. 여인에 대한 사랑도 훨씬 더 많은 변덕을 부렸다. 이렇게 되자, 조정의 대신들은 왕비 민씨를 감싸고도는 세력도 있었고 소의 장씨를 감싸고도는 세력도 있었다. 이런 조짐은 뒷날 더 큰 화를 불러왔던 것이다.

이런 속에서 장소의는 바라고 바라던 왕자를 탄생했다. 그야말로 왕실은 물론 온 조정이 경하해 마지않을 일이었다. 이때 장소의의 어머니는 딸의 해산을 보러 입궐하면서 가마를 타고 들어왔다. 이것이 신분에 걸맞지 않다고 지평 이익수李益壽가 가마를 메고 온 종들을 벌주고 가마를 불태워버렸다. 이 사건이 겉으로는 법도를 내세우고 있지만 실제 왕비 민씨를 감싸고 있는 서인들이 벌인 행동이었다.

이제 왕자를 낳은 장소의를 1689년 희빈嬉嬪으로 올려주어 왕비 다음의 서열에 앉게 했다. 그러나 이런 서열이 문제가 아니었다. 그녀는 왕자의 어머니로 위세가 당당했고 그의 오라비 장희재도 당당히 훈련대장의 자리를 차지했다. 따라서 남인 중심의 장희빈세력은 실권을 차지하고 있었고 서인 중심의 인현왕후 세력은 뒷전으로 밀려나는 처지가 되었던 것이다.

여기서 하나 말해둘 중요한 대목이 있다.

인현왕후는 곧잘 부덕을 내세우지만 도대체 여자로선 매력이 없다 해야 옳을 것이다. 장희빈은 포악하다고 하지만 여자로서의 아기자기한 맛을 풍기고 있다. 이를 지나쳐서는 사태를 제대로 이해할 수 없을 것이다. 아무튼 두 여자의 다른 측면들이 지나치게 강조되어 있다고 보이는 것이다.

어쨌든 숙종의 눈에는 인현왕후의 행동이 영 마음에 들지 않았다. 그리하여 왕은 드디어 꼬투리를 잡아 인현왕후를 내칠 궁리를 짜냈다. 왕은 왕비의 탄신일에 문안도 받지 않고 내쳤고, 또 이를 두고 신하들이 궁중의 관례를 어겼다 하여 따지자, 도리어 "왕비는 왕비로서의 부덕이 없고 투기가 많다"고 말했다. 이리하여 숙종은 왕비를 쫓아내려 했고 이의 부당함을 간하는 신하들을 유배지로 보냈다. 끝내 왕비에 대한 폐비의 전교傳敎가 왕으로부터 내려졌다.

그리하여 인현왕후는 궁중에 들어온 지 8년 만에 그 화려한 왕비자리를 내놓고 친정집으로 쫓겨났던 것이다. 스물셋의 청춘에 아들도 낳지 못하고 소박맞은 정경이야 누구나 동정하는 마음을 금할 수 없었을 것이다.

이와 달리 장희빈은 뒤를 이어 곧바로 왕비자리를 차지했다. 아비도 없이 홀어미 밑에서 자라나 궁인으로 들어왔다가 왕자를 낳고 왕비자리까지 차지했으니 그야말로 제 몸 하나만으로 이 영광을 얻었다 할 수 있었다. 그것도 두터운 정치세력이 뒷받침을 해주는 혁혁한 가문의 인현왕후를 제치고 그 자리를 차지했으니 감개가 무량했을 것이다.

아무튼 인현왕후는 안국동 언저리에 있는 친정집에서 조심스런 나날을 보냈다. 책을 읽으며 나날을 보내면서 죄인이라 하여 사람도 잘 만나지 않고 아버지의 상을 치르면서는 무명옷만을 입었다. 이때 그녀에 얽힌 여러 미담들이 떠돌았다. 그러나 이것은 미화시킨 감이 없지 않다.

두 여인의 비극적 종말

숙종의 변덕은 또 시작되었다. 비록 장희재가 횡포를 부리고 왕비 장씨가 간교하다는 따위의 구실을 붙여 싫증을 냈다고 말하지만 이것은 뚜렷한 이유가 되지 못한다. 결국 숙종은 왕비 장씨를 희빈으로 강등시키고 인현왕후에게 내렸던 것처럼 그녀를 사가로 내쳤다. 그리고 이어 폐비 인현왕후를 다시 맞아 왕비로 삼았다.

그 뒤 인현왕후는 조신을 거듭하면서 왕비노릇을 했다. 그러나 그녀는 아이를 잉태하지 못하는 석녀였던 것이다. 또 인현왕후는 그녀의 연적인 장희빈의 유폐생활도 보았고 나이도 30대 중반에 접어들었다. 이 무렵 인현왕후는 겉으로는 행복한 나날을 보냈다. 그러나 또 다른 후궁이 왕자를 낳았을 적에 그녀는 결코 마음의 행복을 누릴 수가 없었을 것이다.

그런데 뜻밖에도 병마가 그녀에게 닥쳐왔다. 불치의 종기가 그녀를 덮친 것이다. 그녀는 온갖 약을 썼지만 2년 8개월 동안 종기를 앓던 끝에 서른다섯의 나이로 이 세상을 하직했다. 참으로 파란 많은 짧은 생애였다. 그런데 이 죽음의 책임이 엉뚱하게도 장희빈에게 뒤집어씌워졌다. 인현왕후가 사가에서 유폐생활의 여독으로 병을 얻게 되었다는 것이다. 그리하여 장희빈에게 사약이 내려졌다.

이렇게 서로 미워하고 투기하며 벌인 두 여인의 사랑싸움은 도대체 어디에 그 빌미가 있었던가? 그것은 변덕 많은 한 남성의 장난이었고, 여인들은 권력의 소용돌이에서 희생당한 것이다. 인현왕후가 친정의 후원을 입어 왕비가 되었을 때에는 모두가 부러워했지만, 그것은 표면에 나타난 하나의 부질없는 영화였다. 그녀의 친정도 결국 그녀가 왕비가 된 탓으로 영욕을 거듭했던 것이다. 또 장희빈이 왕자를 낳고 왕비가 되었을 적에 누구나 그녀의 영광을 부러워했지만 결국 그것으로 하여 그녀의 인생은 풍비박산이 나고 말았다.

그런데 두 여인을 두고 남정네들은 권력을 잡는 도구로 이용했고 또 희생양으로 삼았다. 두 여인의 비극은 두 여인에게만 있는 것은 아닐 것이다. 장희빈의 아들 경종과 다른 후궁 최씨의 아들 영조는 또다시 왕위 자리를 놓고 갈등을 빚었다. 2회전도 당파와 얽혀 아주 치열했다.

그녀들에 대한 텔레비전 연속극이 있었고 흔히 소설의 주인공으로도 다루지만 두 여인의 운명을 너무 단순화시키는 감이 있다. 그녀들의 비극의 이면에 좀더 관심을 기울이는 것이 좋겠다.

정순왕후
짧고 허무한 세도의 길

열다섯의 나이로 왕비가 되다

텔레비전 드라마 「한중록」과 「이산」을 보면 젊은 왕비가 등장하여 파란을 일으키는 대목이 나온다. 그녀가 곧 영조의 계비繼妃 김씨이다. 이 젊은 여인이 나중에 정순왕후貞純王后(1745~1805)로 받들어졌고 또 어린 순조를 대신해서 수렴청정을 한 대비 김씨이다. 정순왕후는 여걸의 자질이 있었던 것도 아니요, 왕자를 두어 왕위쟁탈에 나선 것도 아니요, 오래 살면서 척족정치를 편 것도 아니면서도 이리저리 얽혀 한국의 역사에 한 주역으로 등장한 여인이었다. 그녀는 한평생, 현군으로 일컬어지는 정조와 대결을 벌여 역사에 엄청난 파란을 불러일으킨 여인으로 기록되어 있다.

정순왕후 가례도감의궤　열다섯 살의 어린 나이에 왕비로 간택되어 영조의 왕비가 된 정순왕후의 가례를 기록한 의궤. 지금도 당시의 모습을 생생하게 전한다.

　　정순왕후는 어찌 보면 행운의 여인이었지만 다른 각도에서 보면 악역을 맡은 비극의 주인공이었다. 영조의 왕비인 서씨가 죽자, 영조는 늙은 나이에 뒷 왕비를 들일 생각이 별로 없었다. 그러나 궁중 법도로는 잠시도 왕비자리를 비워둘 수가 없었다. 그리하여 논란 끝에 유학幼學 김한구金漢耉의 딸을 왕비로 간택했다. 왜 벼슬자리에 있지도 않은 일개 선비의 딸을 왕비로 골랐을까?

　　김한구의 아버지 김홍욱은 소현세자의 빈궁인 강씨와 그녀의 아들이 억울하게 죽었으니 이를 풀어달라는 상소를 올렸다가 효종의 분노를 사서 국문을 받던 중에 장사杖死되었다. 빈궁 강씨는 봉림대군(뒤에 효종) 계열에 의해 모진 학대를 받았다가 인조의 명에 따라 죽음을 받았던 것이다. 그 뒤 이들 집안에서는 벼슬자리에 나가지 못했고, 따라서 노·소론이 극심하게 대립한 숙종·경종 연간에는 초야에 묻혀 초연히 살게 되었다. 아마도 척신의 등장을 두려워한 영조가 이런 집 딸을 왕비로 골랐던 것 같다.

어쨌든 이때 영조의 나이는 예순여섯 살, 새 왕비의 나이는 열다섯 살이었으니 손녀 뻘쯤 되는 나이 차이였다. 또 사도세자와 그 아내 혜경궁 홍씨의 나이가 동갑인 스물다섯 살이었으니 이들은 10년 연하의 여인을 어머니로 모셔야 했다. 궁중의 법도는 엄격하다. 사도세자와 혜경궁 홍씨는 조금의 차질도 없이 어린 왕비를 어머니로 받들어야 했다.

그런데 새 왕비는 영조의 처음 생각과는 달리, 외부의 입김을 받고 사도세자의 비행을 요리조리 고해바쳤다. 왕비의 친정 오라비 김귀주는 사도세자의 평안도 나들이를 영조에게 고해 바쳤다. 늙은 영조는 이들 남매의 말에 귀를 기울였다. 김귀주는 20대 초반의 나이로 누이 덕분에 낮은 벼슬을 받은 처지였으니 궁중 사정을 제대로 알 수 없었다. 뒤에 끄나풀이 있었던 것이다.

끝내 여러 사정에 얽혀 사도세자는 뒤주 속에서 죽는 신세가 되었다. 이렇게 되자 혜경궁 홍씨의 새 왕비에 대한 감정이 좋을 리가 없었지만 혜경궁 홍씨는 이를 별로 표출하지 않고 덮어 두는 척했다. 이즈음 궁중의 기류는 더욱 복잡하게 얽혀 있었다.

김귀주는 차츰 승지 따위 벼슬을 누리면서 사도세자의 장인인 홍봉한과 사도세자의 죽음을 동정하던 세력인 시파들을 공격해 타격을 주면서 사도세자의 죽음을 당연시하던 세력인 벽파의 영수 노릇을 했다.

이런 속에서 영조는 손자인 정조가 왕권을 수행할 수 있는 여러 조처를 다져놓고 재위 52년을 마무리하고 죽었다. 이때 새 왕비의 나이 서른두 살. 이제는 이 눈치 저 눈치를 살필 수 있는 나이였고, 더욱이 18년 동안 국모의 자리에 있으면서 궁중의 사정을 환히 알 수 있었다. 많은 풍상을 겪은 처지였다.

정조는 위태롭게 왕위에 오른 뒤 아버지에 대한 사모의 정을 이기지 못했다. 정조는 사도세자를 죽음으로 몰게 한 일부 세력을 제거했다. 그 중에서도 실권을 쥐고 사도세자의 죽음에 주역을 맡았고 많은 비리를 저지른 정순왕후의 오라비인 김귀주 등을 귀양보내고 위리안치시켰지만 큰 살육을 불러일으키지는 않았다.

다만 당시 벽파와 시파가 대립을 벌이고 있었는데, 정조는 시파를 두둔하고 그들을 조정에 중용했다. 이런 사정이었으므로 이제 대비가 된 정순왕후는 모든 것이 편치 못했다. 말 한마디 행동 하나가 조심스러웠다. 과거 인목대비가 광해군에 의해 유폐된 적도 있지 않은가?

하지만 그녀의 복수심은 마음속에 짙게 깔려 있었다. 정순왕후는 정조가 위기를 넘기고 왕위에 오르는 데 결정적 공로를 세운 홍국영을 타겟으로 삼아 헐뜯는 말을 연달아 퍼뜨리기도 하고 정조를 꼬득이기도 했다. 정조가 왕이 된 뒤 거리낌 없이 권력을 휘두르던 홍국영은 마침내 정순왕후를 독살하려다가 발각되어 강릉으로 귀양가서 죽었다. 또 정순왕후는 은언군을 역적으로 몰아 죽이려 했지만 정조는 끝내 이들을 강화도로 유배를 보내는 정도로 그쳤다. 정순왕후는 정조가 자신의 말을 들어주지 않으면 여염에 나가 살겠다고 하거나 단식을 하겠다는 따위로 곧잘 앙탈을 부렸다. 정순왕후는 정조에게는 큰 장애물이었다.

그러나 정조가 살아 있을 때에 정순왕후는 별로 두드러진 정치적 행동을 보이지는 않았다. 마침내 정조는 정순왕후보다 7년 아래였지만 쉰 살을 채우지 못하고 갑자기 죽고 말았다. 정순왕후가 정조를 죽게 했다는 소문이 널리 퍼졌다.

수렴청정과 신유사옥

이렇게 되자 여러 세력들은 재빨리 움직이기 시작했다. 특히 뒤를 이을 왕자인 순조는 나이가 열한 살밖에 되지 않았다. 이럴 때에는 당연히 수렴청정을 하는 것이 조정의 관례였다. 당시 궁중에는 정순왕후를 비롯해 혜경궁 홍씨, 정조의 비 김씨, 그리고 정조의 후궁으로 순조의 생모인 김씨 등의 과부들이 도사리고 있었다. 이들 과부의 눈길은 조정의 귀추를 두고 불꽃을 튀기고 있었다. 그러나 궁중 법도에 따라 정순왕후가 옥새를 거머쥐고 수렴청정을 하게 되었다.

그녀가 조정에 나앉자 찬바람이 일기 시작했다. 그녀는 친정 6촌 오라비인 김관주를 요직에 앉히고 벽파들을 등용했다. 그녀는 "임금의 안전을 도모하고 의리를 지킨다"는 두 가지 원칙을 표방했다. 이 의리는 곧 과거 시파와 벽파가 사도세자를 죽음으로 몰게 한 일을 두고 서로 싸움질을 벌였을 당시 벽파 행동의 정당성을 말한 것이다. 따라서 김관주가 실권을 쥐고 벽파 정권을 수립했다. 그리고 왕의 즉위를 공포하는 글에서 '척사斥邪'를 표방하도록 했다. 곧 천주교에 대한 탄압을 예고한 것이다.

왜 천주교를 탄압해야 했는가? 이는 유학을 지키기 위해 당시 풍미하던 천주교를 막는다는 뜻도 있었지만, 실제는 천주교를 공부하거나 믿는 사람 중에는 벽파의 반대파인 시파 또는 남인들이 많았던 것이다. '척사'가 반대파를 제거하기 위한 좋은 구실이 되었던 것이다.

정조가 죽고 난 약 6개월 동안, 정순왕후는 많은 일을 처리했다. 거듭 말하면 그 중에서도 친정세력으로 실권을 잡게 했고 벽파들이 요직을 차지하게 했다. 비록 그녀는 꼭두각시였지만, 치밀하고 표독스런 일면을 여지없이 드러내고 있었다. 새해에 들자 그녀는 우리 역사에 크게 살육을 불러오게 하는 조치를 취했다. 그것은 바로 천주교의 금지령이었다. 그 전교의 내용은 이러했다.

지난 왕께서 매양 정학正學(유교의 학문)을 밝히면 사학邪學(천주를 뜻함)이 저절로 없어진다고 말씀하셨다. 지금 들으니 사학은 전과 다름없이 서울에서 기호지방에 이르기까지 날마다 성해진다고 한다. 사람이 사람다운 것은 인륜이 있기 때문이요, 나라가 나라다운 것은 교화가 있기 때문이다. 이른바 사학은 아비도 업신여기고 임금도 업신여기어 인륜을 파괴하고 교화를 배척하여 스스로 이적夷狄·금수로 돌아간다. 저 어리석은 백성들이 점점 물들고 빠져들어 마치 어린아이가 샘물로 빠져드는 것과 같으니 이것이 어찌 측은하고 상심되지 않겠는가?

『순조실록』 권2, 원년 1월조

이 내용은 그리 강렬하지는 않지만, 이 전교와 함께 오가작통법五家作統法을 써서 전국을 샅샅이 뒤져 천주교도들을 잡아 죽이도록 했다. 전국은 천주교도를 잡아들이느라고 소란스러웠고 또 곳곳에서 피가 튀겼다. 그뿐만 아니라 서울에는 추국청推鞫廳을 벌이고 천주교 연루 죄인들을 잡아들였다. 그들 중에 이가환李家煥과 권철신權哲身은 감옥에서 맞아죽고 이승훈李承薰·정약종丁若鍾은 사형을 당했으며 정약전丁若銓·정약용丁若鏞은 귀양을 갔다.

이들 중에는 천주교를 믿는 신자도 있었지만 애매하게 연루된 사람들도 있었다. 이렇게 하여 서울과 지방을 따질 것 없이 수만 명이 죽어갔다. 단순한 사학의 제거가 아니라 무고한 사람들도 죽어갔다. 이런 지경에 이르자, 정순왕후는 대신들을 불러놓고 그 안타까움을 말했다.

앞 왕조(영조와 정조)는 근 30년 동안 고심하여 이들을 죽이지 않고 보존했도다. 내 지식이 없기는 하지만 이들을 징토하는 뜻을 모르리요. 그러나 앞 왕조께서 용서해준 뜻을 본받지 않을 수 없도다. 내 불행히도 이때를 당하여 매양 국사를 생각하건대 나라를 그르치는 허물이 있을까 근심되는 것이로다.

사실 수만 명이 죽어가는 모습을 보고 마음이 여린 여자로서 감당하기 어려웠을 것이다. 그러나 그녀는 남정네들의 권력투쟁과 이념의 싸움에서 헤어날 길이 없었다. 어쨌든 신유사옥辛酉邪獄이라 불리는 이때의 천주교 박해를 계기로 정순왕후를 떠받드는 세력들은 완전히 권력을 잡았다. 그리고 자기네들 마음대로 정권을 주물렀고 왕권은 여지없이 땅에 떨어졌다. 특히 정순왕후는 정조의 세력을 제거하는 일만이 아니라 정조의 모든 개혁 조치를 원점으로 돌려놓았다.

당당하던 세도 끝내 꺾이다

이렇게 무리하게 일을 벌이는 과정에서 정순왕후 계열에서는 하나의 큰 실수를 저질렀다. 원래 시파이면서 벽파 정권에 적당히 처신하여 요직을 차지했던 김조순金祖淳의 덫에 걸린 것이다. 곧 김조순의 딸을 왕비로 맞이한 것이 그 빌미가 되었다. 김조순의 포석은 은밀하고 치밀했다. 극성을 부리는 경주 김씨 세력과 벽파세력 밑에서 도통 모난 짓을 하지 않으면서 착착 왕의 주위를 감싸고돌았다.

순조가 열다섯 살이 되자, 정순왕후는 5년 동안의 수렴청정을 거두고 물러앉았다. 그리고 그녀는 평상의 궁중 여인으로 돌아갔다. 그녀가 비록 타의에 의해 수렴청정을 하고 또 친정붙이를 요직에 앉히고 많은 폐단을 저질렀지만, 그녀 역시 그 앞 시대의 인현왕후나 그 뒷 시대의 순원왕후와 같이 남성사회에서 희생된 한 여인이었다.

그녀는 수렴청정을 끝낸 뒤 1년 만에 죽었다. 그녀가 죽고 난 뒤에도 혜경궁 홍씨와 정조의 왕비인 효의왕후는 더 살았다. 다만 정순왕후가 이들과 큰 갈등없이 지냈다는 말이 전해지는 것으로 보아 성품이 꼭 표독한 것만은 아닌 것으로 보인다. 그녀가 죽고 난 뒤 그녀의 친정붙이들은 또다시 몰락의 길을 걸었다. 그녀의 6촌 오라비인 김관주는 귀양길에 올랐다가 도중에 병사했으며, 그녀의 오라비인 김귀주는 이미 죽고 없었는데도 역적의 율로 다스려졌다.

모든 것이 다시 원점으로 돌아간 것이다. 그 뒤 안동 김씨의 문벌정치가 들어서서 더욱 큰 정치적 비리가 저질러졌고 왕실은 몰락의 길로 접어들어 또다시 두 차례에 걸친 수렴청정이라는 파행적 정치형태가 이어졌다. 곧 순원왕후는 순조의 아들인 헌종憲宗을 대신해 수렴청정을 했고 흔히 조대비라 불리는 신정왕후(익종의 왕비)는 고종을 대신하여 수렴청정을 했다. 이들도 각각 안동 김씨 문벌정치와 흥선대원군의 입김 때문에 꼭두각시의 역할만 했다.

역사적 사실들을 소재로 한 극들은 이런 점에 대한 이해가 있어야 단순한 궁중비사에서 벗어날 수가 있을 것이요, 또 시청자들도 단순한 흥미보다 그 깊은 내면을 음미할 수 있을 것이다.

철인왕후
권력싸움에 희생된 비극의 여인

안동 김씨 세력가의 딸

철인왕후哲仁王后(1837~78) 김씨도 비극의 한 왕비였다. 비록 세도집 딸로 태어났으나 권력의 이용물로 희생되었기 때문이다. 그녀는 화려한 궁중생활에서 그야말로 말조심·몸조심하며 살아야했다.

안동 김씨의 문벌정치는 60여 년 간 이어졌다. 그들의 세도가 어찌나 드셌던지 남자를 여자로 만드는 일 이외에는 못할 짓이 없다는 말이 떠돌 정도였다. 그들 안동 김씨 중에 김문근金汶根이라는 사람이 있었다. 김문근은 헌종 때 음보蔭補로 벼슬길에 들어섰고 뒤에 철종의 장인이 되어 영돈녕부사에 올랐는데, 외척 정권의 유지를 위해 종실인 경평군 이호李晧와 이하전李夏銓 등을 제거하는 데 깊이 관여하기도 하는 등 안동 김씨 문벌세력의 중심인물이 된 자였다.

이에 앞서 헌종이 아들을 두지 못하고 죽어 강화도령 원범元範(철종)이 새 왕으로 추대됐다. 촌뜨기 원범이 왕이 되자, 안동 김씨의 발호는 더욱 거세었다. 새 왕비를 간택하게 되었는데 형식만 간택이라는 이름을 빌었지, 실제로는 각본을 다 짜놓고 저희들 마음대로 골라 들여앉힌 것이다. 어찌됐든 이 간택에서 김문근의 딸이 뽑혔다.

새 왕비 김씨가 열다섯 살의 나이로 궁중에 들어가 보니 줄줄이 과부 왕비들이 도사리고 있었다. 이들은 순조의 왕비 김씨, 익종의 왕비 조씨, 헌종의 왕비 김씨들이었는데, 이들이 시가로는 시어머니·시할머니뻘이었으나 친정으로는 두 김씨가 고모뻘이 되었다. 왕비가 이들을 아침저녁으로 문안드리고 섬기는 일은 여간 고된 것이 아니었다. 왕비 김씨는 말수가 적고 즐거움이나 성냄을 얼굴에 잘 나타내지 않았다 한다. 그녀의 친정아버지 김문근은 딸을 왕비로 들여보낸 뒤 훈련대장 같은 권세부리는 자리를 차지하고 떵떵거렸으며, 또 어찌나 살이 쪘던지 포물包物(포장한 물건) 대장이라는 별명을 얻었다.

그러나 딸만은 잘 두어 왕비 김씨는 부덕이 높은 것으로 칭송이 자자했다. 철종은 안동 김씨에 눌려 왕권을 제대로 행사하지 못하고 바지저고리처럼 지내면서 울분과 무료를 달랠 길 없어 술과 여색으로 나날을 지샜다.

왕비는 아무 말 없이 이런 왕을 받들었고, 또 과부 왕비들을

예릉 고양시 원당에 있는 철종의 왕비인 철인왕후의 무덤. 안동 김씨 세도가의 딸로 태어났으나 결국
정략결혼의 희생양이 되고 말았다.

섬기기에 정성을 다했다. 그녀는 과부 왕비들이 차례로 죽자, 그
복상을 다하느라 더운 여름에도 부채를 부치지 않았고 추운 겨
울에도 이부자리를 깔지 않고 잠을 잤다. 더러 궁인들이 남을 헐
뜯으며 꼬드겨도 아무 대꾸가 없어 오히려 헐뜯으려던 사람들이
부끄러워할 지경이었다. 이런 왕비였으니 복을 받을 만하지 않
은가? 그러나 사람의 팔자소관은 웬일인지 꼭 그렇게만은 되진
않는 듯하다.

　그녀보다 여섯 살 더 많았던 왕은 재위 14년 만에 죽었다. 그
리고 새 왕 고종이 들어왔다. 그녀는 아들 하나를 두었으나 일찍
죽었고, 철종은 궁인의 몸에서 아들 넷을 두었으나 어찌 된 셈인

지 모두 일찍 죽었다. 그러니 또다시 먼 전주 이씨 일가에서 새 왕을 골라 앉혔던 것이다.

새 왕의 아버지 흥선대원군은 김씨들의 날갯죽지를 하나씩 부러뜨렸다. 왕비는 철종이 죽은 슬픔을 이기기도 전에 친정의 몰락을 몸소 겪으며 이중의 고통을 감내해야 했다. 더욱이 새 왕비 민씨(명성황후)가 들어온 뒤 그녀의 처지는 더욱 초라하게 되었다. 민씨는 영리하고 술수를 능수능란하게 부릴 줄 알았으나, 이를테면 철인왕후가 보여주었던 부덕이라고는 손톱의 때만큼도 찾아 볼 수 없었던 여인이었다.

민씨는 철인왕후를 시어머니로 공경하기보다 능멸하기 일쑤였다. 철인왕후는 창경궁의 한쪽 구석에 거처하면서 말조심·몸조심으로 나날을 보냈다. 더욱이 철종의 승은承恩(임금과 동침한 경우를 말함)을 입은 궁인들이 1백여 명이나 되었는데 이들을 감싸고 어루만지며 시샘을 누그러뜨려서 서로 우애 있게 지내도록 했다. 그리고 그녀는 조용히 책을 읽고 글씨를 쓰고 그림을 그리며 나날을 보냈다. 그러면서도 글씨나 그림을 남에게 보이지 않는 겸손한 태도를 보였다.

어느 날 그녀의 시아버지가 되는 전계대원군全溪大院君의 재실에서 보관하던 제기를 도둑맞은 사건이 일어났다. 제기는 은으로 만들어졌으나 왕실에서는 그 값어치보다 소중하게 간직하는 물건이었다. 주위의 사람들이 법석을 떨며 범인을 잡으려 서둘자, 그녀는 조용히 말렸다. 범인을 잡느라 무고한 사람이 걸려드는 것을 방지하기 위해서였다.

죽어서 민비에게 당한 수모

이런 그녀였으니 아무리 영악한 민비라도 꼬투리를 잡을 수가 없었다. 나중에 민비는 시아버지 흥선대원군을 몰아내고 모든 권력을 친정붙이에게 넘겨주었다. 그리고 민씨들은 예전 안동 김씨보다 더욱 농간을 부리고 부정을 일삼았다. 그리고 민비는 걸핏하면 궁중에서 놀이판을 벌이거나 잔치를 벌였고 하나 있는 아들을 위해 푸닥거리를 일삼았다.

이런 처지인데도 철인왕후는 한점 관심을 돌리지 않고 창경궁에서 한을 삭이며 조용한 나날을 보냈다. 간간이 후궁에게서 난 딸 영혜옹주와 사위 박영효가 찾아오면 더불어 정담을 나누곤 했을뿐이다. 이렇게 살다가 그녀는 마흔두 살로 한 많은 삶을 마감하고 조용히 숨을 거두었다. 그녀의 시체는 관례에 따라 초상을 치르기 전 궁중에 두게 되었다. 그런데 민비는 이 꼴이 보기 싫었다. 곧 세자가 늘 병을 앓아서 푸닥거리로 이를 물리치려 했는데 시체를 세자 가까이에 두면 무슨 재앙이 또 닥칠지 모른다고 하여 철인왕후의 빈소를 멀리 옮기려고 했던 것이다.

이런 짓거리는 말썽을 빚을 수밖에 없었다. 이에 철인왕후의 친정오빠뻘 되는 김병덕이 더 이상 참을 수가 없어서 이런 무례한 짓은 결코 용인할 수가 없다고 맞섰다. 희멀건 임금 고종도 이 때만큼은 차마 민비의 말을 들어줄 수가 없었던지 철인왕후의 빈소를 관례대로 궁중에 두게 했다. 그녀는 죽어서도 이런 수모를 겪었던 것이다.

철인왕후는 전통적 윤리로 따져 부덕을 갖추고 있어서 왕가나 정치에 아무런 폐단을 끼치지 않았으나 그녀에게 서린 한을 누군들 알 수 없으랴. 문벌정치라는 권력의 소용돌이에 희생된 비극적 여인의 한 표본이 된 것이다.